Deutschstunden 10

Lesebuch — Neue Ausgabe

Herausgegeben von
Harald Frommer, Hans Jürgen Heringer,
Theo Herold, Ulrich Müller

Erarbeitet von
Joachim Cornelißen, Petra Cornelißen,
Helmut Flad, Harald Frommer,
Theo Herold, Elvira Langbein,
Rosemarie Lange, Viktor Rintelen,
Wolfgang Waldmann, Hubert Wolf

INHALTSVERZEICHNIS

1 Erwachsen werden

Auf der Suche — 9
- *Manfred Eichhorn:* Zukunft — 9
- *Mats Wahl:* Eigentlich keine Probleme — 9
- Kerstin, 15 Jahre — 14
- *Margret Steenfatt:* Im Spiegel — 15
- *Christa Reinig:* Zwillinge — 16
- *Rose Ausländer:* Spiel im Spiegel — 17
- Wir werden erwachsen – eine Diskussion — 18

Von heut an — 22
- *Ursula Krechel:* Umsturz — 22
- *Kurt Marti:* Als sie mit zwanzig — 23
- *Kurt Marti:* Riss im Leib — 24
- *Dieter Wellershoff:* War das Glück nicht ein Fliegen? — 25
- *Leonie Ossowski:* Die Metzgerlehre — 28
- *Günter Bruno Fuchs:* Ein schönes Leben — 30
- *Walter Helmut Fritz:* Auch das — 30

WERKSTATT — 31

2 Töne, Takte, Träume

Musikerlebnisse — 33
- *Herbert Grönemeyer:* Musik nur, wenn sie laut ist — 33
- *Udo Lindenberg:* Nachruf auf Elvis — 34
- *Barbara Herbrand:* Götterdämmerung in der Pop-Walhalla — 36
- *Nick Hornby:* Mein neues Ordnungssystem — 40
- *Klaus Bleicher:* Auf der Flucht vor T. T. — 41
- *Ekkehard Sander:* Musik vereint und trennt — 43

Musikkarrieren — 45
- *Simone Berteaut:* Der Spatz von Paris — 45
- Handarbeit – von der Kreisklasse in die Bundesliga — 51

WERKSTATT — 55

INHALTSVERZEICHNIS

3 Geteilt – vereint

Das also ist der Todesstreifen — 57
Freymuth Legler: Reise in den Zwischenraum 57
Autorenporträt Stefan Heym 60
Stefan Heym: Mein Richard 60

Die Angst hat viele Namen — 67
Caritas Führer: Die Montagsangst 67
Autorenporträt Christoph Hein 70
Christoph Hein: Unsere letzte Gemeinsamkeit 70

Die Mauer fällt — 75
Das Fernschreiben 75
Bagger reißen die Mauer ein 76
Der Fall der Mauer 77
Autorenporträt Christa Wolf 79
Christa Wolf: Befreite Sprache 79
Marianne Kreuzer: Die Menschen und die Einheit 81

WERKSTATT — 85

4 Schlechte Zeit für Lyrik?

Denk ich an Deutschland — 87
Bertolt Brecht: Schlechte Zeit für Lyrik 87
Autorenporträt Heinrich Heine 88
Heinrich Heine: Nachtgedanken 88
Rose Ausländer: Ein Tag im Exil 90
Mascha Kaléko: Im Exil 90
Reiner Kunze: Der Vogel Schmerz 91
Wolf Biermann: Es senkt das deutsche Dunkel 91
Barbara Köhler: Rondeau Allemagne 91
Autorenporträt Andreas Gryphius 92
Andreas Gryphius: Tränen des Vaterlandes, anno 1636 92

Die schlesischen Weber — 93
Die erste Meldung 93
Das Ende 93

WERKSTATT 95

Autorenporträt Louise Aston 96
Louise Aston: Lied einer schlesischen Weberin 96
Gerhart Hauptmann aus: Die Weber 97

Freiheit, die ich meine 100

Die Gedanken sind frei 100
Friedrich Schiller: Die Worte des Glaubens 101
Autorenporträt Erich Fried 103
Erich Fried: Freiheit, die ich meine 103
Erich Fried: Herrschaftsfreiheit 103

Lebenszeichen? 104

Hans Magnus Enzensberger: Restlicht 104
Ingeborg Bachmann: Freies Geleit 105
Dagmar Nick: Idylle 106
Jürgen Theobaldy: Das Glück der Werbung 106

WERKSTATT 107

5 Eingekleidete Wahrheiten

Kain und Abel 109

Erich Fried: Präventivschlag 109
Die Geschichte von Kain und Abel im Alten Testament 111
Autorenporträt Hilde Domin 112
Hilde Domin: Abel steh auf 112
Aus einem Interview mit Hilde Domin 114

Lauter Nachbarn 115

Marie von Ebner-Eschenbach: Die Nachbarn 115
Franz Kafka: Der Nachbar 117
Max Frisch: Der andorranische Jude 118

Wer kennt wen? 121

Bertolt Brecht: Geschichten vom Herrn Keuner 121

WERKSTATT 125

6 Verwirrspiele

Seltsame Erzähler, seltsame Geschichten — 127
Wolfgang Hildesheimer: Eine größere Anschaffung 127
Helmut Heißenbüttel: Der Wassermaler 129
Peter Maiwald: Der Verdächtige 130
Ilse Aichinger: Wo ich wohne 131
Vagelis Tsakirides: Protokoll 41 135
Hans Joachim Schädlich: Luft 136

WERKSTATT — 138

Woher? Wohin? — 139
Franz Kafka: Gibs auf! 139
Schüler erzählen „Gibs auf" aus der Sicht des Schutzmanns 139
Franz Kafka: Der Aufbruch 141
Franz Kafka: Heimkehr 142
Das Gleichnis vom verlorenen Sohn 143
Günter Kunert: Zu einem Holzschnitt von Edvard Munch 144

7 Einmischung erwünscht: Der Schriftsteller Heinrich Böll

Christa Wolf an Heinrich Böll 147

„Was soll aus dem Jungen bloß werden?" — 148
Kindheit und Jugend in Köln 148
Überleben in schwierigen Zeiten 150

Die Erzählung „Die verlorene Ehre der Katharina Blum" — 154
„Katharina Blum" – ein Medienereignis 154
Die Geschichte der Katharina 155
Wie Gewalt entstehen kann 155
Wer ist Katharina? 157
Wohin Gewalt führen kann 160

Die Verfilmung der Erzählung — 163
Szenenfotos 163
Die Mordszene in der Schnittfassung des Drehbuchs 166
Nachspiel: Schlussszene in der Schnittfassung des Drehbuchs ... 167

Über die Macht der Medien — 168
Die Wirklichkeit als Material 168
Ein Artikel und seine Folgen 168
„Worte können töten" 169

WERKSTATT — 170

Bürger dieses Landes — 171
„Gewissen der Nation" 171
„Die geborenen Einmischer" 173

WERKSTATT — 175

8 In Herzensdingen

Die Königin des Tages — 177
Margaret Mitchell aus: Vom Winde verweht 177

Die besten Zeiten ihres Lebens — 186
Isabel Allende aus: Das Geisterhaus 186

Briefe der Sehnsucht — 193
Gabriel García Márquez aus: Die Liebe in den Zeiten der Cholera — 193

Eine Liebesgeschichte aus der Steppe — 199
Tschingis Aitmatow aus: Dshamilja 199

WERKSTATT — 205

9 Verzerrte Gespräche

Wir hören die Schreie — 207

Gespräche ohne Worte — 208

Ein Interview – oder was sonst? — 209
Bertolt Brecht: Die Stunde des Arbeiters 209

INHALTSVERZEICHNIS

Ein Unterrichtsgespräch? 212
Bertolt Brecht: Das Mahnwort 212

Seelsorge? 215
Bertolt Brecht: Die Bergpredigt 215

Die Verabredung einer Reise? 221
Bertolt Brecht: Die jüdische Frau 221

WERKSTATT 226

10 Sansibar oder der letzte Grund:
Die Verfilmung einer Romanszene

Der Roman 229
Zeit, Ort, Personen und Handlung 229

Der Film 235
Von der Textlektüre zur szenischen Interpretation 235
Von der szenischen Interpretation zum Exposé 235
Vom Exposé zum Drehbuch 235
Die Besetzung der Filmrollen 235
Das Agieren der Kamera 236
Die Verfilmung der Szene durch Bernhard Wicki 237

Der Film in der Kritik 240

WERKSTATT 243

Bildnachweis 244
Autoren- und Quellennachweis 244
Verzeichnis der Texte nach Formen 246
Fachbegriffe 250

Erwachsen werden

Auf der Suche

Manfred Eichhorn

Zukunft

Morgen werde ich vierzehn und dann werde ich ein
ganzes Jahr lang sagen: Bald werde ich fünfzehn.
Ich trage die Zeit immer mit mir herum.
In der Zukunft fühle ich mich zu Hause.
5 Die Zukunft ist schön.
Wenn ich eine schlechte Note geschrieben habe, sage ich:
Nächstes Jahr wird das anders sein.
Wenn Vater mir verbietet, auf eine Party zu gehen, verbünde
ich mich mit der Zukunft gegen meinen Vater.
10 Die Zukunft, das ist meine ganze Hoffnung.
Da kann und wird nichts schief gehen.
Von Jahr zu Jahr komme ich ihr näher und weiß noch nicht,
wann das ein Ende haben wird.

1 Führe das Gedicht mit diesem Vers fort: „Heute bin ich sechzehn …"

Mats Wahl

Eigentlich keine Probleme

In dem Jugendroman „Der lange Lauf auf ebener Erde" macht der schwedische Autor Mats Wahl die Leser mit dem 16-jährigen Jacob bekannt. Ein familiäres Erlebnis bringt Jacob aus dem Gleichgewicht. Schrittweise lernt er, seinen eigenen Weg zu gehen. Der folgende Auszug stellt eines der letzten Kapitel des Romans dar.

Hugo Sluug streicht über seinen Lehrerkalender, als ob er unsichtbaren Staub von ihm entfernen wollte. Dann steckt er ihn in die Innentasche und fasst in seine Brusttasche, aus der er den blauen Plastikkamm herausfischt. Mit zwei hektischen Zügen fährt er sich durch das schmierige nussbraune Haar und steckt den
5 Kamm wieder ein.
„Zum Aufsatz morgen gibt es nicht viel zu sagen. Ihr habt vier Stunden Zeit und acht Themen zur Auswahl." Er nickt und spitzt den Mund. Dann steigt er von dem kleinen Katheder, auf dem das Pult steht, herunter.

◀ *Jonathan Borofsky:* Man walking to the sky. Installation vor dem Fridericianum in Kassel

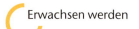

Erwachsen werden

„Und jetzt hat Jacob das Wort."

10 Dabei sieht er Jacob an und geht zur Tür, wo ein Platz neben Hakan Lyth frei ist. Hakan ist ein großer, dünner Junge, dessen rechtes Auge ständig nervös zuckt. Dort setzt Hugo Sluug sich hin und räuspert sich.

Jacob drängt sich an Ödlan vorbei in den Gang zwischen den Bankreihen. Er hat Herzklopfen und sein Mund ist wie ausgedörrt. Er geht schnell zum Pult und
15 schiebt den Stuhl etwas zurück. Dann setzt er sich, mit den Händen auf den Knien und geradem, an die Lehne gedrücktem Rücken.

Er lässt seinen Blick über die Klasse wandern. Einer von seinen Mitschülern ist krank. Die anderen dreißig sind anwesend und sitzen da, einige sehen
20 ihn an, andere sehen sich gegenseitig an, manche flüstern miteinander. Weil Jacob einfach nur dasitzt und gar nichts sagt, drehen ihm immer mehr die
25 Gesichter zu. Schließlich sieht er, dass er die Aufmerksamkeit aller dreißig Mitschüler geweckt hat. Hugo Sluug räuspert sich wieder und schaut
30 nach hinten über seine Schulter.

„Bitte schön, Jacob", sagt Hugo und versucht es mit einem leichten, dünnen Lächeln.

Jacob trifft Sluugs Blick, sieht aber gleich wieder weg. Fläsket sitzt zurückgelehnt
35 auf seinem Stuhl, die langen Beine übereinander geschlagen, einen Bleistift in der Hand und einen Zettel vor sich auf dem Tisch. Ödlan und Mia starren ihn an.

„Aha", sagt Olof Ericsson und zieht die Augenbrauen hoch. Er schlägt mit dem Ende eines Bleistiftes auf die Tischplatte.

Hugo Sluug nickt und wirft einen hastigen Blick über die Schulter. Er macht ei-
40 ne ausladende Geste mit der Hand und wagt ein breiteres Grinsen als beim ersten Mal.

„Bitte schön, Jacob. Wir warten voller Spannung …"

Jacob fängt Ödlans Blick und hält ihn fest. Sie weicht ihm nicht aus und er hat das Gefühl, dass ihre Blicke sich fast ineinander verfangen und dass es immer un-
45 möglicher wird wegzuschauen. Den Rest der Klasse sieht er jetzt wie im Nebel, so sehr konzentriert er sich auf Ödlans Blick.

Irgendjemand seufzt. Irgendjemand ziemlich weit vorne. Wahrscheinlich Anneli Berg. Sie seufzt ständig. Sobald es einen Augenblick still ist, hört man Anneli Berg seufzen. Er fragt sich, warum sie seufzt. Jacob wendet seinen Blick von Öd-
50 lan ab und sieht Anneli an. Sie sitzt etwa zwei Meter weit weg und Jacob hält

ihren Blick fest, bis sie sich lachend zu ihrer Banknachbarin Susann Flod dreht. Jacob sieht, dass Anneli Berg rot wird. Dann hört er wieder Hugo Sluugs Stimme:

„Uns steht nicht alle Zeit der Welt zur Verfügung, wie du dir vielleicht denken kannst, Jacob. Wolltest du nicht etwas über Jack the Ripper erzählen?"

„Jac Weltverbesserer", sagt Ödlan von ihrem Platz.

Die Klasse reagiert auf ihren Kommentar, als wenn es ein besonders gelungener Witz wäre. Jacob schlägt schallendes Gelächter entgegen. Aber es verstummt genauso plötzlich, wie es angefangen hat, und es ist wieder totenstill. Draußen ist das Heulen einer Krankenwagensirene zu hören. Vielleicht ist es auch ein Polizeiauto.

„Jacob", sagt Hugo Sluug. „Dürfte ich dich bitten, augenblicklich mit deinem Referat anzufangen?"

Ganz langsam dreht Jacob den Kopf und stellt sich dabei vor, dass er eine Kamera ist, die nur beobachtet. Er gleitet mit dem Blick über Ödlan, Mia, Fläsket und Susann und bleibt bei Hugo Sluug stehen. Sluug sieht ihn nur einen Augenblick an.

„Unterhalte uns endlich ein bisschen", sagt Olof Ericsson von seinem Platz aus. Sein Banknachbar Henrik Stal, der Sportcrack der Klasse, fängt an zu lachen.

Aber Jacob schweigt.

Plötzlich merkt er, dass sein Mund voll Speichel ist und er schlucken müsste. Aber er will nicht schlucken. Um keinen Preis. Die Schluckbewegung scheint völlig unmöglich. Sein Gesicht kribbelt, als wenn es unter Strom

Aus einer Rezension:

Jacob ist 16 Jahre alt. Seit der Trennung seiner Eltern lebt er mit seinem Vater, einem gut aussehenden Militärpiloten Anfang 40, zusammen. Jacob bewundert seinen Vater, dem grundsätzlich alles zu gelingen scheint: Er ist beruflich erfolgreich, souverän und glänzt in seiner Freizeit mit sportlichen Höchstleistungen. Jacobs Vater ist ein Gewinnertyp. [...]

Mit Zufriedenheit stellt Jacob fest, dass er seinem Vater in vielen Dingen sehr ähnlich ist. Er hat schon fast dieselbe sportliche Statur wie dieser, und wenn er will, kann er dessen Gang imitieren. Beim Laufen ist Jacob für den Vater sogar zu einer ernst zu nehmenden Konkurrenz geworden, da kann er sein Vorbild nicht nur erreichen, sondern sogar überrunden. Wenn er läuft, hat Jacob auch das Gefühl, sich und sein Leben völlig im Griff zu haben, ein Gefühl, das ihm in anderen Bereichen seines Lebens fehlt. [...]

Jacobs Geschichte ist sicher nicht die eines durchschnittlichen Jugendlichen. Auch in seinen Freunden werden sich heutige Jugendliche nicht durchgängig wieder finden. Ihre Probleme aber sind eher zeitlos. Es sind existenzielle Lebensfragen von Heranwachsenden, mit denen Mats Wahl sich in einer klaren, schnörkellosen Sprache – die deutsche Übersetzung besorgte Maike Dörries – auseinander setzt. [...]

Claudia Opgen-Rhein, Cordula Selke, Ruth Biener

stände, er fühlt, wie sein Mund sich mit Spucke füllt. Als er schlucken will, bleibt sie ihm im Hals stecken und er muss loshusten. Er hält die Hände vor den Mund und hustet. Die Spucke spritzt nur so durch die Gegend. Er merkt, dass er rot wird und seine Augen tränen. Aber trotzdem lehnt er sich wieder im Stuhl zurück und sieht Olof an.

„Kriegen wir jetzt was zu hören?", fragt Fläsket.

Henrik Stal lacht schallend los.

„Es tut mir Leid. Jetzt ist es genug. Ich bleibe nicht länger hier sitzen, wenn es weiter so still ist. Es gibt genügend andere Dinge, mit denen ich mich beschäftigen kann."

Henrik Stal sagt das mit seiner trockenen und selbstsicheren Stimme, die er sich angewöhnt hat. Das macht jede Äußerung von ihm unerträglich.

„Du kannst aufhören, Jacob. Danke schön", sagt Sluug, nachdem er sich von seinem Platz erhoben hat.

„Ist Pause?", schreit Olof Ericsson.

„Ganz und gar nicht. Keinesfalls. Im Gegenteil!", antwortet Hugo Sluug.

„Im Gegenteil!", wiederholt Henrik Stal. „Im Gegenteil …"

„Komm schon, Jacob", sagt Fläsket.

„Mein Gott, wie peinlich", sagt Anneli Berg.

Aber Jacob sitzt weiter regungslos, hart gegen die Rückenlehne gepresst, da und merkt, wie ihm der Schweiß unter den Achseln über die Seite läuft. Es ist genauso, als wenn er zehn Kilometer gelaufen ist und versucht auf dem letzten Stück bis zur Haustür seine letzten Kraftreserven zu mobilisieren.

„Also, ich gehe jetzt!", sagt Henrik.

Hugo Sluug ist zu Jacob hinübergegangen und hat die Hand auf seine Schulter gelegt.

„Du kannst es ein anderes Mal wieder versuchen, Jacob. Danke schön." Jacob steht auf und geht zur Tür. Er öffnet sie und geht hinaus.

„Was für ein großartiger Weltverbesserer", hört er jemanden hinter sich sagen. Er weiß nicht, wer es war, aber er hört Anneli kichern, als er die große, graue Tür hinter sich schließt und mit schnellen Schritten auf die Treppe zugeht.

Als er den asphaltierten Schulhof überquert, hört er Schritte hinter sich. Ödlan holt ihn schließlich ein. Wortlos hakt sie sich bei ihm ein und geht mit ihm in das Café auf der anderen Straßenseite. Sie bestellt eine Kanne Tee und sie suchen sich den Tisch in der hintersten Ecke aus.

„Hier", sagt Ödlan und schenkt Jacob eine Tasse Tee ein. Er sieht sie an. Ohne etwas zu sagen, rührt er in seiner Tasse.

„Ich weiß, wie das ist", sagt sie. „So war es einmal, als ich klein war und nicht zum Kindergarten gehen wollte. Ich wollte einfach nicht. Ich wollte bloß merken, dass ich selber bestimmen konnte …"

Bevor sie noch zu Ende reden kann, steht Jacob so hastig auf, dass die Teekanne umkippt und auf den Boden fällt. Er geht mit ein paar Schritten zur Tür und ist

135 auch schon draußen auf der Straße. Er läuft sofort los. Hinter sich hört er Ödlan rufen: „Komm zurück, du Vollidiot."
Aber Jacob rennt einfach weiter. Er rennt den ganzen Weg nach Hause. Und als er in der
140 Wohnung ist, läuft er ins Schlafzimmer seines Vaters und schmeißt sich auf das Bett. Er legt sich die Kissen über den Kopf und bleibt vollkommen regungslos liegen.
145 Kurz darauf klingelt das Telefon. Jacob lässt es klingeln. Während es immer weiter klingelt, zieht er sich seine Joggingsachen an und
geht raus. Er läuft nach Huvudsta und durch Ålsten und zurück nach Hause. Als er im Fahrstuhl steht, ist er völlig fertig und schafft es kaum bis in die Wohnung.
150 Das Telefon klingelt schon wieder. Jacob hebt ab.
„Du bist wohl bescheuert, was war das denn?", fragt Fläsket.
Man kann hören, dass er vom Café aus anruft.
„Ich wollte schweigen", sagt Jacob.
„Das hast du in der Tat getan. Hugo war ganz schön verwirrt. Er hat mich hin-
155 terher zu sich gerufen und gefragt, ob du im Moment irgendwelche besonderen Probleme hättest."
„Und was hast du geantwortet?"
„Äh, ach was, er hat eigentlich keine Probleme, hab ich gesagt."
„Gut", sagt Jacob.
160 „Grüß von mir!", hört er Ödlan aus dem Hintergrund.
„Ödlan lässt grüßen", übermittelt Fläsket.
„Grüß zurück."

1 Was ist mit Jacob los?
2 Kannst du Jacobs Situation nachvollziehen? Verfasst zu einer von euch gewählten Textstelle einen inneren Monolog.
3 „Ich wollte schweigen." (Z. 153) Kennst du eine ähnliche Situation? Stelle sie in Form einer Erzählung dar.

Erwachsen werden

Kerstin, 15 Jahre

Ich möchte es nicht gerade Langeweile nennen. Langeweile ist, wenn ich nicht weiß, was ich tun soll. Mir ist nicht eigentlich langweilig, weil ich genug Sachen habe, die ich tun könnte. Ich habe aber zu nichts Lust. Ich bin echt lahm, traurig, lustlos.

5 Vorgestern hatte ich einen Riesenärger mit meinem Vater. Das alte Streitthema: Schule – Freizeit. Der Ärger liegt immer noch in der Luft. Meine besten Freundinnen und die Leute, mit denen ich meist zusammen bin, sind alle miteinander auf einer Freizeit. Nur wegen dieses blöden Streites habe ich mich nicht mehr getraut zu fragen, ob ich mitfahren darf.

10 Jetzt sitze ich hier zu Hause und habe zu nichts Lust, aber eine lange Liste, wo draufsteht, was ich eigentlich alles noch tun müsste. Meine Stimmung wird immer trauriger, weil ich keinen habe, mit dem ich über alles reden kann, was ich doch so wünsche. Keiner ruft an. Ich fange an, mich selbst bei jedem Blick in den Spiegel zu hassen: Viel zu dick! Was mach ich denn für ein Gesicht! Freie Tage,
15 und ich hänge rum! Wenn ich doch wenigstens was Vernünftiges tun würde, wie die anstehenden Hausaufgaben oder so. Aber nein, ich bin zu faul. Das regt mich dann wieder mal an mir selbst auf.

Das ist blöd, wenn die Freundinnen unerreichbar sind. Zwar sind ein paar
20 nette Jungs zu Hause, aber ich traue mich nicht, jemanden von ihnen anzurufen oder zu fragen, ob sie Zeit haben, irgendwas zusammen zu machen. Hach, das wirkt dann auch
25 wieder so blöd; obwohl ich sie echt mag, komme ich mir oft genug einfach doof vor und hab das Gefühl, mich auch so zu benehmen. Einfach lächerlich!!! Ich trau mich noch nicht mal,
30 einen netten Jungen anzurufen, mit dem ich schon ein paar Mal weg war. Wenn doch bloß nicht diese sch... Stimmung wäre! Ich glaube doch, dass man das Langeweile nennen kann.
35 Langeweile im absolut negativen Sinn.

1 Kerstin ist mit dem Begriff „Langeweile" nicht ganz zufrieden. Stellt Begriffe mit ähnlicher Bedeutung zusammen und diskutiert, was ihr unter „Langeweile" versteht.

2 Wie könnte man ein Mädchen wie Kerstin aufmuntern? Schreibt einen Brief und prüft, ob ihr darin das Gedicht „Spiel im Spiegel" von Rose Ausländer (S. 17) aufnehmen könnt.

Margret Steenfatt

Im Spiegel

„Du kannst nichts", sagten sie, „du machst nichts", „aus dir wird nichts." Nichts. Nichts. Nichts.
Was war das für ein NICHTS, von dem sie redeten und vor dem sie offensichtlich Angst hatten?, fragte sich Achim, unter Decken und Kissen vergraben.
5 Mit lautem Knall schlug die Tür hinter ihnen zu.
Achim schob sich halb aus dem Bett. Fünf nach eins. Wieder mal zu spät. Er starrte gegen die Zimmerdecke. – Weiß. Nichts. Ein unbeschriebenes Blatt Papier, ein ungemaltes Bild, eine tonlose Melodie, ein ungesagtes Wort, ungelebtes Leben. Eine halbe Körperdrehung nach rechts, ein Fingerdruck auf den Einschaltknopf
10 seiner Anlage. Manchmal brachte Musik ihn hoch.
Er robbte zur Wand, zu dem großen Spiegel, der beim Fenster aufgestellt war, kniete sich davor und betrachtete sich: lang, knochig, graue Augen im blassen Gesicht, hellbraune Haare, glanzlos. ‚Dead Kennedys' sangen: „Weil sie dich verplant haben, kannst du nichts anderes tun als aussteigen und nachdenken."
15 Achim wandte sich ab, erhob sich, ging zum Fenster und schaute hinaus. Straßen, Häuser, Läden, Autos, Passanten, immer dasselbe. Zurück zum Spiegel, näher heran, so nahe, dass er glaubte, das Glas zwischen sich und seinem Spiegelbild durchdringen zu können. Er legte seine Handflächen gegen sein Gesicht im Spiegel, ließ seine Finger sanft über Wangen, Augen, Stirn und Schläfen kreisen,
20 streichelte, fühlte nichts als Glätte und Kälte.
Ihm fiel ein, dass in dem Holzkasten, wo er seinen Kram aufbewahrte, noch Schminke herumliegen musste. Er fasste unters Bett, wühlte in den Sachen im Kasten herum und zog die Pappschachtel heraus, in der sich einige zerdrückte Tuben fanden. Von der schwarzen Farbe war noch ein Rest vorhanden. Achim
25 baute sich vor dem Spiegel auf und malte zwei dicke Striche auf das Glas, genau dahin, wo sich seine Augenbrauen im Spiegel zeigten. Weiß besaß er reichlich. Er drückte eine Tube aus, fing die weiche ölige Masse in seinen Händen auf, verteilte sie auf dem Spiegel über Kinn, Wangen und Nase und begann sie langsam und sorgfältig zu verstreichen. Dabei durfte er sich nicht bewegen, sonst ver-
30 schob sich seine Malerei. Schwarz und Weiß sehen gut aus, dachte er, fehlt noch Blau. Achim grinste seinem Bild zu, holte sich das Blau aus dem Kasten und färbte noch die Spiegelstellen über Stirn und Augenlidern.

Eine Weile verharrte er vor dem bunten Gesicht, dann rückte er ein Stück zur Seite und wie ein Spuk tauchte sein farbloses Gesicht im Spiegel wieder auf, daneben eine aufgemalte Spiegelmaske.

Er trat einen Schritt zurück, holte mit dem Arm weit aus und ließ seine Faust in die Spiegelscheibe krachen. Glasteile fielen herunter. Splitter verletzten ihn, seine Hand fing an zu bluten. Warm rann ihm das Blut über den Arm und tröpfelte zu Boden. Achim legte seinen Mund auf die Wunden und leckte das Blut ab. Dabei wurde sein Gesicht rot verschmiert.

Der Spiegel war kaputt. Achim suchte sein Zeug zusammen und kleidete sich an. Er wollte runtergehen und irgendwo seine Leute treffen.

1   Zu Beginn taucht eine Frage auf. Was verändert sich in Achims Leben?
2   „Nichts. … ein ungemaltes Bild." (Z. 7 f.) Hilft die Spiegelmalerei Achim?
3   Wie erklärt ihr euch Achims Reaktion auf seine Spiegelmaske?

Christa Reinig

Zwillinge

Sie wusste nicht, dass sie ein Zwilling war. Aber sie wusste, sie war eine Prinzessin. Als sie in die U-Bahn einstieg, wählte sie einen Platz, auf dem sie kein Gegenüber hatte. Sie prüfte die Prinzessin, die in der schwarzen Scheibe erschien, fand sie vollkommen schön und bewunderte sie. Sie war in den Anblick so versunken, dass sie nicht bemerkte, wie jemand Platz nahm. Sie sah mit Erstaunen, wie die Prinzessin sich verwandelte. Das Haar wurde bleich, die Stirn furchte sich, die Lippen zogen sich breit über die zahnlosen Kiefer. Die Prinzessin ist alt geworden, klagte sie. Plötzlich erschrak sie, denn ihr Spiegelbild starrte sie nur mit einem Auge an. Das andere Augenlid war niedergeschlagen. Ihr Entsetzen löste sich in Gelächter auf. Da saß ein alter, halb blinder Mann und las in einem Schmöker. Nein, die Prinzessin war nicht alt geworden. Ein hässlicher Greis las mit einem Auge in einem Schmöker, sein Glasauge aber stand weit offen und blickte sie groß und bedeutungsvoll an. Der Alte erhob sich, hängte seine Tasche mit dem Riemen über die Schulter und stieg aus. Sie lief hinter ihm her. Ich bin ausgestiegen, dachte sie, warum bin ich ausgestiegen. Sie folgte ihm durch die

Auf der Suche

Straßen. Es geschieht etwas, dachte sie. Nichts geschah. Kein Prinz sprach sie an, kein Zeitungsbote rief eine Nachricht aus, kein verlorener Ring lag zu ihren Füßen. Ich muss wissen, wohin es geht, dachte sie. Es ging nirgendwohin. Der Alte trat nicht in ein Haus, stieg in keinen Bus, drehte sich nicht um. Er verschwand einfach. Es gab ihn nicht mehr. Sie kehrte um und nahm ihren eigentlichen Weg wieder auf. Ihre Freundin begrüßte sie. Sie tranken Tee und sprachen. Sie fragte: Ist irgendetwas passiert in der Stadt? – Nichts ist passiert, sagte die Freundin. Sie verabschiedeten sich. Die Prinzessin stieg in die U-Bahn hinab. Die Züge fuhren regelmäßig. Es gab keinen Aufenthalt.

1   „Zwillinge". Wie versteht ihr die Überschrift?
2   Wie erklärt ihr euch, dass das Mädchen dem alten Mann folgt?
3   Auf dem Heimweg gehen dem Mädchen Gedanken durch den Kopf.
    Versetzt euch in ihre Situation. Schreibt in Form eines Tagebuchtextes:
    Heute ist mir etwas Merkwürdiges passiert …

Rose Ausländer

Spiel im Spiegel

Mädchengesicht
aus sechzehn Jahren
steigt in den Spiegel
erschrickt.

In den Pupillen brennt
schwarzes Licht
die sechzehn Jahre
löschen es nicht

Wohin führt der Brand
Die Spiegelhand
hält zwei Fackeln
rechts und links
Abgründe aus Glas

Das Spiel im Spiegel
beruhigt sich
die Zwillinge
finden sich wieder
schwesterlich
im Quecksilberraum
voll heimlicher Feuer

1   Schreibe ein eigenes Gedicht:

Mädchengesicht
aus sechzehn Jahren
schaut in den Spiegel
…

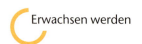
Erwachsen werden

Wir werden erwachsen – eine Diskussion

Pia, *17 Jahre alt, Gymnasiastin,*
Renate, *18 Jahre alt, in einer Buchhändlerlehre,*
Helen, *18 Jahre alt, Schülerin einer Diplommittelschule,*
Hansruedi, *21 Jahre alt, Elektromonteur, zurzeit Weiterstudium am Technikum,*
Reto, *18 Jahre alt, Lehrling (Elektronik),*
Christian *Radecke (33), Pfarrer, haben miteinander diskutiert.*

Helen: Eltern merken manchmal gar nicht, wie man sich entwickelt, sie wollen es nicht merken, dass man frei sein will oder dass man mit ihnen gleichwertig diskutieren kann. Sie sehen einen immer noch als Kind. Sie sagen immer noch: Das ist gut und das nicht und das solltest du nicht tun, und lassen einen nicht
5 die Verantwortung für sich selber tragen.
Renate: Ja, für meine Mutter bin ich, Renate, immer noch ein Kind, weil sie mich eben achtzehn Jahre lang als ihr Kind gehabt hat.
Christian: Auch meine Eltern sagen noch: „Unsere Kinder."
Pia: Aber das ist doch nicht negativ.
10 Renate: Ja, eigentlich ist das auch schön.
Hansruedi: Aber Helen meint, es sei nicht gut, wenn sie uns weiter als Kinder behandeln. Sie meint, die Eltern sähen unsere Entwicklung gar nicht.
Christian: Weshalb ist das wohl so?
Pia: Wir haben zu wenig wirklichen Kontakt mit den Eltern.
15 Helen: Und sie wollen uns irgendwie festhalten. Meine Schwester und ich sind die Letzten, die noch zu Hause sind, und ich glaube, meine Eltern haben Angst davor, dass wir auch noch weggehen. Sie hemmen uns richtig in unserer Entwicklung und sie sind auf alles eifersüchtig, was von außen auf uns zukommt. Wenn wir noch länger zu Hause bleiben, stagnieren wir beide.
20 Renate: Ja, das kenne ich.
Helen: Wenn ich mich kulturell beschäftige, wenn ich mit Freunden zusammen bin oder wenn ich einen Spaziergang mache, einfach auf alles sind sie eifersüchtig.
Renate: Nein, meine Mutter hat eigentlich nie etwas gesagt, wenn wir Dinge
25 unternommen haben, die gut für uns sind. Ich glaube, sie würde erst eingreifen, wenn wirklich etwas Außergewöhnliches geschehen würde. Wenn etwa meine Brüder anfangen würden, sich politisch extrem zu engagieren, und sie müsste befürchten, dass ihnen das in der Schule schaden könnte. Ich glaube, dann würde sie etwas tun.
30 Meine Mutter ist jetzt fünfzig, aber sie ist nicht stur. Sie hat einfach mehr Lebenserfahrung als wir. Solange Eltern so sind, dass man mit ihnen wirklich reden kann, ist das ein Gewinn. Man kann sich doch einfach auch auf sie ver-

lassen. Sie haben mehr erlebt, mehr durchgemacht. Manchmal haben sie doch wirklich Recht. Normale Eltern hindern doch Kinder nicht daran, etwas zu tun, was gut für sie ist.

HELEN: Aber es geht doch nicht einfach darum, dass Eltern nicht wissen, was für die Kinder gut ist. Es ist doch oft auch so, dass eben die Kinder ihr ganzer Lebensinhalt sind, und dann ist es eben schlimm für sie zu sehen, wie die Kinder weggehen, und sie haben Angst davor, das ist natürlich. Manchmal haben sich Vater und Mutter nicht so gut verstanden, aber weil Kinder da waren, konnten sie dieses Problem überbrücken, und jetzt stehen sie eben da …

RENATE: Meine Mutter hat da noch mehr Schwierigkeiten, weil sie allein ist, die hat dann später wirklich niemanden mehr.

CHRISTIAN: Ja, das kann man bei vielen Eltern beobachten, dass sie die Kinder so lange wie möglich zu Hause halten wollen, und dann gibt es eben Schwierigkeiten. Dann müssen sich die Kinder gewaltsam losreißen. Andere Eltern, solche, die selbst freier sind und tun, was sie wollen, unterstützen vielleicht ihre Kinder darin, dass sie selbstständig werden – da ist es dann für beide viel leichter.

CHRISTIAN: Lockt euch denn das, Selbstständigkeit, auf euch allein angewiesen zu sein?

HANSRUEDI: Also, ich hätte große Lust wegzugehen. Ich glaube, ich würde mich besser entwickeln. Ich fühle mich zu Hause einfach angebunden. Ich muss zu Hause helfen, weil meine Mutter sonst nicht zurechtkäme.

RENATE: Also, ich könnte eigentlich auch von einem Tag auf den andern weggehen. Aber ich habe doch Angst vor der Zukunft. Ich würde sofort ausziehen, dabei weiß ich, dass dann für mich sehr harte Zeiten kommen werden …

HANSRUEDI: Ich müsste ein Ziel haben. Ich gehe nicht einfach so fort, ohne Grund. Ja, eigentlich, Grund wegzugehen habe ich schon, aber noch kein Ziel.

RETO: Also, ich finde, du hast es doch schön, eine eigene Wohnung, einfach im selben Haus. Ich könnte mir für mich nichts Schöneres vorstellen.

HANSRUEDI: Ja, natürlich, das ist schon so, aber dennoch …

RENATE: Ich verstehe dich gut. Ich hatte auch immer ein eigenes Zimmer. Nicht eine eigene Dachwohnung, aber doch so, dass ich für mich sein konnte, und doch, die andern sind da, sie sind immer da, und das ist das Schlimme.

HANSRUEDI: Ja, es beginnt schon am Morgen. Meine Tante steht jeden Tag um sieben Uhr extra meinetwegen auf, um mir das Frühstück zu bereiten … Dass sie so für einen „sorgen", das passt mir nicht!

CHRISTIAN: Vielleicht ist da auch noch die Furcht dabei, dass du selbst einmal so wirst, wenn du erwachsen bist.

PIA: Ja, ich habe mich schon gefragt, ob das denn ein Lebensinhalt sei, so wie meine Mutter jeden Tag aufzustehen und für die Kinder Frühstück zu kochen, jeden Tag.

Erwachsen werden

RENATE: Ja, und seltsam, meine Mutter machte das nie besonders gern, und jetzt, jetzt müsste sie es eigentlich nicht mehr tun und jetzt tut sie es doch noch, immer, jeden Tag …

[…]

HELEN: Also, in meinem Leben gibt es immer wieder Abschnitte. In den letzten vier Jahren etwa habe ich immer wieder neue Menschen kennen gelernt, jemanden, der mir etwas vermitteln konnte, durch den ich etwas Neues kennen lernte. Ich habe mich entwickelt. Ich habe auch über das Leben nachgedacht und über den Menschen. Für mich gehört das einfach zusammen. Und da bin ich auf den Glauben gestoßen. Ich sah plötzlich eine Verbindung zu Gott. Ich meine, man fragt sich doch, was der Mensch auf der Welt überhaupt soll, welche Funktion er hat und überhaupt alles, was lebt auf Erden, und so kam ich eben auf Gott. Das ist meine Erkenntnis. Aber ich weiß, das gilt nur für mich, andere finden etwas anderes. Für mich war das etwas ganz Neues. Auf all die Fragen, auf die es keine Antworten gibt, wenigstens in Worten nicht, in Sätzen nicht, habe ich eine Antwort. Aber die ist nicht so einfach erklärbar, die ist unfassbar. Immer sucht man heute nach Erklärungen, die man in Worte fassen kann, aber Gott kann man nicht erklären und ich finde das gut.

RENATE: Nein, das finde ich nicht gut.

CHRISTIAN: Du möchtest alles erfassen und begründen können?

RENATE: Ja. Was „unfassbar" ist, kann ich nicht glauben.

RETO: Ich auch nicht.

HELEN: Man muss es halt erleben, wirklich.

RENATE: Da erlebe ich lieber andere Dinge.

HELEN: Ich wollte damit nur sagen, dass Leben und Mensch nicht zu trennen sind. Ich glaube, jeder fragt sich doch, ob es nicht noch etwas über ihm gibt, jeder fragt sich, warum er da ist. Deshalb gehen doch viele heute nach Indien und suchen dort bei den Gurus nach einem Sinn, nach einer Lösung. Dafür ist der Mensch doch eigentlich da, dass er sucht.

RETO: Nein, das leuchtet mir nicht ein. Das stimmt einfach nicht, dass jeder nach etwas Höherem sucht. Ich finde, es gibt einfach nichts, nichts Höheres.

RENATE: Ja, das finde ich auch.

HELEN: Aber du fragst dich doch auch, wozu du auf der Welt bist.

RENATE: Aber das weiß ich doch, wozu, das ist doch klar: Ich lebe genau für das, was ich als das Wertvollste im Leben ansehe, jeder lebt für das, und ich lebe, damit ich dafür kämpfen kann, damit ich versuchen kann, es zu erhalten und zu bewahren.

HELEN: Ob man das auch kann? Die wenigsten können das.

RENATE: Ja, da hast du Recht. Aber dennoch, ich meine, es ist nicht ein Suchen, ich muss nicht suchen, ich habe es schon gefunden.

HELEN: Aber vielleicht hast du's nur für eine gewisse Zeit gefunden. Irgendeinmal genügt das nicht mehr, dann suchst du wieder etwas anderes.

Auf der Suche

115 HANSRUEDI: Ich bin ja etwas älter als ihr, aber ich muss sagen, ich habe noch kein Ziel. Ich sehe keines. Ich lebe jetzt einfach mal so. Ich suche ein Ziel, eins, das nicht leicht erreichbar ist, auf das ich hinleben kann. Aber vielleicht ist das Ziel genau das, dass ich hier und jetzt lebe.
CHRISTIAN: Glaubt ihr, dass man so ein Ziel, ein Lebensziel, haben muss?
120 HANSRUEDI: Nein, überhaupt nicht. Viele Leute sehen ihr Leben lang kein Ziel.
PIA: Oder sie sehen immer wieder ein anderes. Ich habe auch kein großes Ziel. Ich habe jetzt höchstens vorläufig eins, nämlich, das Abitur zu machen. Vielleicht ist das ganz richtig so, erst kleine Ziele zu haben.
HANSRUEDI: Je älter man wird, desto klarer wird einem, was man nicht tun will im
125 Leben. Aber was man wirklich tun will, das weiß man deswegen immer noch nicht. Doch, jetzt kommt mir ein Ziel in den Sinn: Keinem Zwang mehr folgen müssen, ich glaube, das lohnt sich, das kann man auch erreichen.
PIA: Ich verstehe nicht ganz.
HANSRUEDI: Ich meine, dass man wirklich etwas tun kann, was der eigenen
130 Vorstellung, den eigenen Ideen entspricht.
PIA: Aber ich weiß nicht, ich verstehe trotzdem nicht. Wenn ich einen ganzen Tag lang nur tue, was ich will, dann finde ich das plötzlich langweilig. Da ist immer wieder etwas, wozu ich mich einfach zwingen muss.
HANSRUEDI: Ja, natürlich, in kleinen Dingen schon. Aber ich finde, man sollte sich
135 in großen, in wichtigen Dingen nicht zwingen lassen. Das ist ein Grundsatz für mich: Ich will später etwas tun, was mir wirklich Spaß macht.
PIA: Du möchtest ganz in einer Aufgabe aufgehen, auf dein Ziel hin.
HANSRUEDI: Ja, so ungefähr. Aber das ist doch eigentlich für alle ein Ziel.
PIA: Man könnte auch sagen: glücklich sein.

1. Charakterisiert die Gesprächsteilnehmer. Welche Themen interessieren sie, welche Meinungen vertreten sie?
2. Zu welchen Aussagen in dieser Diskussion Schweizer Jugendlicher möchtet ihr selbst Stellung nehmen?
3. Plant ein Rollenspiel mit einer veränderten Gesprächsrunde: Pia, Hansruedi und Kerstin und Jacob aus den Texten auf den Seiten 9–14. Beginnt das Gespräch mit Hansruedis Gedanken: Man müsste ein Ziel haben.

Von heut an

Ursula Krechel

Umsturz

Von heut an stell ich meine alten Schuhe
nicht mehr ordentlich neben die Fußnoten
häng den Kopf beim Denken
nicht mehr an den Haken
5   freß keine Kreide. Hier die Fußstapfen
im Schnee von gestern, vergeßt sie
ich hust nicht mehr mit Schalldämpfer
hab keinen Bock
meine Tinte mit Magermilch zu verwässern
10 ich hock nicht mehr im Nest, versteck
die Flatterflügel, damit ihr glauben könnt
ihr habt sie mir gestutzt. Den leeren Käfig
stellt man ins historische Museum
Abteilung Mensch weiblich.   Ⓡ

1   „Umsturz" – welche Bedeutung verleiht das Gedicht diesem Begriff? Beachtet dabei die eigenwilligen Bilder.
2   Könnte die Schlusszeile auch lauten „Abteilung Mensch männlich" oder einfach „Abteilung Mensch"?

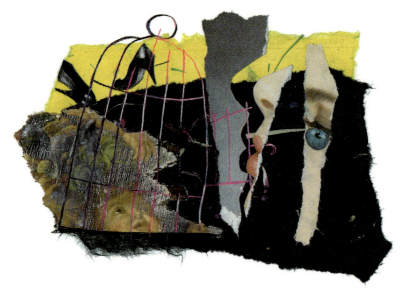

Von heut an

Kurt Marti
Als sie mit zwanzig

als sie mit zwanzig
ein Kind erwartete
wurde ihr heirat
befohlen

5 als sie geheiratet hatte
wurde ihr verzicht
auf alle studienpläne
befohlen

als sie mit dreißig
10 noch unternehmungslust zeigte
wurde ihr dienst im hause
befohlen

als sie mit vierzig
noch einmal zu leben versuchte
15 wurde ihr anstand und tugend
befohlen

als sie mit fünfzig
verbraucht und enttäuscht war
zog ihr mann
20 zu einer jüngeren frau

liebe gemeinde
wir befehlen zu viel
wir gehorchen zu viel
wir leben zu wenig

1 An welche Gemeinde wendet sich der Sprecher?
2 Das Gedicht ist 1969 erschienen. Ist es noch aktuell?
3 Schreibe ein Gegengedicht. Orientiere dich an der Form des Gedichtes von Kurt Marti. Wie könnte deine letzte Strophe lauten?
4 Vergleiche das Gedicht mit dem Gedicht „Umsturz" von Ursula Krechel (S. 22).

Kurt Marti

Riss im Leib

Er sprach und sie nickte. Sie nickte, bevor er sprach. Sie werden ein Leib sein, sie waren's geworden, ein Leib mit zwei Köpfen, der eine nickte, der andere dachte und sprach. Fragen Sie bitte den Mann, sagte sie, wenn jemand von ihr eine Antwort begehrte, kommen Sie abends wieder, so ist er zu Hause. Es war ein Abend
5 im März. Sie wünschen, fragte sie vor der Tür, gewiß, der Mann ist zu Hause, treten Sie ein. Sie führte ihn in die Stube. Ich komme wegen der Trudi, sagte der Fremde. So, sagte der Mann. Sie gab mir freundliche Grüße mit, sagte der Fremde, es geht ihr gut. Will's hoffen, sagte der Mann, wer sind Sie. Mein Name ist Alois Sailer, sagte der Fremde, ich bin aus Tirol und arbeite zwei Jahre bereits in der
10 Schweiz. Und was noch, fragte der Mann. Ich komme wegen der Trudi, sagte der Fremde, ich wünsche, wenn Sie erlauben, Ihre Trudi zur Frau. Die Kuckucksuhr tickte. Ich hoffe, sagte der Fremde bescheiden. Nein, sagte der Mann, es gibt Schweizer genug, sagen Sie meiner Tochter, es hat Schweizer genug, sie brauche sich nicht hinter Fremde zu machen. Ich bitt Sie, sagte der Fremde. Sagen Sie ihr,
15 sagte der Mann, wir hätten das nicht von unserer Tochter erwartet. Aber ich bitt Sie, sagte der Fremde. Basta, sagte der Mann, von Fremden halte ich nichts, und ging am Tiroler vorbei zur Stube hinaus. Der Fremde blieb stehen, verdutzt. Warum, fragte leise die Frau und ließ ihre Strickarbeit sinken, warum ist Trudi nicht mitgekommen, warum kommt sie nie mehr nach Hause. Angst, sagte der
20 Fremde, sie hat Angst vor dem Vater. Sie senkte den Kopf. Ich hoffe, sagte der Fremde, dass Sie von mir nicht dasselbe denken wie augenscheinlich Ihr Gatte. Später, als vor dem Gartentor ein Motorrad sich entfernte, äugte der Mann, ihr Mann, zur Stube herein. Ist der Fremde gegangen, fragte er sie. Aber sie schwieg. Und nickte auch nicht.

1 Diskutiert, wie sich der Titel erklärt.
2 Schreibe eine Fortsetzung der Geschichte.
3 Ein Schweizer Kulturbeauftragter merkt zu diesem Text an: „So sind die Menschen doch nicht in der Schweiz." Hat er den Text verstanden?
4 Kurt Marti verzichtet oft auf Satzverknüpfungen. Verändert einen Textausschnitt so, dass aus den vielen kurzen Hauptsätzen mehrere lange Satzgefüge entstehen, die gedankliche Verknüpfung durch Konjunktionen und Partikeln zum Ausdruck gebracht wird.
Zum Beispiel: Während er sprach, nickte sie, denn sie nickte schon, bevor er sprach, sodass …
Vergleicht die Fassungen miteinander und prüft ihre Wirkung.

Dieter Wellershoff

War das Glück nicht ein Fliegen?

Der folgende Text ist ein Ausschnitt aus dem Roman „Der Sieger nimmt alles". In Form eines Kriminalromans wird der Aufstieg und Untergang eines Geschäftsmannes erzählt. Aus der Sicht seiner jungen Frau erlebt der Leser in dem folgenden Romanauszug die Familie.

All das gehörte zu ihr. Sollte sie es glauben? Alles schwankte, obwohl es fest stand. All das Unglaubhafte war wirklich. Verstanden hatte sie das nicht.
Musste man es verstanden haben, um glücklich zu sein? Glücklich sein zu können ohne Angst? Oder gehörte die Angst zum Glück? Denn war das Glück nicht ein Fliegen, ein Vorwärtsstürzen und Getragenwerden, ein Schweben über das Stürzen hinweg?
Ja, so war es, so empfand sie es. Alles war wirklich. Alles zeigte sich, brauchte nicht bewiesen zu werden. War einfach da.
Am Ende des Rückwärtsschwungs, als sie noch aufgerichtet zwischen den Seilen saß, streckte sie die angewinkelten Beine aus und blickte auf ihre Schuhspitzen, die nach einem kurzen, kaum merklichen Stillstand, einem gewichtslosen Schweben, steil, fast senkrecht auf den Rasen zustürzten und von der rascher werdenden Bewegung abgefangen wurden und nach vorne weggglitten und nun, das spürte sie nur noch, denn sie hatte sich weit zurückgelehnt, in einem flachen Bogen über den Rasen schwangen und einen sausenden Moment lang höher waren als ihr in den Nacken gelegter Kopf, denn das Stürzen und Vorwärtsschwingen hatte sich in ein Steigen verwandelt, von dem sie sich, als es langsamer wurde, hochreißen ließ, weil in ihrem Körper noch Schwung war, ein Drang, auf den höchsten Punkt der Bahn zu gelangen, auf dem sie fast aufgerichtet zwischen den Seilen saß und die Beine anwinkelte, um gleich wieder durch die weite Luftmulde zum anderen Höhepunkt der Bahn zurückzufliegen.
Und jetzt sah sie das Haus, den Wintergarten, die Terrasse und die Menschen, die alle zu ihr gehörten, ihre Familie, ihre Freunde, ihren kleinen Sohn, ihren Mann, und nahm das Bild mit bis auf den Höhepunkt ihres Rückwärtsfluges, wo es im

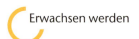
Erwachsen werden

Moment ihres Stillstandes eine Gewissheit wurde und sie sich nun beglückt in
den Vorwärtsschwung fallen lassen konnte, bei dem sie das Bild sekundenlang
verlor. Nichts war da außer dem Gerüst mit den schwingenden Seilen und einem
Stück blauen Himmels über ihrem zurückgeworfenen Kopf. Ihr Kleid blähte sich
über ihren Schenkeln, entblößte sie. Aber sie war ja allein, sie flog durch die Mulde, das Tal, ließ sich wieder hochreißen. Und da waren sie alle wie vorhin, nur
wenig verändert in ihren Haltungen. Es gab sie alle, sie konnte sie betrachten,
jetzt, während sie zurückflog und sich entfernte.
Sie war eine Glocke und sie läutete mit einem hellen und einem dunklen Ton,
die sich zu einem weiträumigen Klang vermischten. Ich bin glücklich. Ich habe
Angst. Ich bin glücklich. Fliegend überbrückte sie den Abgrund, sauste durch das
Tal, schwang hin und her zwischen den beiden Höhepunkten ihrer Bahn, an denen sie momentweise gerettet war, obwohl sie weder dort noch hier bleiben
konnte. Und das wollte sie ja auch nicht. Sie wollte fallen, fliegen, über sich hinaussteigen und wieder fallen, und während die wirbelnde Luft ihr Kleid über
ihren Beinen bauschte, strömte, nicht weniger sanft als dieser leichte Windzug,
die Angst durch sie hindurch.
Da waren sie! Ulrich stand bei Lothar. Wahrscheinlich besprachen sie etwas
Geschäftliches. Die anderen – ihr Vater, Jutta, Andreas und Lothars Kusine, ein
harmloses, freundliches Mädchen – spielten Boccia auf dem Rasen. Rudolf hatte
nur einmal geworfen und sich sofort wieder abgesetzt. Sein alter Schulfreund
Dicki war gekommen und sie tranken schon wieder Bier und lästerten, würden
bald verschwinden. Auf der Terrasse erschien das Hausmädchen und deckte den
Kaffeetisch ab. Und da kam Christoph aus dem Haus, ihr Kind, ihr kleiner Junge,

Ulrichs Sohn. Er trug etwas Braunes, das waren die Boxhandschuhe, die Ulrich ihm geschenkt hatte. Er ging zu Ulrich und Lothar, die ihn einen Augenblick verdeckten. Hinten auf dem Rasen hörte sie Juttas Jubelruf. Sie hatte wohl gerade einen guten Wurf gemacht.

Alles war friedlich und heiter und so unwahrscheinlich wie ein erfüllter Traum. Dort waren sie, ihr Mann, ihr Kind, ihre Familie, ihre Freunde, versammelt im Park ihres Elternhauses, in dem sie sich immer noch zu Hause fühlte, obwohl sie nicht mehr hier wohnte.

Schaukeln, durch die Luft fliegen, das hatte sie immer schon gemocht. Im Gegensatz zu Christoph, für den die Schaukel gebaut worden war, der sie aber kaum benutzte. Vielleicht war er noch zu klein gewesen, als Ulrich ihn darauf setzte. Er hatte es nicht verstanden, Schwung zu holen, obwohl Ulrich es ihm oft genug erklärt hatte. Er machte genau die falschen Bewegungen, wusste nichts anzufangen mit seinem kleinen Körper und bremste den Schwung, den Ulrich der Schaukel gab, immer wieder ab.

Vielleicht hatte er Angst und sträubte sich gegen den Schwung. Er war ein ängstliches Kind, das von seinem Vater überfordert wurde. Nun war er neun Jahre alt und Ulrich wollte ihm das Boxen beibringen, weil er in der Schule von einem kleineren Jungen verprügelt worden war. Er war einfach weggelaufen und schluchzend zu Hause angekommen und sie hatte den Fehler gemacht, es Ulrich zu erzählen. Sie hätte wissen können, wie er darauf reagieren würde. Ulrich, der niemals verlieren wollte, für den das Leben ein Kampf war, den man gewinnen musste, und der nur auf seine Kraft, seinen Willen, seine Intelligenz vertraute.

Sie liebte, sie verstand sie beide, diesen zarten, ängstlichen Jungen und ihren Mann, der einmal ähnlich gewesen sein mochte und sich zum Gegenteil gewandelt hatte. Sie liebte den Gegensatz der beiden. Ihr Gefühl schwang hin und her in diesem Widerspruch, wollte sie beide umfassen, versöhnen, in sich bergen. Dir geschieht nichts, wollte sie Christoph sagen und Ulrich wollte sie bitten, sich bei ihr auszuruhen. Sie hatte sich zurückgezogen und auf die Schaukel gesetzt, um ihr Gefühl ungestört genießen zu können und im Hin- und Herschwingen alle zu sehen, die zu ihr gehörten, ihre Geschwister, ihren Vater, ihre Freunde und vor allem ihren Mann und ihr Kind, die dort beieinander standen, zusammen mit Lothar, der ihnen half, die Boxhandschuhe anzuziehen, und jetzt zu ihr herübersah und ihr winkte.

1 „Alles schwankte, obwohl es fest stand." (Z. 1). Zeige Wendungen und Bilder im Text, die diesen Satz stützen. Welchen Eindruck lassen sie entstehen?

2 „Ich bin glücklich", sagt sich die junge Frau immer wieder.
Wie denkt ihr darüber? Wie denkt ihr über das Bild, das sich die Frau von sich und ihrer Familie macht?

3 Stellt euch die Frau in eurem Alter vor. Entwerft ein Porträt von ihr.

Leonie Ossowski

Die Metzgerlehre

Ein Schwein wurde geschlachtet. Es war Fietschers erster Arbeitstag, bisher hatte er noch nichts zu tun. Er sah nur das Schwein an und dachte darüber nach, wie es wohl sterben würde.

Fietscher hatte nie Metzger werden wollen. Er wollte nicht schlachten, nicht Fleisch schneiden, keine Wurst machen und nicht im Blut rühren.

Er wollte zur See fahren und das hatte man ihm verboten. Was also dann? Genau das wusste er nicht. Trotz vieler Vorschläge hatte er sich für nichts anderes als für das Auf-dem-Wasser-Herumfahren entscheiden können. Trotzdem sagte der Vormund: Metzger. Jeder Widerspruch blieb sinnlos.

Also das Schwein. Es lief herum und quiekte und war groß und fett. Ein schönes Schwein, von dem man lange essen konnte, sagte der Bauer, während die Bäuerin Eimer und Schüsseln für das Blut zurechtstellte. Das Schwein lief hin und her. Nicht sehr weit, denn es war am Hinterbein an einen Baum gebunden und sah Fietscher unter rosa Wimpern an.

Steh nicht so rum, sagte der Metzger, dem – wie den meisten Metzgern – ein Finger von den Händen fehlte, hol das Schießeisen.

Fietscher lief zum Auto und kam unverrichteter Dinge zurück. Er hatte das Schießeisen in der Metzgerei liegen lassen. Da fiel dem Metzger ein gutes Mittel gegen Fietschers Vergesslichkeit ein.

Fietscher sollte jetzt das Schwein selber totschlagen. Die Bäuerin war dagegen, hatte das Schwein ein Jahr gefüttert und eine Beziehung zu ihm gewonnen, der Bauer nicht. Fietscher wurde blass und es würgte ihn im Hals. Das Schwein quiekte, zwinkerte und spürte Angst. Das sah Fietscher ihm an.

Ich kann nicht, sagte er.

Der Metzger war anderer Meinung, drückte ihm eine Axt in die Hand, stand mit einem großen Vorschlaghammer neben ihm, bereit, den zweiten Schlag zu führen, und schon im Vorhinein Fietscher nichts zutrauend.

Also los!

Ich kann nicht.

Da bekam Fietscher einen Schlag, nicht doll und vorerst nur ins Genick, aber er stolperte, fiel vorneüber auf das Schwein, umarmte es, um nicht in den Dreck zu rutschen, und sah sich Auge in Auge mit ihm.

Alle lachten: die Bäuerin, der Bauer, der Metzger.

Los!

Fietscher stand auf und wusste Bescheid. Auch das Schwein wusste wohl Bescheid, quiekte jedenfalls nicht mehr, zeigte Vertrauen und stand ganz still. Da schlug Fietscher mit dem verkehrten Ende der Axt zu.

Es war ein großartiger Schlag. Das Schwein fiel gleich um. Der Metzger brauchte nicht zum Nachschlag auszuholen. Fietschers Schlag hatte genügt. Hohl und dumpf dröhnte er auf dem Schweineschädel, brummte noch nach und hinterließ keine Spur. Das Schwein hatte nicht einmal mehr Zeit gehabt, die Augen zuzumachen, so gut saß der Schlag.

Der Metzger war sehr zufrieden, warf den Hammer weg und stach das Tier ab. Die Bäuerin holte die Schüssel für das Blut, der Bauer das Wasser für den Trog. Alles ging wie am Schnürchen.

Nur in Fietschers Ohren brummte der Schlag und fing dort ein Getöse an, sodass er die Zurufe des Metzgers nicht verstand!

Weiß der Himmel, wie lange er nutzlos herumgestanden oder auch diesen oder jenen Handgriff gemacht hatte.

Plötzlich drückte ihm der Metzger den Kopf des Schweines in die Hand. Trag ihn in die Küche!

Fietscher hielt den Schweinekopf an den Ohren. Die offenen Augen waren auf ihn gerichtet. Immer noch läppisch vertrauensselig sah das tote Vieh ihn an.

Da rannte er los. Nicht in die Küche, sondern am Haus vorbei, hinunter zum Neckar bis zur Brücke, unter der ein Kahn mit Koks durchfuhr. Fietscher ließ den Schweinekopf fallen, mitten auf den Koks, wo er still und rosa liegen blieb und nun mit offenen Augen in aller Ruhe bis Stuttgart fahren würde.

Und endlich hörte das Brummen vom Schlag in Fietschers Ohren auf. Er ging zurück zum Metzger, steckte ohne Mucken und Tränen gewaltige Prügel ein, ohne eine Erklärung für sein Handeln abzugeben. Eine Zufriedenheit hatte ihn mit dem Davonfahren des Schweinekopfes auf dem Schiff erfüllt, die ihm niemand nehmen konnte.

1   Gewaltanwendung beim Schlachten eines Tieres. Wie geht die Autorin mit den Empfindungen des Lesers um?
2   „Eine Zufriedenheit hatte ihn mit dem Davonfahren des Schweinekopfes auf dem Schiff erfüllt." Wie versteht ihr den Schluss der Erzählung?
3   Stellt euch vor, Fietscher begegnet dem Metzger nach Jahren wieder. Gestaltet einen Dialog.
4   „Ich kann nicht, sagte er." (Z. 24). Kennst du Situationen, in denen du ähnlich reagiert hast? Berichte davon, wie du sie gelöst hast.

Erwachsen werden

Günter Bruno Fuchs

Ein schönes Leben

Schön war mein erster Geburtstag. Schön war mein zweiter Geburtstag. Schön waren alle Geburtstage, die dem ersten und zweiten Geburtstag folgten. Was während der Zeit von Geburtstag zu Geburtstag war, soll schön gewesen sein. Meine schönen Eltern haben mir davon schön erzählt.

5 „Es war immer schön", sagten meine Eltern.
„Ist das nicht schön?", fragte meine Mutter.
„Ach, du hast es immer schön gehabt", sagte mein Onkel.
„Der Onkel", sagte mein Vater, „hat dich immer schön in den Schlaf gesungen. Schöne Lieder. Es ist deshalb nicht schön, dass du dich jetzt so hässlich kleidest."
10 „Ja", sagte mein Onkel, „das ist unschön. Du bist bald dreiundzwanzig Jahre alt! Überleg mal, wie schön deine Kinderzeit war. Deine unschönen Haare müssen gewaschen werden. Früher hast du immer den Kopf schön hingehalten, heutzutage benimmst du dich unschön und hast deinen eigenen Kopf. Ist das schön? Das kann ja noch schön werden mit dir, zum Donnerwetter!"

1 Probiert aus, ob sich in diesem Text das Wort „schön" durch andere Wörter ersetzen lässt.
2 Seinen eigenen Kopf haben. „Ist das schön?"

Walter Helmut Fritz

Auch das

Ratlosigkeit ist gut.
Verlieren ist gut.
Versäumnis ist gut.
Verkehrte Wege wählen ist gut.
5 Nicht weiterwissen ist gut.
Sich leer fühlen ist gut.
Auch das ist ein volles Leben.

1 Schreibe ein eigenes Gedicht, das mit der Zeile endet:
Auch das ist ein volles Leben.

WERKSTATT

Klaus-Peter Wolf
KOMPLIMENT

*Du hast mich nicht
auf den Händen getragen,
aber mir geholfen,
auf eigenen Füßen zu stehen.*

Anregung:
Schreibe ein eigenes Gedicht in der Form:

*Du hast mich nicht,
…
aber mir geholfen,
…*

Stellt euch Bücher zum Thema „Erwachsen werden" vor.

Ihr könnt dazu eine kleine Buchausstellung organisieren.

In vielen Texten dieses Kapitels treten die Figuren sehr eindringlich hervor.
- Wähle dir eine Figur aus und fertige eine Bildercollage zu ihr an.
- Bemühe dich, der Figur möglichst gerecht zu werden.
- Schreibe eine präzise Erläuterung deiner Absicht.
- Gestalte Collage und Text zu einem Poster.

Ihr könnt daraus auch eine Ausstellung machen.

Bringe ein älteres Foto von dir mit und beschreibe dich. Versetze dich in deine damalige Lebenssituation und schreibe in Form eines inneren Monologes:
Was ich von meinem Leben erwarte.

Schreibe einen zweiten Text:
Wie ich mich heute sehe.
Du kannst ein aktuelles Foto von dir dazu in Beziehung setzen.

Schreibe deinen Lebenslauf.
Führe ihn nach deinen Lebensvorstellungen weiter.

Reiner Malkowski
Zukunft, in der Vergangenheitsform

Am Anfang war die Zukunft übersichtlich:
eine Schulglocke, eine aufgerissene Tür,
die lange, gerade Straße in der Sonne.
Eine Weile war die Zukunft ein Befehl.
Sie stand im Heft mit roter Tinte.
Eine Weile war sie ein gezücktes Schwert.
Eine Weile trug die Zukunft bunte Spangen
und hing am seidenen Haar.
Eine Weile war die Zukunft
ein leuchtendes Buch, ein Umsturz,
eine rettende Formel.
Später
verlor sie sich im Dunkel.

Schreibe ein eigenes Gedicht.
Übernimm dafür die Struktur:
Am Anfang … Eine Weile … Später

2 Töne, Takte, Träume

Musikerlebnisse

Herbert Grönemeyer

Musik nur, wenn sie laut ist

Sie sitzt den ganzen Tag auf ihrer Fensterbank,
lässt ihre Beine baumeln zur Musik,
der Lärm aus ihrem Zimmer macht alle Nachbarn krank,
sie ist beseelt, lächelt vergnügt.

5 Sie weiß nicht, dass der Schnee lautlos auf die Erde fällt,
merkt nichts vom Klopfen an der Wand.

Sie mag Musik nur, wenn sie laut ist,
das ist alles, was sie hört,
sie mag Musik nur, wenn sie laut ist,
10 wenn sie ihr in den Magen fährt.

Sie mag Musik nur, wenn sie laut ist,
wenn der Boden unter den Füßen bebt,
dann vergisst sie, dass sie taub ist.

Der Mann ihrer Träume muss ein Bassmann sein,
15 das Kitzeln im Bauch macht sie verrückt,
ihr Mund scheint vor lauter Glück still zu schrein,
ihr Blick ist der Welt entrückt.

Ihre Hände wissen nicht, mit wem sie reden solln,
es ist niemand da, der mit ihr spricht.

20 Sie mag Musik nur, wenn sie laut ist,
das ist alles, was sie hört,
sie mag Musik nur, wenn sie laut ist,
wenn sie ihr in den Magen fährt.

Sie mag Musik nur, wenn sie laut ist,
25 wenn der Boden unter den Füßen bebt,
dann vergisst sie, dass sie taub ist.

1 Was will der Sänger dem Publikum über die Situation des Mädchens mitteilen?
2 Versucht zu beschreiben, was ihr beim Anhören von Rockmusik außer den akustischen Eindrücken noch erlebt.

Udo Lindenberg

Nachruf auf Elvis

Damals, 1957, ich war elf, schoss aus dem Radio Elvis Presley mit „Tutti Frutti" und die ersten Takte verbannten meine bisherigen Lieblingslieder „Ave Maria", „Was hat der Hans mit der Grete getan", „Der lachende Vagabund" und sogar „Marina" schlagartig aus meinem Frischlingsherzen. Worum es ging, verstand ich nicht, aber dieser Schluckaufgesang und die elektrisierende Musik rockten mich durch und ich rannte in die Küche, schnappte Töpfe und Kochlöffel, trommelte die letzte Minute „Tutti Frutti" mit und damit war die für mich damals gerade aktuelle Berufsentscheidung zwischen Seefahrer und Trommler gefallen. Elvis Presley hatte mich angezündet und ich dachte: Jetzt ist Erdbeben.

Bis dann konnte ich nur zu den deutschen Triefsongs etwas verbogen ins Träumen geraten, aber jetzt wusste ich, wo's langging. Nachdem ich dann auch noch diesen Film gesehen habe, in dem Elvis als ziemlich schmales Kerlchen in einem Klub auf die Bühne springt und den bulligen Klubbesitzer ansingt: „If your're looking for trouble, look straight into my face" („Wenn du Ärger willst, schau mir direkt ins Gesicht"), verband ich mit dem deutschen Lied- und Schlagergut mehr und mehr Albträume. Das hat sich bis heute nicht geändert.

Was mit Elvis' Hüften los war, verstand ich damals auch noch nicht so gut, aber die Mädchen, die mit verdrehten Augen von ihm sprachen, stiegen sehr in meiner Achtung, weil sie einen genauso guten Musikgeschmack hatten wie ich. Erst eine Weile später kriegte ich mit, was an Rock'n'Rollern außer Musik noch wichtig ist. Elvis hatte es drauf: Mit eingebauten Kugellagern in den Gelenken und dem verträumt-trotzig-verletzbaren Erosblick hat er sogar den aufrechten Westfälinnen in meiner kleinen Heimatstadt Gronau in die Unterkleider geguckt.

Er hat uns gegen unsere Eltern, denen ja sonst alles gehörte, etwas Eigenes gegeben. Bis jetzt hatten wir immer nur zu hören bekommen: „Dafür bist du noch zu jung." Mit Elvis in den Ohren konnten wir zurückbrüllen: „Dafür seid ihr schon zu alt."

Wo kam dieses Dynamit her? Wo gab's noch mehr davon? So kriegte ich durch Elvis auch Bill Haley mit, den es schon vorher gab, und bald hatte ich eine Samm-

Musikerlebnisse

lung von Platten mit „Amigeheul" und „Negermusik" und meine Oma fiel in
40 Ohnmacht. Ich weiß auch noch, wie schwierig es war, den Schlacker-Schlotter-Gummibein-Tanz mit Schleuderdame zu lernen. Ich gestehe, dass ich bis heute Elvis' Bravour nicht ganz erreiche.

Gospel-Country-Blues-Elvis. An ihm habe ich mich hochgezogen. Seine schnellen Nummern waren wie schwarzer Pfeffer und ich konnte nicht genug davon
45 kriegen. Die langsamen Nummern ergriffen mich oft genauso, jedoch nicht alle, manche fand ich zu schnulzig. Was bei den Schwarzen der Gospelsong war, eindringlich, herzattackierend, aber irgendwie bescheiden, geriet bei Elvis manchmal etwas zu bombastiko und so unecht wie ein Neger im Dirndl, übertrieben wie ein violettbrokatnes Bischofsgewand.

50 Ein paar Sachen an ihm sind mir fremd geblieben, vielleicht, weil Amerika so weit weg war. Nachdem Elvis dann auch als „guter Amerikaner" sehr brav und sauber in die Herzen der Erwachsenen in seinem Land eingekehrt war,
55 nachdem er in Deutschland vorbildlich seinen Militärdienst abgeleistet hatte und seine Filme bonbonfarben und schlechter wurden als die von James Dean, hörte er auf, die absolute
60 Sensation für mich zu sein. Nicht ganz: Er kriegte seinen guten Platz in der Reihe der Musiker, die ich toll fand, und Rockmusik an sich wurde für mich zur Sensation. Elvis hat die
65 Startbahn mit planiert, auf der viele Musiker, und später ich auch, mit ihrem eigenen Jet abhoben.

1 Was gefällt dem Verfasser an Elvis und was nicht?
2 Was erfahrt ihr von Udo Lindenberg über das Lebensgefühl der Rockmusiker und ihres Publikums?
3 Udo Lindenberg zieht eingangs einen Vergleich zwischen seinen Lieblingsliedern und „Tutti Frutti", einem frühen Erfolgstitel Elvis Presleys.
Versucht diese Aufnahmen aufzustöbern und auszuleihen.
Stellt den Vergleich zusammen in der Klasse an.

Töne, Takte, Träume

Barbara Herbrand

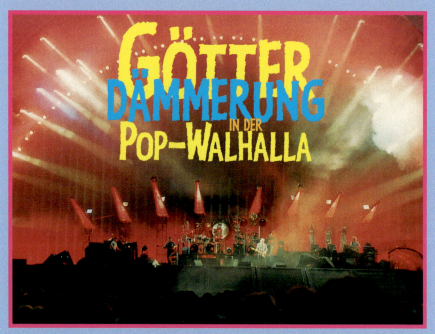

GÖTTERDÄMMERUNG IN DER POP-WALHALLA

Der Inside-Minister für innere Angelegenheiten warnt: Der Genuss von Pink Floyd in concert schadet der Gesundheit. Pink Floyd ist eine Droge für die Ohrmuschel. Und zu Pink Floyds psychedelischen Tönen tanzt nicht unbedingt der Mineralwasservertreter auf dem Rasen. Egal: „See You On The Dark Side Of The Moon"! Gib dir die legale Droge. Verkauf, wenn's sein muss, deinen Kühlschrank, den Gebrauchtwagen, die Mikrowelle. Wer diesen Sommer Pink Floyd verpasst, hat die vielleicht wichtigste Musiklektion seines Lebens verschlafen.

Am 30. März startete die Welttournee der legendären Briten in Miami, Florida, dem schrillen Mekka für Modern Life. Im ausverkauften Joe-Robbie-Baseballstadion jubeln 54000 Fans. Das Wetter: Good Old England. Der Sunshinestate hat den Wolkenvorhang vorgeschoben. 8 Uhr 20 schwillt der Jubel zum Orkan, es gießt in Strömen. „Rain or shine", steht auf dem Ticket. „Shine On You Crazy Diamond", singen die Fans. 8 Uhr 25. Die Show geht los, sie soll drei Stunden dauern und zum Multimedia-Erlebnis ausarten. Die Bühne ist gebaut wie eine Höhle, aus der bittersüße Töne tropfen. Von oben herab baumelt ein Bildschirm, rund wie der Globus. Auf ihm spielen surrealistische Szenen, wie bewegte Bilder von Magritte. Poetisch, psychedelisch-selig. Beste zeitgemäße Bühnenshow, dank tonnenschwerer Elektronik und Beleuchtung. Besser als das Sofageturne von Prince, besser als Michael Jacksons Tanzbein und besser als Mick Jaggers Jogging. Die briti-

schen Großmeister des Psychopop reißen diesmal (leider) keine Mauer ein wie auf ihrer „The Wall"-Tournee. Pink Floyd 1994 setzt distanziert-entrückt das moderne Kommunikationszeitalter in Szene. Töne korrespondieren mit Filmbildern; Laserstrahlen und Computergrafiken kreieren eine universelle Sprache.

Pink Floyd, das ist kein Starkult. Trotzdem gelten die drei Multimillionäre als Spitzenstars auf der Tonleiter. Gäbe es ein Mount Rushmore der Rockmusik, ihre grauen Köpfe wären dort in Stein gemeißelt: David Gilmour (48), Vocals, Gitarre; Rick Wright (48), Keyboards; Nick Mason (50), Drums. Auf dieser Tournee unterstützt von fünf Instrumentalmusikern und drei Back-up-Sängerinnen in fließenden weißen und schwarzen Abendkleidern. Es gibt aber kein Walhalla der Popgötter. Die Gesichter der Psychedelic-Päpste kennt kaum einer. Nur die Musik der britischen Ton-Imperialisten ist in die Gehirnwindungen zweier Generationen eingegraben.

Jetzt und damals: Jugend heute flippt zu „Keep Talking" und „High Hopes" (aus dem Album „The Division Bell"). Für Baby-Boomer (Jahrgänge 1945 bis 1965) war und ist Pink Floyd die Milch der nicht so ganz frommen Denkungsart. Erinnerung verbindet: Stoned und/oder cool auf der Couch abgammeln und mitjaulen, wenn Gilmours einzigartige Gitarrensoli einsetzen und seine Stimme mitweint. 29 Jahre Popmusik. Die

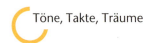

Töne, Takte, Träume

schwarzen Stunden der Seele. Kollektive Zeitreise ins London der Sechzigerjahre, als drei Architekturstudenten und ein exzentrischer Maler (Syd Barrett, 1968 ausgeschieden) eine neue intellektuelle, elektronische Musik zimmerten, Spacerock, virtuos und variantenreich.

Auf dem „galaktisch schillernden Klangteppich" (Die Zeit) schwebt beim Miami-Konzert Homo sapiens divers: Teenager in Calvin-Klein-Kluft, Rocker mit bedrohlichen Eckzähnen, Endvierzigerinnen, ältere Männer, kleine Mädchen, Japaner, Amis, Europäer. Und David Gilmour singt: „… black and blue and who knows which is which and who is who …" Die Regentropfen tanzen in den Laserstrahlen, die wie mit scharfen Messern bunte Scheiben aus dem Himmel schneiden. Pink Floyd ist heute, was es immer war: mystische Musik, surreal, schwarz verhangen, düster, melancholisch, schwermütig, untergründig aggressiv und vorwärts strebend. Auf dem Bildschirm fällt ein Computermännchen durchs Netz eines Tennisschlägers, reist durch Blutgefäße und durchs menschliche Rückgrat. Ein Stahlmännchen hämmert die Sekunden auf ein Zifferblatt zum Stakkato von „Time". Das Auge reist. In einer Ton- und Lichtexplosion platzen aus den Schnäbeln der beiden Lautsprechertürme links und rechts der Bühne zwei Wildschweine mit wuchtigen Stoßzähnen und teuflisch leuchtenden Stablaternenaugen. „Horny Pigs" (zu deutsch geile Schweine), kichert ein bekiffter Unbekannter im Publikum. Die Lichter tanzen Ballett über der Baseballarena, in der 54 000 Fans gemeinsam einsam auf Zeitreise im Kopf sind – vermutlich an Plätze, an denen sie stoned waren und irgendjemand dazu Pink Floyd spielte.

Die Bildcollagen korrespondieren mit sphärischen Tonfragmenten, bizarren Klangmustern und Texten, geschaffen für Gänsehaut: „Settle in your seat and dim the light. Do you want my blood, do you want my tears, what do you want from me …" – „Setz dich in deinen Sessel, dreh das Licht ab. Willst du mein Blut, willst du meine Tränen. Was willst du von mir …" (aus dem aktuellen Album „The Division Bell"). Der erste Song des Abends ist eine Hommage an den Gitarristen und Sänger der Gründerjahre, Syd Barrett: „Astronomy Domine", ein psychedelischer Klassiker, untermalt von amöbenhaften Farbklecksen. Die zweite Konzerthälfte startet nach 20-minütiger Pause mit „Shine on". Noch ein Tribut an Barrett, den Ton- und Songdichter, der sich in den Sechzigern nach zu viel LSD in den Irrsinn verabschiedete. Musikgeschichte rieselt durch die Ohrmuschel. Darunter einige der feinsten Stücke, die jemals die Abbey-Road-Studios in London verlassen haben. Drei Arten Fans johlen einstimmig: die „Dark Side Of The Mooner", die „Wallers" und die „Division Beller". Über ihren Köpfen kreist mächtig und träge ein Zeppelin. Auf seiner glatten Haut flackert der Name des größten und beständigsten Komponisten des Jet-Zeitalters.

Musikerlebnisse

Showdown: „Run like Hell" (aus dem Album „Dark Side Of The Moon"), krachende glühend heiße Explosion von Leuchtraketen. Weißer Lichterregen prasselt auf die Muschelbühne. Die reifen Herren Musiker, einheitlich in weißen Shirts und schwarzen Hosen, verneigen sich nach der Zugabe wie das brave Ensemble nach einer Broadwayshow. Bestes britisches Understatement. Nur: Ihr Name steht in dieser Nacht gigantisch am Himmel.

Das Luftschiff schwenkt ab. Die Fans schweben berauscht aus dem Stadion und denken: Pink Floyd. Die Message heißt: „Look around and choose your own ground. For long you live and high you fly. And smiles you'll give, and tears you'll cry. And all you touch and all you see is all your life will ever be ..."

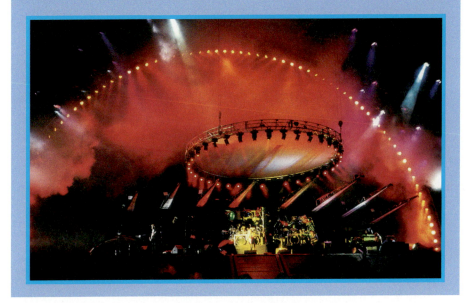

1 Das Pink-Floyd-Konzert war nach Auffassung der Autorin nicht nur ein Hörereignis. Wodurch wurde die Show für die Besucher zum „Erlebnis"?
2 Sammelt alle Adjektive aus dem Text, mit denen die Autorin versucht, die Pink-Floyd-Musik zu charakterisieren. Prüft, welche Adjektive auch für andere Rockmusikstücke verwendet werden könnten.
3 Möglicherweise kennt ihr Bands aus eurer Umgebung, z. B. Schule oder Stadt, deren Musik ihr schon bei einem Auftritt erlebt habt. Probiert aus, wie ihr über ein solches Ereignis bzw. Erlebnis schreiben könnt (Bericht, Reportage, Stimmungsbild ...).

Töne, Takte, Träume

Nick Hornby

Mein neues Ordnungssystem

Dienstagabend ordne ich meine Plattensammlung neu. Ich tue das oft in Zeiten emotionaler Belastung. Es gibt Menschen, die das für eine ziemlich blöde Art halten, seinen Abend zu verbringen, aber ich zähle nicht zu ihnen. Das ist mein Leben und es ist schön, darin zu waten, mit den Armen hineintauchen und es berühren zu können.

Als Laura hier wohnte, hatte ich die Platten alphabetisch geordnet, vorher hatte ich sie in chronologischer Ordnung, angefangen mit Robert Johnson bis zu, keine Ahnung, Wham! oder irgendwas Afrikanischem oder was ich mir sonst so anhörte, als Laura und ich uns kennen lernten. Heute Abend aber schwebt mir etwas anderes vor und ich versuche mich zu erinnern, in welcher Reihenfolge ich die Platten gekauft habe: auf diese Weise hoffe ich meine Autobiografie schreiben zu können, ohne auch nur einen Stift in die Hand nehmen zu müssen. Ich ziehe die Platten aus den Regalen, stapele sie überall im Wohnzimmer auf dem Boden, suche *Revolver* und fange an, und als ich fertig bin, durchströmt mich ein ganz neues Selbstgefühl, denn das ist schließlich das, was mich ausmacht. Ich finde es schön, sehen zu können, wie ich in fünfundzwanzig Schritten von Deep Purple zu Howling Wolf gelangt bin. Die Erinnerung daran, während der gesamten Zeit eines erzwungenen Zölibats „Sexual Healing" gehört zu haben, quält mich nicht länger, und die Erinnerung daran, dass ich in der Schule einen Rockklub gegründet hatte, damit ich und meine Kumpel aus der Abschlussklasse uns treffen und über *Ziggy Stardust* oder *Tommy* sprechen konnten, bringt mich nicht mehr in Verlegenheit.

Aber was mir wirklich gefällt, ist das Gefühl der Sicherheit, das ich durch mein neues Ordnungssystem gewinne. Ich habe mich komplizierter gemacht, als ich eigentlich bin. Ich habe ein paar tausend Schallplatten und man müsste schon ich selbst oder mindestens Doktor der Flemingologie sein, um irgendeine wieder zu finden. Wenn ich, sagen wir, *Blue* von Joni Mitchell spielen möchte, muss ich mich daran erinnern, dass ich sie im Herbst 1983 für jemanden gekauft habe und es mir dann aus Gründen, auf die ich hier wirklich nicht eingehen möchte, anders überlegte. Tja, ihr wisst von all dem nichts und wärt aufgeschmissen, nicht wahr? Ihr müsstet mich bitten, sie für euch auszugraben, und aus irgendeinem Grund finde ich das ungeheuer beruhigend.

1 „… und als ich fertig bin, durchströmt mich ein ganz neues Lebensgefühl …"
   Wie versteht ihr diese Aussage?
2 Es gibt Leser, die sagen, die Erzählung sei hintergründig. Was meint ihr dazu?
3 Wie sähe deine Platten-/CD-Biografie aus?

Musikerlebnisse

Klaus Bleicher

AUF DER FLUCHT VOR T.T.

Es ist Donnerstag, ich bin auf dem Weg zu einem sehr, sehr wichtigen Termin. Um es gleich vorwegzusagen, er wird platzen. Stau in der City von Frankfurt. Ich hätte es wissen müssen. Stau wegen IHR, wegen T.T. (ihr Name wird abgekürzt, weil ich ihn nicht aussprechen darf, ich habe schlicht kein Glück damit). T.T. ist Popstar. Sie verfolgt mich. Keiner glaubt mir. Sie spielt heute in Frankfurt. Tausende von Fans denken, sie spiele für sie oder für Kohle oder zum Spaß. Alles falsch. Sie spielt heute wegen mir oder besser, wieder mal gegen mich.

Die Geschichte beginnt, als ich noch ein Säugling war. Meine Mutter hat wohl schon beim Stillen die Musik von Ike & T.T. gehört. Meine Zappelreaktion darauf wurde als Dreimonatskolik behandelt und hat zu einer nervösen Rötung meiner Haut bis zum heutigen Tag geführt, immer wenn zwei Takte von T.T. erklingen. Dabei mag ich diese Musik eigentlich, sagt mein Hautarzt, nur meine Haut weiß das nicht. Unnötig zu beschreiben, wie grausam Kleinkinder sein können, wenn sie erst mal herausgefunden haben, wie man einen zum Leuchten bringt. Ich bin zum Glück aber irgendwann eingeschult worden und konnte mein „Geheimnis" zunächst für mich behalten. Bis zu jenem Tag, an dem ein progressiv orientierter Musikpädagoge die Unterrichtseinheit Pop durchziehen musste. Schwerpunkt: Soul der 60er, am Beispiel von Ike & T.T. Seitdem weiß ich, dass viele Größen der Weltgeschichte „kleben geblieben sind". Mein energischer Einsatz gegen diese Unterrichtseinheit hätte mir fast den Stempel „schwer erziehbar" eingebracht, das nehme ich T.T. bis heute übel. Im Internat dann habe ich aber mein Abi geschafft. Überhaupt stiegen die schulischen Leistungen proportional entgegengesetzt zum Karriereknick

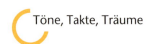

Töne, Takte, Träume

von T. T. Eine fast lockere Studienzeit sollte ab 1984 noch zur Ochsentour werden. T. T. schaffte ihr Come-back mit „Private Lancer". Die Popszene tobt, meine Haut auch. Erste Vorstellungsgespräche zum Jobeinstieg gestalten sich wegen meiner Vermummung schwierig. Ich schaffe es trotzdem und lerne damit umzugehen, einen Gegenspieler zu haben. Genau wie James Bomb. Ich habe alle seine Filme auf Video. Genau genommen leite ich alle Maßnahmen für meine Tagesabläufe daraus ab. Denn T. T. rüstet auf, sie grinst von immer neuen CDs und zwingt mich zum Umzug durch massives Plakatieren ihrer Konzerte in meiner Wohngegend. Ihrer eher läppischen Attacke, im Soundtrack des letzten James-Bomb-Filmes zu trällern, bin ich mit der Löschtaste der Tonspur begegnet. Damit habe ich T. T. wohl schwer beeindruckt. Sie hat mir sogar eine Freikarte zu einem ihrer Konzerte zugespielt. Und eines muss man ihr lassen: Wie sie ihre Nervosität wegen meiner Anwesenheit während der Show vor ca. 10 000 Menschen überspielte, alle Achtung. Seither betrachte ich unsere Fehde als beigelegt, ziehe wohl wieder in meine alte Wohnung und trage sogar einen T. T.-Fansticker. Meinen sehr, sehr wichtigen Termin in Frankfurt habe ich trotz Protestes an einen geheimen Ort im nahen Ausland auf 0.30 Uhr verlegt. Man weiß ja nie.

1 Der Autor hat eine besondere Beziehung zu Tina Turner. Warum fühlt er sich von ihr „verfolgt"?
2 Zwei Leser des Artikels von Klaus Bleicher äußern jeweils ein ganz unterschiedliches Verständnis zur „Flucht vor T. T." Der eine behauptet, der Autor stelle eine Leidensgeschichte vor, während der andere die Auffassung vertritt, dass der Verfasser das Dargestellte gar nicht ernst nehme. Was meint ihr?
3 „Private Lancer" ist eine Verfremdung des Originaltitels „Private Dancer" und „James Bomb" heißt eigentlich James Bond. Was bezweckt der Autor mit diesen Veränderungen?
4 Klaus Bleicher erwähnt Tina Turners früheren Ehemann Ike. In Nachschlagewerken über die Geschichte der Rockmusik könnt ihr herausfinden, welche Rolle er in Tina Turners Karriere spielte.

Ekkehard Sander

Musik vereint und trennt

Der Autor des folgenden Textauszugs hat untersucht, wie 13- und 14-Jährige mit Medien umgehen. Sein Text enthält Aussagen über die Bedeutung der Rock- und Popmusik für Jugendliche dieses Alters.

THESE 1: *Freunde haben ist für Jugendliche in der Phase der Ablösung das Allerwichtigste. Ihre Eltern fördern und unterstützen die Suche ihrer Kinder nach Freundinnen bzw. Freunden.*

[...] Die Eltern unterstützen die Freundschaften ihrer Töchter und Söhne, indem sie ihnen anbieten, Freundin/Freund nach Hause einzuladen, sie bei der Freundin oder dem Freund übernachten lassen, ihnen bei der Vorbereitung der ersten Feste helfen und sie nachts abholen, wenn es keine anderen Möglichkeiten gibt.

THESE 2: *Musik ist das Leitmedium der Jugendkultur. Musik hat für die 13-/14-jährigen Jungen und Mädchen in der Ablösung die Funktion der Markierung und Abgrenzung des eigenen Raumes innerhalb der Familie.*

[...]

Ablösung bedeutet zuerst die Betonung der Unabhängigkeit von der Familie. Der Rückzug in das eigene Zimmer gehört ebenso dazu wie das Alleinsein und das Pflegen und Entwickeln einer eigenen persönlichen Sphäre der Intimität und der Geheimnisse. Die bewusst laut gestellte Musik schafft einen akustischen Schutzwall gegen unerwünschte Besucher. [...]

Jugendliche nennen spontan ihre Lieblingslieder, sie kennen die Titel der Lieder und oft auch einzelne Liedzeilen auswendig. In diesen Key-lyrics spiegeln sich ihre subjektiven Leitmotive und Themen wider. Im Mittelpunkt der Ablösung steht die Arbeit am Selbstbild als junge Frau, als junger Mann – im Sinne von: Was gefällt mir, was finde ich ätzend? Was passt zu mir, was passt überhaupt nicht zu mir? [...]

Beide Geschlechter verwenden die Lieder, Filme, Stars als Spiegel, als *Anregung* und *Provokation* für ihre eigenen Entwicklungsschritte.

THESE 3: *Jugendkultur hat eine soziale Integrationsfunktion: Jungen und Mädchen gewinnen durch ihre Vertrautheit mit den verschiedenen Musikstilen Gestaltungs- und Handlungsmöglichkeiten für ihre Freundschaften mit den Gleichaltrigen.*

[...] Untereinander wissen die Jugendlichen, welche Lieblingsmusik ihre Freunde bzw. Freundinnen gerade hören. Musik ist ein „Standardthema" für die Gespräche („Was hörst du gerade?", „Gefällt dir das auch?"). Die 13- und 14-Jährigen spielen sich gegenseitig ihre Lieblingsmusik vor. Die ist ein Ausdruck für Vertrauen, Offenheit und passiert in der Hoffnung, dass der Freund oder die

Töne, Takte, Träume

Freundin sie vielleicht ebenfalls gut findet. Es kann die Übereinstimmung im Geschmack fördern, die Kenntnisse über die (Pop-)Musik erweitern sowie die Beziehung zum Freund oder zur Freundin vertiefen: „Sag mir, welche Musik du hörst, damit ich spüren kann, wie du bist, wie du dich fühlst." Gemeinsames Musikhören ist ein Weg, um dem anderen das eigene Lebensgefühl durch Musik indirekt mitzuteilen. Musikhören dient zur Erweiterung des Wissens über das, was „gerade angesagt" und „in" ist. Jugendliche tauschen und kopieren CDs und Kassetten; Motiv dafür ist ihr Interesse, möglichst viele neue Musikstile kennen zu lernen. Auf Festen achten die Jugendlichen auch deshalb auf die Musik, um sie auszuleihen oder um sie sich selbst zu besorgen. [...]

Für die Jungen und Mädchen sind das Interesse und die Toleranz gegenüber der Musik der Freunde ein Weg, ihre Gefühle der Zugehörigkeit und Sympathie für ihre Freunde zu zeigen.

1 Erläutert die drei Thesen des Autors. Erklärt dabei die wichtigen Begriffe.

2 Wähle aus den drei Thesen des Verfassers die für dich wichtigste aus und erläutere sie anhand deiner eigenen Erfahrungen.

3 Zum Thema „Was die Musik für mich bedeutet" äußerten sich Mädchen und Jungen in einer 9. Klasse. Hier einige Zitate:
- Musik ist für mich wichtig, weil ich gerne singe und tanze. Sie gehört zu meinem Alltag. *(Hannah)*
- Wenn ich nicht Musik machen würde, würde ich meine Zeit, glaube ich, eher unnütz vergeuden. *(Jonna)*
- Ich kann beim Hören von Musik über Dinge nachdenken, die mich z. B. bedrücken. *(Jörn)*
- Die Lebenseinstellungen verschiedener Menschen kann man teilweise auch an der Musik erkennen. *(Sonja)*
- Musik weckt immer bestimmte Gefühle in mir wie Traurigkeit, Freude. Oft verbinde ich bestimmte Stücke mit einer Situation, die mir mal passiert ist. *(Alix)*
- Gute Lieder höre ich gerne sehr laut, aber dann nur über Kopfhörer. *(Benjamin)*
- Vor etwa drei Jahren veränderte sich mein Leben ruckartig. Ich war plötzlich allein. Keine Freunde, keine Hilfe. Ich kämpfte lange mit der Einsamkeit. Eines Tages erfüllte sich mein damaliger größter Wunsch: Ich kam in die Sternenlichtrevue, eine Gruppe, die Starlight Express spielt. Seitdem ging es bergauf. Die Musik hat mich vor einer großen Dummheit bewahrt. Die Musik ist mein Leben. Es gibt nichts Wichtigeres für mich. *(Janina)*

Entfalte die Zitate zu Thesen mit anschließender Erläuterung, ähnlich der Darstellung von Ekkehard Sander.

Musikkarrieren

Simone Berteaut

Der Spatz von Paris

Der folgende Text ist der Biografie entnommen, die die jüngere Halbschwester der Chansonsängerin Edith Piaf geschrieben hat. Die beiden Schwestern (geboren 1915 und 1918) wuchsen in Paris als Straßenkinder auf, ein behütetes Familienleben haben sie nie kennen gelernt. Sie verdienten sich Geld, indem Edith an belebten Straßenecken Lieder sang und Simone mit ihrer Mütze bei den zuhörenden Passanten herumging. Als Edith, inzwischen 19 Jahre alt, eines Tages auf den Champs-Élysées singt, wird sie von dem Kabarettbesitzer Louis Leplée angesprochen.

Für den Besuch bei Leplée hatte Edith ihren schwarzen Rock angezogen, den einzigen, den sie hatte, aber abgebürstet. Nicht eigentlich gebürstet, denn wir hatten keine Bürste. Wir nahmen dafür angefeuchtetes Zeitungspapier, damit wurden die Flecke abgerieben. Die Spitzen ihres Ponys hatte sie sich mit Seife
5 festgeklebt, die übrigen Haare machten, was sie wollten. Wir hatten ihr einen Lippenstift gekauft in einem schönen, dunklen Granatrot und dann haben wir uns sogar zwei Paar Leinenschuhe geleistet. Zu Leplée konnten wir schließlich nicht barfuß gehen. Wir kauften sie in Dunkelblau. Das ist praktisch, man brauchte sie nicht weiß zu machen. Dunkelblau ist gut. So waren wir korrekt an-
10 gezogen.
Es geht die Sage, dass Edith zu der Verabredung mit Louis Leplée zu spät gekommen sei. Das stimmt nicht. Wir waren eine halbe Stunde zu früh bei „La Belle Ferronnière", dem Lokal, wo wir auf ihn warten sollten. Es ist doch einleuchtend, dass eine Frau wie Edith, die nichts als Singen im Kopf hatte, sich darüber klar
15 war, dass dies eine einmalige Gelegenheit war.
Leplée nahm Edith mit an die Rue Pierre-Charron, eine Seitenstraße der Champs-Élysées. Kein Mensch war bei „Le Gerny's". Es war nachmittags gegen vier Uhr. Er ließ Edith alle ihre Lieder singen. Niemand begleitete sie. Er ließ sie so singen, wie er sie gehört hatte.
20 Dann sagte er gleichmütig: „Es ist gut. Hier klingt es besser als auf der Straße. Wie heißen Sie?"
„Gassion. Edith Giovanna."
„Das taugt nichts. In Ihrem Beruf …"
Er sagte „in Ihrem Beruf". Er sprach mit ihr wie mit einer Sängerin, einer richti-
25 gen. Edith starrte ihn an, als ob sie ihn mit den Augen verschlingen wollte. Man hätte denken können, sie sah den lieben Gott. Diesen Ausdruck habe ich oft bei Edith gesehen, wenn sie sich bemühte zuzuhören, wenn sie alles von Grund auf verstehen, sich alles merken und nichts überhören wollte.

Töne, Takte, Träume

Mit hübschen Handbewegungen, locker aus dem Handgelenk, lässig fuhr Louis
Leplée fort:
„Der Name ist sehr wichtig. Wie, sagten Sie, heißen Sie?"
„Edith Gassion. Aber wenn ich singe, nenne ich mich Huguette Elias."
Diese Namen tat er mit einer Handbewegung ab. Ich war fasziniert von seinen
Fingernägeln, so sauber, so glänzend. Edith und ich hätten niemals gedacht, dass
sich ein Mann manikürn lässt. Die Kerle, mit denen wir verkehrten, waren dafür
zu unterkötig. So weit hatten sie's noch nicht gebracht.
„Wissen Sie was, Kleine, ich habe einen Namen für Sie gefunden: Piaf."
„Wie der Spatz, der Sperling?"
„Ja, ‚der Spatz von Paris', was halten Sie davon?"
Uns gefiel Piaf nicht so sehr. Wir fanden, das klang nicht genug nach Künstlerin.
Abends sagte Edith zu mir: „Gefällt dir Piaf?"
„Nicht besonders."
Sie begann zu überlegen. „Weißt du, Momone, ‚der Spatz von Paris', das klingt
gar nicht so übel. Unter Piaf kann man sich was vorstellen. Ein kleiner Spatz ist
hübsch. Er singt. Das ist fröhlich, das ist Frühling, das sind wir einfach. Jedenfalls
ist der gar nicht so dumm, dieser gute Mann."
Edith hat Monsieur Leplée sofort respektiert, sie hat ihn gern gehabt. Die beiden
waren sich wirklich zugetan. Sie nannte ihn „Papa Leplée" und er sagte von ihr:
„Du bist gleichsam mein Adoptivtöchterchen."
Vom nächsten Tag an, mindestens eine Woche lang, vielleicht noch länger, jedenfalls kam es uns sehr lang vor, hat Edith mit einem Pianisten geprobt. Am Anfang gab es Reibereien. Edith fiel es schwer, sich nach der Begleitung zu richten. Das Klavier müsse sich nach ihr richten, nicht umgekehrt. „Ich singe und nicht er, also muss er sehen, wie er zurechtkommt."
Sie sang, wie sie wollte.
Um sie zu lancieren, hat Leplée mächtig Reklame gemacht. Überall sah man Plakate und Anzeigen in den Zeitungen. *Bei „Le Gerny's" „die Piaf, der Spatz von Paris"* – *von der Straße ins Kabarett.*
[…]
Ein so netter Mann wie Leplée war uns noch nie über den Weg gelaufen. Wir wussten nicht einmal, dass es so etwas überhaupt gab. Er war der Erste, der Edith etwas über ihren Beruf beibrach-

Edith Piaf in späteren Jahren beim Vortrag eines Chansons

te. Sie war völlig ahnungslos. Bei Lulu mochte das angehen, dieses „So singe ich nun mal". Aber Beleuchtung, Begleitung, die Art, wie man ein Chanson vorträgt und nach welchen Gesichtspunkten man es auswählt, all das waren ihr böhmische Dörfer. Sie stellte sich einfach hin, ließ die Arme herabhängen und sang. Leplée wagte nicht, ihr zu viel zu sagen, er fürchtete, ihre Urwüchsigkeit zu verfälschen. Immerhin ließ er sie ein paar neue Chansons lernen: *Nini Peau d'Chien, La Valse brune, Je me fais si petite.*

An alles hatte er gedacht, nur nicht an ein Kleid. Dass man so arm sein könnte wie wir, auf die Idee kam er gar nicht.

„Hast du ein Kleid für morgen Abend?"

„Natürlich. Ein schwarzes Kleid, sehr süß."

Es stimmte gar nicht. Ich wusste genau, dass sie kein Kleid hatte.

Leplée wollte mehr darüber wissen, er schien seine Zweifel zu haben. „Wie ist das Kleid? Kurz, lang?"

„Kurz."

„Sei vorsichtig, es darf nicht aufgedonnert sein."

„Es ist das schlichteste Kleid der Welt."

„Bring es morgen mal her."

Als wir gingen, sagte Edith zu mir: „Wir haben keine Zeit, noch eine Straße abzuklappern, und wir brauchen Geld, was bin ich doch blöd, dass ich nicht an das Kleid gedacht habe. Ich weiß, was wir tun. Wir gehen zu Henri und bitten ihn darum. Er kann uns das nicht abschlagen."

Henri, einer unserer ehemaligen „Barone", war nicht bei Kasse. Mit einem Kleid war's also nichts, aber immerhin gab er uns so viel, dass wir Wolle und Nadeln kaufen konnten. Wir machten uns daran, *das* Kleid zu stricken.

Edith strickte sehr gut und außerdem gern – später haben es alle ihre Männer gemerkt, jeder bekam seinen Pullover. Wie die Verrückten haben wir die ganze Nacht gestrickt, mit Nadeln, so dick wie Zaunpfähle, damit es schneller ging. Alle Stunde probierte sie das Ding an und fragte: „Glaubst du, es wird mir stehen?"

Als Farbe hatte sie Schwarz gewählt. Nicht, dass sie Schwarz besonders gern gehabt hätte, aber auftreten wollte sie auch später immer nur in Schwarz.

Der Rock: ganz gerade, das war einfach. Das Oberteil auch, aber mit den Ärmeln hatten wir Ärger, wir mussten sie noch mal auftrennen. Zu guter Letzt hatten wir ein Kleid, aber nur einen Ärmel. Edith fand wie immer eine Lösung:

„Dann singe ich eben mit nackten Armen. Das sieht angezogener aus."

Am nächsten Abend, dem Premierenabend, sind wir fast zwei Stunden vor der Zeit gekommen. Leplée erscheint: „Geh, zieh dich an, damit ich mir das ansehe."

Wir flitzten auf die Toilette. Das war unser Bereich. Leplée kommt. Als er das Kleid gesehen hat, gibt's ein Donnerwetter. Er, der immer so höflich war, fängt an zu brüllen:

„Du bist verrückt! Scheiße, das kann doch nicht wahr sein! Nackte Arme! Du hältst dich wohl für die Damia oder gar für die Fréhel. Die haben Arme, aber schau dich mal an, wie du aussiehst … mit deinen dünnen Streichhölzern!"

Er hat die arme Edith am Arm gepackt und sie vor dem Spiegel wie einen Lappen geschüttelt.

„Das ist doch völlig unmöglich. So ein Reinfall, Mädchen wie dir sollte man nie trauen. Und die andere Gans" – mich meinte er –, „konnte sie dir nicht sagen, wie scheußlich du aussiehst? Es ist zum Heulen. So ein Mist …"

Heulen – das taten wir dann, und zwar ordentlich. Nun war alles aus, bloß weil wir kein Geld hatten. Von Leplée hatten wir nämlich keinen Pfennig bekommen.

Zum Glück saß die Frau von Maurice Chevalier, Yvonne Vallée, im Saal. Als sie Leplée brüllen hörte, kam sie heraus, um zu sehen, was los war.

„Aber Louis, du verlierst ja den Kopf, du machst der Kleinen ja Angst. Nachher kann sie nicht singen."

„Glaubst du etwa, so lasse ich sie singen?"

„Hast du keine Ärmel?"

„Nur einen. Wir haben keine Zeit gehabt für den zweiten. Mit einem Ärmel kann ich nicht singen."

„Hast du keinen Schal?"

Das war damals die große Mode bei allen Chansonsängerinnen. Sie trugen alle einen Schal. Wir wussten es nur nicht.

Edith, die sowieso nie viel Farbe hatte, war weiß wie eine Kalkwand. „Das macht nichts. Es ist vorbei. Ich werde nicht singen."

Yvonne sagte zu ihr: „Schau, da ist der andere." Und sie hielt Edith ihren Schal hin – ein großes, quadratisches Tuch aus violetter Seide –, aus dem wir dann den zweiten Ärmel machten.

Seitdem hat Edith Violett immer geliebt. Es war ihr heilig – die Farbe, die ihr Glück brachte.

Dennoch sahen wir eine halbe Stunde vor Ediths Auftritt auf unserer Toilette nicht gerade strahlend aus. Sie war ganz grün vor Lampenfieber. Ich hatte solche Angst, dass ich nicht mehr den Mund aufmachen konnte, ohne dass meine Zähne wie Kastagnetten klapperten. Der Saal war brechend voll, lauter gut angezogene Leute, das Eleganteste, was es gab.

Jemand war gekommen und hatte uns ein paar Namen zugerufen: Maurice Chevalier, Yvonne Vallée, der Sänger Jean Tranchant, Jean Mermoz, der berühmte Flieger, die Mistinguett, Henri Letellier, Chefredakteur des *Journal*, der zu jener Zeit größten Tageszeitung.

Edith und ich waren einfach überwältigt und es benahm uns vollends den Atem.

Edith trank ein Glas Wasser nach dem anderen. Sie, die Wasser so verabscheute.

Im Saal wurde gelacht und gesungen. Alle sangen immer den Refrain im Chor

Musikkarrieren

mit. In einer solchen Gesellschaft waren wir noch nie gewesen. Wir verstanden das nicht. Wir waren ängstlich. Das war ja unmöglich, sie würden nie still sein und zuhören.
Gegen dreiundzwanzig Uhr – das war der Brauch – marschierte Louis Leplée mit seinen Musikern durch den Saal und ließ sie *Les Moines de Saint-Bernardin* singen. Dann kam die Attraktion des Abends: die Neue.
Nach dem Auftritt der Musiker zu singen war hart. Besonders, wenn man's gefühlvoll und dramatisch machen wollte.
Laure Jarny kam, die Geschäftsführerin vom „Gerny's" – eine ehemalige Königin vom Sechstagerennen –, um Edith zu holen.
„Du bist dran."
Edith sieht mich an: „Momone, heute Abend muss ich Erfolg haben, diese Chance gibt es nur einmal."

Edith Piaf als erfolgreiche Künstlerin

Rasch hat sie sich bekreuzigt. Es war das erste Mal, dass sie es bei einer solchen Gelegenheit tat. Seitdem ist sie nie auf die Bühne gegangen, ohne sich zu bekreuzigen.
Hier war es nicht wie bei Lulu. Monsieur Leplée wollte mich nicht im Saal haben, da hatte ich nichts zu suchen. Ich sah zu jämmerlich aus. Er hatte mich wie üblich in die Toilette geschickt. Auf den Posten der „Toilettenfrau" verzichtete ich. Klammheimlich folgte ich Edith. Heute Abend wollte ich im Saal sein.
Leplée trat in den Lichtkegel eines einzigen Scheinwerfers. Er hatte alles selbst angeordnet. Mit ein paar Worten sagte er, wie er Edith an der Ecke der Rue Troyon entdeckt habe, dass sie eine echte Offenbarung sei.
Sie kommt herein. Mit einer Handbewegung stellt Louis Leplée sie vor:
„Von der Straße ins Kabarett, ‚der Spatz von Paris'."
Es gab ein Gemurmel, und als der Scheinwerfer sie erfasste und die Leute sie sahen, wurde es plötzlich ganz still; sie wussten nicht, was sie von ihr halten sollten. Sie warteten ab. Würden sie lachen oder weinen?
Mutterseelenallein in dem grellen Licht, mit armseligem Haar, bleichem Gesicht und scharlachrotem Mund, die Hände an ihrem schwarzen Strickkleid, das sich ein bisschen beutelte, herabhängend, sah sie wirklich ganz verloren und jämmerlich aus. Als sie zu singen begann, fingen die Leute an zu reden, als ob sie gar nicht da sei. Mit Verzweiflung im Herzen, die Augen voller Tränen, hat Edith

49

trotzdem weitergesungen. Innerlich hat sie gelitten, aber sie sagte sich: „Ich muss es schaffen, ich muss es schaffen!"

Nach dem ersten Couplet war es so weit. Sie hatte die Leute gepackt. Niemand redete mehr, aber als das Lied zu Ende war, rührte sich auch keiner. Kein Beifall, kein Gemurmel, nichts als Schweigen.

Es war peinlich. Ich weiß nicht, es hat vielleicht zwanzig Sekunden gedauert ... Aber das ist lang. Es war seltsam, dieses Schweigen. Es war nicht mehr zu ertragen, es schnürte einem die Kehle zu. Aber dann haben die Leute wie wahnsinnig geklatscht ... es war wie Gewitterregen auf einer Trommel. Ich in meinem Winkel weinte vor Glück, ohne es zu merken.

Ich hörte Leplées Stimme, der zu mir sagte: „Das hätten wir. Die Göre hat sie untergekriegt ..."

Er dachte nicht mal daran, mich wieder auf die Toilette zu schicken.

Sie waren überrumpelt, sie waren gepackt. Sie waren einfach erschlagen, als sie ein Mädchen hörten, das vom Elend und von der Wirklichkeit sang. Es waren nicht so sehr die Worte, es war Ediths Stimme, die das alles in ihnen wachrief.

Für Edith war dieser Augenblick der schwerste ihrer ganzen Karriere gewesen, aber bis zum Ende ihres Lebens auch der schönste. Sie war berauscht, ohne getrunken zu haben.

Edith Piaf bei einem Auftritt im Jahre 1962

1 Fasse das von Simone Berteaut erzählte Geschehen zu einem kurzen Abschnitt aus einer Biografie Edith Piafs zusammen.

2 Wie könnte dieser Abschnitt verfasst sein, wenn ihn Edith Piaf in einer eigenen Lebenserinnerung geschrieben hätte?

3 1963 erlag Edith Piaf einem Krebsleiden. Am Tage ihrer Beisetzung versammelten sich über 40 000 Menschen auf dem Pariser Friedhof Père Lachaise, um von ihr Abschied zu nehmen.
Versucht anhand der Texte und Melodien ihrer bekanntesten Chansons den Grund für Edith Piafs enorme Beliebtheit zu finden.

Musikkarrieren

HANDARBEIT

Von der Kreisklasse in die Bundesliga.
Die **GUANO APES** aus Göttingen
schafften mit der handgemachten Musik ihres Debüts
auf Anhieb den Sprung ins Profigeschäft

"MIT UNSERER MUSIK BEGEBEN WIR UNS natürlich in Konkurrenz zu Bands wie No Doubt und Garbage. Das ist uns durchaus bewusst", konstatiert Guano-Apes-Bassist Stefan Ude nicht ganz unbescheiden und stellvertretend für seine drei Mitmusiker. Ziemlich große Worte für eine Newcomerband, deren Heimatstadt Göttingen nicht gerade den Ruf einer internationalen Rockstarschmiede genießt. Aber ein solides Selbstbewusstsein hat bekanntlich noch nie geschadet. Und schließlich verfügen die Guano Apes (genau wie oben genannte Bands) über das gewisse Etwas – und zwar in Gestalt einer charismatischen Frontfrau mit regelrechter Megapower. Mit ihr hat es die sympathische Band geschafft, sich auch ohne großen Medienhype, sondern allein durch ihre

Töne, Takte, Träume

Musik und ihre massive Bühnenpräsenz einen Namen zu machen. Und das lässt tatsächlich auf Größeres hoffen.

Als Sieger des niedersächsischen „Local Heroes"-Nachwuchswettbewerbs 1996 hatten die Guano Apes, die in der jetzigen Besetzung seit Ende 1994 zusammen sind, sämtliche Juroren überzeugt und im Handstreich 1015 Mitbewerber glorreich aus dem Feld geschlagen. Mit dem satten Preisgeld von 70 000 Mark, das die Apes als Zuschuss zu einer Plattenproduktion einstreichen durften, und einer Menge Flausen im Kopf nahmen sie ihre erste Platte prompt in Angriff. An die denkwürdigen ersten Tage im Profistudio erinnert sich Stefan schmunzelnd: „Wir sind sehr naiv an die ganze Sache herangegangen, haben anfangs im Studio rumgekaspert wie auf einem Schulausflug und damit den Produzenten fast zum Wahnsinn getrieben." Es sei ihnen verziehen, denn letztlich trug dieses „Rumgekaspere" äußerst schmackhafte, hörenswerte Früchte – wie die Erfolgssingle „Open Your Eyes" und das Debütalbum „Proud Like A God" beweisen. Beides Werke übrigens, durch welche die Band nicht nur zum erklärten Liebling der Snowboarder-Szene, sondern darüber hinaus auch zu einem der vielversprechendsten Newcomer-Acts überhaupt avancierte.

Die drei Jungs an den Instrumenten – Stefan Ude (23, Bass), Henning Rümenapp (21, Gitarre) und Dennis Poschwatta (23, Schlagzeug) – verstehen es, aus der im Allgemeinen stark strapazierten Crossover-Kiste erfrischend Vielseitiges und Mitreißendes hervorzuzaubern. Neben harten Riffs frönen sie ausgiebig ihrem Hang zu Atonalität und Off-Beats, überzeugen aber gleichermaßen mit unter die Haut gehenden Balladen von beklemmendem Reiz. „Wir sind einfach vier Querköpfe, die versuchen zusammen Musik zu machen. Jeder von uns hat seine eigene Vision im Kopf. Daraus und aus unseren unterschiedlichen musikalischen Vorlieben – von Frank Sinatra über Tori Amos bis hin zu Helmet und Mucky Pup – entsteht dann eben diese eigentümliche Mischung", versucht Ex-Bankkaufmann Dennis, der genau wie Henning nebenbei noch studiert, das abwechslungsreiche musikalische Spektrum der Band zu erläutern.

Dass sich der Faszination ihrer Konzerte kaum jemand entziehen kann, verdanken die Guano Apes allerdings nicht zuletzt ihrer energiegeladenen Frontfrau Sandra Nasic (21). Der ausdrucksstarke, druckvolle Gesang der taffen Sandra, verbunden mit angenehmer No-Doubt-Optik, macht die zierliche Blonde (ob's die Guanos nun wollen oder nicht, wobei Letzteres dominiert) zum unbestrittenen Dreh- und Angelpunkt des Vierers. Mit beachtlicher Bandbreite in der Stimme gibt Sandra gekonnt die säuselnde Sirene, um im nächsten Augenblick alles um sie herum in Grund und Boden zu röhren. Das überraschend feingliedrige Energiepaket, das nach eigenem Bekunden nicht raucht, nicht trinkt und sich privat als „eher ruhig" beschreibt, kann auf der Bühne geradezu explodieren,

Musikkarrieren

wie Henning Rümenapp nicht ohne Bewunderung bestätigt: „Auf den ersten Blick sieht Sandra ja ganz harmlos aus. Deshalb sind die Leute meistens völlig überrascht, wenn bei Konzerten so ein Monster aus ihr heraustritt und alles zusammenbrüllt. Es ist wirklich schwierig für uns, auf der Bühne neben ihr zu agieren, weil sie wie ein Känguru rumhüpft und uns schlicht und einfach über den Haufen rennt." Eine Tatsache, die umso erstaunlicher wirkt, wenn Sandra von ihren ersten Auftritten vor Publikum berichtet: „In der Schule war es immer der absolute Horror für mich, vor der Klasse Referate halten zu müssen. Aber auf der Bühne, vor Hunderten von fremden Leuten, kann ich so richtig die Sau rauslassen. Das genieße ich total."
Bereits seit Herbst letzten Jahres begeistern die Guano Apes im Zuge zahlreicher Auftritte mit ihrer energiegeladenen Bühnenshow ein immer größer werdendes Publikum. Konzerte haben die junge Band inzwischen kreuz und quer durch die Republik geführt. Auf diese Weise wurde aus den anfangs als reines Spaßprojekt konzipierten Guano Apes ein Fulltime-Unternehmen. „Wir sind ständig zusammen, geben fast täglich Konzerte und haben darüber hinaus noch haufenweise andere Termine. Da bleibt kaum mehr Zeit für ein ernsthaft

„**Wir wollen gar keine Rockstars sein, sondern nur von der MUSIK die Miete bezahlen**" Sandra Nasic

betriebenes Studium oder andere Jobs, wie wir sie früher hatten", beschreibt Sandra die veränderte Lebensweise der

Töne, Takte, Träume

Guano Apes auf ihrem Weg nach oben. Glücklich sind die vier trotzdem – allem Stress zum Trotz.
Dass es auf dem Weg zum Erfolg aber auch mal zwischenmenschliche Probleme gab, daraus macht die Sängerin der Guano Apes gar kein Hehl: „Als es richtig losging, kannten wir uns ja noch gar nicht so gut. Und plötzlich waren wir auf engstem Raum im Tourbus zusammen. Wobei man wissen muss, dass wir alle ziemlich dickköpfig sind. Also mussten wir uns erst mal zusammenraufen." Das ist längst passiert, wobei Sandra das deutliche Wort immer noch schätzt: „Wenn es sein muss, streiten wir uns auch heute noch. Henning ist der Einzige, der dann einen kühlen Kopf behält und uns auf den Teppich zurückholt. Aber genauso schnell, wie wir aufeinander losgehen, versöhnen wir uns auch wieder. Und meist haben wir einfach nur jede Menge Spaß miteinander. Inzwischen sind wir zu einer richtigen kleinen Familie zusammengewachsen." In einem Punkt ist sich die kleine Familie besonders einig: Trotz vieler Vergleiche mit bereits länger erfolgreichen Bands wie Skunk Anansie, Garbage oder No Doubt gehen die Guanos ihre weitere Karriere bescheiden an. „Wir wollen gar keine riesigen Rockstars werden. Viel lieber ist uns eine solide Fanbasis und die Möglichkeit, irgendwann von dem Geld, das wir mit der Musik verdienen, die Brötchen kaufen und die Miete zahlen zu können." Sollte machbar sein. (sas)

1 Auf welche Leserinteressen geht dieser Bericht aus einer Musikzeitschrift ein?
2 Gib den einzelnen Absätzen Zwischenüberschriften. Auf welche Absatzthemen würdest du eingehen, wenn du z. B. über eine Schülerband in der Schülerzeitung berichten willst?
3 Außer dem Namen „Guano Apes" werden in diesem Artikel noch weitere Bandnamen erwähnt. Welche Bedeutung haben diese Namen?
Was könnte die Musiker zur Wahl ihres Bandnamens bewogen haben?
Sammelt Bandnamen, die für euch eine tiefere Bedeutung haben, und erklärt sie.
4 *Internationale Rockstarschmiede – charismatische Frontfrau – Megapower – Medienhype – Newcomer-Act – Crossover-Kiste-Ballade ...* Findet weitere für die Pop- und Rockmusikszene typische Ausdrücke im Bericht über die Guano Apes und in Barbara Herbrands Konzertreportage über Pink Floyd (S. 36–39).
Welche Formulierungen empfindet ihr als Fachsprache, welche als Musikreporterjargon?

WERKSTATT

Verbindet eure Fächer

Die folgenden Anregungen könnt ihr am besten verwirklichen, wenn ihr eure Deutsch-, Musik- und Sportlehrer zur Zusammenarbeit gewinnt.

Geburtstagsständchen

Wenn die eine oder der andere in eurer Klasse ein Instrument spielt, habt ihr die Möglichkeit, den jeweiligen Geburtstagskindern ein „Ständchen" mit Instrumentalbegleitung – vielleicht sogar mit einer kleinen Combo – zu geben.

Produziert eine „Sendung"!

Mit Hilfe eines CD- oder Plattenspielers, eines Tonbandgeräts und eines Mikrofons dürfte es nicht schwer fallen, eine Radiosendung selbst zu machen. Am besten denkt ihr euch Themen aus und teilt euch in Produktionsteams auf.

Einige Themenbeispiele zur Anregung:
- Die Top Ten der Jahrgangsstufe
- Porträt einer Virtuosin/eines Virtuosen
- Klub der Stars
- Eine Epoche bringt sich zu Gehör (etwa Barock, Klassik, Romantik).

„Vom Ur-Sprung bis zur Gegenwart"

Sammelt Musik- und Tanzbeispiele aus Vergangenheit und Gegenwart.
Vielleicht habt ihr im Rahmen von Projekttagen oder bei sonst einer Schulveranstaltung Gelegenheit, eure „Sammlung" als Revue vorzustellen.
Denkt daran, wie wichtig und wirksam Kostüme bei einem solchen Unternehmen sind!

Tanzprojekt

Im Sportunterricht könntet ihr Formationstänze ausprobieren und einstudieren, die ihr bei passender Gelegenheit (Schulfest, Elternabend) aufführt.

MUSIKGESCHMACK

Jeder Mensch mag bestimmte Arten von Musik lieber als andere, jeder hat Lieblingsstücke und findet gewisse Lieder besonders schön.
Schreibe – z. B. als Beitrag für eine Schülerzeitung – über die Gründe, warum du bestimmte Musikarten, Musikstücke und Lieder besonders magst.
Vielleicht hilft dir dabei auch ein Vergleich mit Musikbeispielen, die dir gleichgültig sind oder die du nicht magst.

Musikerlebnisse in Bild und Schrift

Hört euch Musik an, die ihr mögt oder die euch interessiert, und versucht währenddessen zu malen oder aufzuschreiben, was ihr erlebt.

3 Geteilt – vereint

Das also ist der Todesstreifen

Freymuth Legler

Reise in den Zwischenraum

Die „Reise in den Zwischenraum" führt ins Niemandsland an der einstigen innerdeutschen Grenze. Der Autor sammelt seine Reiseeindrücke nach der deutschen Einigung 1990. Die Grenzanlagen verfallen. Ihr Schrecken ist aber noch spürbar.

Das also ist der Todesstreifen. Das Sehenswerteste an diesem unbedeutenden Land. Ich bin mit meinem Fahrrad und Fotoapparat durch ein Loch im Beton geklettert. Nun stehe
5 ich vor einem verlassenen Wachtturm, die Scheiben sind zerbrochen, die Feuer hemmende Stahltür liegt im Sand. Im düsteren Turm hängt an der Wand die Leiter zum Aufstieg. Nach zwei Zwi-
10 schenpodesten erreicht man das Geschoss mit Ausblick. Von hier aus kann man jeden Winkel des Zwischenraums sehr gut einsehen. Ödes, totes Land, in einem Streifen weit hingestreckt. Kleiner als Taklamakan[1] oder Negev[2] und doch viel tödlicher. Hier ver-
15 durstete man nicht, hier starb man nicht an Einsamkeit, sondern durch Menschenhand. Von Berichtenden habe ich erfahren, dass oft die Kaninchenlöcher mit Benzin ausgebrannt worden sind, dann rasten die angefackelten Tiere übers Gelände. Ein zerstörter Streifen, geharkt und mit Giften begossen, damit keiner im Unkraut sich verkrabbeln konnte, aus der historischen Mission der
20 Arbeiterklasse. Der kleine, niedrige Raum ist karg und dreckig. Zigarettenschachteln stecken zerknüllt zwischen den Fenstern. [...]
Wenn jetzt ein todesmutiger Vaterlandsverräter käme, hätte ich viel Zeit, Gegenmaßnahmen einzuleiten. Alles ist gut überschaubar und weitläufig. Zuerst müsste er ins ausgezeichnete Grenzgebiet eindringen, das fiel in die Zuständigkeit der
25 Volkspolizei. Viele sind bei vermuteten Versuchen der Republikflucht gefasst worden. Physisch oder psychisch gebrochen nach zwei bis fünf Jahren Haft, hat-

1 **Taklamakan:** Sandwüste in China
2 **Negev:** Wüstenlandschaft im Süden Israels

ten sie aus oben genannten Gründen wenig Gelegenheit, es erneut zu riskieren. Hätte er unbemerkt bis zur Mauer vordringen können, müsste er beim Überklettern aufpassen, dass ihm die oben hängenden und für den Absturz auf Fliehende konstruierten Asbestrollen nicht entgegenfielen. Würde er in meinem Schussbereich auftauchen, sähe er sich nun verschiedenen so genannten Verteidigungsanlagen gegenüber.

Ehe ein Grenzabschnitt freigegeben wird, werden sie größtenteils abgebaut. Selbstschussanlagen, Stolperdrähte, Trassenhunde, stromgeladener Stacheldraht, Signalraketen, abfeuernde Auslöser. Jetzt wird hier Gras über die Sache gesät.

Hätte der Flüchtende dies überwinden können, hätte ich immer noch Zeit, nach der scharf geladenen Waffe zu greifen, während der zweite Wächter den Offizier vom Dienst hätte rufen können per Telefon, dann kämen sie mit einem Trabant-Kübel auf dem Asphaltstreifen angerauscht, auf dem sich nun auch das Objekt befindet und auf dem ich gemütlich mit meinem Fahrrad an diesen Ort der Absurdität gelangte. Ist der Fliehende immer noch unterwegs, wird er nun in den Fanggraben gelangen, er zieht sich neben der Asphaltstraße dahin und hat auf der einen Seite einen flachen Einlauf und auf der anderen ist er mit übermannshohen Betonplatten ausgekleidet. Hier oben hockte der Grenzer und sah das fliehende Tier nun wirr im Graben rennen nach einem Ausweg. Dann erspäht es in der Ferne die Brücke, zweitausend Meter vielleicht.

Langsam müsste nun der Grenzsoldat seine Waffe heben, er hat Angst vor diesem Schuss, doch ein strenger Blick des zweiten Bewachers holt ihn in die Wirklichkeit; wenn er nicht schießt, wird es jener tun, auf jeden Fall wird er es melden. Er legt die MPi an, nachdem er das Fenster geöffnet hat. Der Fliehende hat inzwischen die Brücke erreicht in wildem Rennen. Alles dauert für ihn schon viel zu lange, er hatte es sich ganz einfach vorgestellt (vielleicht), ein flacher, harmloser Landstreifen zwischen zwei Straßen. Der Mann im Turm schießt. Vor seinen Füßen spritzt der Sand hoch. Die Anwohner schauen vom Kartoffelschälen hoch. Auf der Ostseite ist man eventuell hinter die Gardinen getreten, doch es waren alles ausgesuchte Menschen, die dort wohnten, in den Häusern, die für westliche Sicht ganz nett und frisch bemalt aussahen.

Doch der Mensch will immer noch nicht stehen bleiben. Er rast zur zweiten Mauer, zerrt ein Seil unter der Jacke hervor und wirft es hinüber, schon zieht er sich ächzend hoch, den Rücken breit einem Fadenkreuz darbietend. Nun müsste eigentlich auch der zweite Soldat die Waffe anlegen. Schießen sie zu spät, kann die sterbliche Hülle hinter die Mauer fallen. Doch auch das macht nichts, die weitsichtigen Erbauer haben das Bauwerk nicht auf die wirkliche Grenze gestellt, sondern einen Meter zurück. Sie könnten also die Tür in der Mauer benutzen und den Leichnam zurückzerren und in aller Stille verscharren lassen, unter Polizeiaufsicht. Aber zum Öffnen der Türe hatten die Schreiber der Dienstordnung zwei Schlüssel vorgesehen, wahrscheinlich mussten sie gleichzeitig gedreht werden,

Das also ist der Todesstreifen

niemals war ein Bewacher unbewacht. Hinter so einem Streifen Land kann auch nur ein zerstörtes Land liegen.

Langsam steigen meine Füße in den dunklen Schacht hinab. Auf dem Asphalt steht immer noch friedlich mein klappriges Hollandfahrrad und so kann ich die Hänge der Fangstraße nutzen, um Schwung für den nächsten Hügel zu bekommen. Vielleicht geht das blutigste Jahrhundert zu Ende, vielleicht auch nicht.

1   Zeichne eine Skizze des Todesstreifens und seines Umfeldes.
2   Den Todesstreifen gibt es nicht mehr. An welchen Textstellen wird dies deutlich?
3   Manchmal schlüpft der Erzähler sozusagen in die Haut eines Grenzsoldaten. Wie wirkt dieser Perspektivenwechsel?
4   „Wächter" oder „Vaterlandsverräter" – für wen weckt der Verfasser mehr Verständnis?
5   1378 km lang waren die Gitterzäune, Mauern und Todesstreifen, die zwischen der Lübecker Bucht und dem Fichtelgebirge Deutschland teilten. Die Grenzverhaue unterbrachen 32 Eisenbahnlinien, drei Autobahnen, 31 Fernstraßen und achtzig Landstraßen. Sie zerschnitten 40 Jahre lang unzählige Nachbarschaften, Freundschaften und Familien.
Bereits 1946 sperrte die sowjetische Besatzungsmacht die Demarkationslinien zu den westlichen Zonen. Seit 1956 stand in der DDR schon der Versuch der „Republikflucht" unter Strafe. Trotzdem kamen mehr als zwei Millionen Menschen von der östlichen in die westliche Republik. Am 13.8.1961 wurde mit dem Berliner Mauerbau die Abriegelung lückenlos. Trotzdem flüchteten auch danach noch Zehntausende über Stacheldraht und Minenfelder, durch Hundelaufstreifen und Selbstschussanlagen. Hunderte von Flüchtlingen wurden von den Grenzsoldaten der DDR „auf der Flucht" erschossen.
Vergleicht die Texte „Reise in den Zwischenraum" und „1378 km lang" miteinander. Wie wirken sie jeweils?

Geteilt – vereint

STEFAN HEYM

Helmut Flieg wird 1913 in Chemnitz geboren. Das Gymnasium seiner Heimatstadt muss er 1931 verlassen. Er hat ein Gedicht gegen Kriege und Militaristen geschrieben. Nach dem Abitur 1932 in Berlin arbeitet er für verschiedene Zeitungen. Die bekannteste heißt „Weltbühne". 1933 muss er, Sohn eines Kaufmanns jüdischen Glaubens, fliehen. Unter dem Tarnnamen Stefan Heym kann er zwei Jahre in Prag leben, bis er nach Chicago gelangt. Dort beendet er mit seiner Arbeit über Heinrich Heine seine Studien. 1943 tritt Stefan Heym in die US-Army ein, überlebt dann in der Invasion der Alliierten und wird amerikanischer Besatzungssoldat in Deutschland. 1952 gibt Stefan Heym aus Protest gegen den Koreakrieg alle militärischen Orden an die US-Regierung zurück. Er wählt einen Wohnsitz in Ostberlin. Seine Bücher finden viele Leser, nicht nur in der DDR, sondern auch im Westen. In seinem Roman „5 Tage im Juni" stellt er die Geschehnisse um den 17. Juni 1953 dar. Dafür, dass sich Heym in Reden, Romanen und Zeitungsartikeln gegen Fremdenfeindlichkeit einsetzt, wird er 1993 als erster deutscher Schriftsteller mit dem Jerusalem-Preis für Literatur bedacht. 1994 eröffnet Stefan Heym als Alterspräsident die Sitzungen des 13. Deutschen Bundestages. Er erweckt Anstoß.

Stefan Heym

Mein Richard

Heyms Erzählung „Mein Richard" spielt in der Zeit, als Ostberlin durch einen Todesstreifen aus Mauer, Stacheldraht, Minenfeldern und Selbstschussanlagen von Westberlin abgeriegelt war. DDR-Grenzpatrouillen hatten Befehl, auf „Grenzverletzer" zu schießen.
Eine Mutter, Frau Zunk, erzählt, wie ihr Sohn Richard zusammen mit seinem Freund verhaftet wird. Beide waren wiederholt von Ostberlin aus heimlich über die Mauer in den Westen der Stadt gelangt. Einige Wochen später beginnt die Verhandlung vor Gericht.

Wo sie nur die elektrischen Birnen in den Korridoren unserer Gerichte herkriegen. Diese Birnen erleuchten wenig mehr als die eigenen Glühfäden und die Menschen vor den Eingangstüren der Gerichtssäle sehen aus wie die Schatten der Verstorbenen, die auf Einlass in irgendeine Unterwelt warten. Das Getippte auf dem Zettel rechts neben der Tür war kaum zu lesen. *Strafsache gegen Edelweiß, Richard, und Zunk, Richard,* entzifferte ich, *wegen wiederholter Verletzung des Passgesetzes.* Frau Edelweiß umklammerte meine Hand, ihre Fingernägel gruben sich mir ins Fleisch. „Verletzung des Passgesetzes", sagte sie erschüttert, „und wiederholt." Herr Edelweiß war ferngeblieben; er musste zu einer Leitungssitzung des Bereichs Kosmetik der Vereinigung Volkseigener Chemiebetriebe, und da er nicht mehr gesetzlich verantwortlich für seinen Sohn war, hatte er keinen stichhaltigen Grund zur Nichtteilnahme an seiner Konferenz.

Der Gedanke, dass ich Richard wiedersehen würde, machte mich froh; er würde uns anblicken und ich würde ihm Mut zulächeln. Doch waren meine Besorgnisse größer als meine Freude. Als alte Genossin wusste ich ja, wie Genossen auf so etwas wie wiederholte Verletzung des Passgesetzes seitens des Sohnes eines Genossen reagierten: Wir haben unsern Arbeiterstaat und wir verlangen, dass unsre Gesetze und unsre Grenzen respektiert werden, besonders von den Kindern der Genossen; wenn einer mit sechzehn Jahren sich über das Gesetz hinwegsetzt, was – und wo – wird er sein, wenn er fünfundzwanzig ist, und was für ein Beispiel gibt er anderen Jugendlichen?

Das bekannte Lachen. „Meine Damen", ließ sich Dr. Kahn vernehmen, „das Warten ist vorbei." Die Schatten im Korridor wandten die Köpfe. Er mäßigte seinen Ton. „Ich kenne die Richterin, sie ist eine vernünftige Person. Wenn die Jungen, wie ich ihnen geraten habe, ein bisschen Reue zeigen – "

Die Tür zum Gerichtssaal öffnete sich. Frau Edelweiß ging voran, ich folgte ihr, dann Dr. Kahn; zwei Weiblein, wie zum Begräbnis gekleidet – Rentnerinnen wohl, die ihre überschüssige Zeit auf den Zuschauerbänken der Gerichte verbrachten –, wurden vom Gerichtsdiener abgewiesen. Der Staatsanwalt, noch jugendlich, angehende Glatze, nickte mit ernsthaft feierlicher Miene zunächst Dr. Kahn zu und darauf zwei Männern, die in der vordersten der vier Bankreihen Platz genommen hatten; ich erkannte den Nacken des einen und die leicht gekrümmten Schultern des anderen. Dr. Kahn begab sich an einen kleinen Tisch zur Linken des richterlichen Podiums und stellte seine Aktentasche ab; der Staatsanwalt blätterte in irgendwelchen Papieren. In diesem Augenblick trat mein Richard durch die enge Tür hinter dem Tisch des Staatsanwalts. Ich bemerkte, dass er mich gesehen hatte. Er wandte sich Richard Edelweiß zu, der noch schmächtiger aussah als sonst, und nahm ihn bei der Hand. Die kleine Geste beschäftigte mich derart, dass Frau Edelweiß mich anstoßen musste, damit ich beim Eintritt der Richterin und ihrer zwei Beisitzer nicht aufzustehen vergaß. Die Richterin blickte sich um in ihrem Gerichtssaal; sie hatte etwa meine Figur, trug genau wie ich ihr Haar hinten aufgesteckt und in ihrem Blick lag ein Ausdruck, den ich auch bei mir schon bemerkt hatte – ein Ausdruck jener Zurückhaltung, die sich einstellt, wenn die großen Hoffnungen allmählich dahinwelken. Sie sah mich kurz an, dann setzte sie sich.

Geteilt – vereint

Die einleitenden Formalitäten zogen sich hin. Ich hatte Augen nur für Richard. Er schien seit meinem Besuch noch gewachsen zu sein, oder war es, dass sein Gesicht in den paar Wochen alles Kindliche verloren hatte? Er erinnerte mich an seinen Vater, als der ein junger Mann war. Sein Vater und ich hatten nie genug Zeit füreinander gehabt; sein Vater verausgabte sich für den Aufbau des Sozialismus.

Mit der Vorlesung der Anklageschrift fand ich mich zurück in die Gegenwart. Der Staatsanwalt las von unserer Jugend, die in ihrer überwältigenden Mehrheit den Zielen und Errungenschaften des Sozialismus gegenüber eine positive Haltung einnahm und die nichts sehnlicher wünschte, als noch größere Errungenschaften erreichen zu helfen. Dann las er von dem antifaschistischen Schutzwall als einem Bollwerk im Kampf gegen den Imperialismus und wie unsere Jugend in ihrer überwältigenden Mehrheit durch Wort und Tat bewies, dass sie dessen Wichtigkeit durchaus verstand und zu schätzen wusste – nicht so dagegen die beiden Angeklagten. Er verlas eine Anzahl von Daten, vierzehn insgesamt, an denen die Angeklagten in voller Kenntnis der Strafbarkeit ihrer Handlungen besagten antifaschistischen Schutzwall in beiden Richtungen überquerten, immer an der gleichen Stelle, nämlich hinter der zu dem beiderseitigen elterlichen Wohnhaus gehörigen Garage, wobei sie den Posten, die diesen Abschnitt des Schutzwalls zu bewachen hatten, und den technischen Einrichtungen, durch welche die Posten alarmiert werden sollten, mit List aus dem Wege gingen und derart die Paragrafen Soundso und Soundso des Strafgesetzbuches der Republik absichtlich verletzten; sie seien sogar so weit gegangen, Vertretern der kapitalistischen Westpresse gegenüber sich ihrer Taten zu rühmen, wodurch sie die Gesetze und die Einrichtungen unserer Republik der Lächerlichkeit preisgaben und Wasser auf die Mühlen der imperialistischen Propaganda gossen, wie aus Beweisstück A der Staatsanwaltschaft ersichtlich. Die Jugend der Angeklagten – der eine nicht ganz sechzehn, der andere bald achtzehn Jahre alt – habe sie nicht davon abgehalten, ein ganzes Netz abgefeimter Lügen zu weben, um ihre Eltern, ihre Lehrer, ihre FDJ-Funktionäre hinters Licht zu führen; als erschwerend bei der Beurteilung ihres wiederholten Vergehens müsse ferner die Tatsache gelten, dass keiner der beiden je daran dachte, die zuständigen Behörden von dem Vorhandensein des von ihnen benutzten Durchlasses zu unterrichten, was die Gefahr vergrößerte, dass andere, die die Grenze illegal zu überschreiten beabsichtigten, den gleichen erprobten Weg beschreiten möchten – und wer weiß, ob es nicht welche auch taten. In Anbetracht all dessen bestehe wohl kein Zweifel, dass das Gesetz in voller Strenge Anwendung finden müsse. „Nur so", schloss der Staatsanwalt, „können diese zwei irregeleiteten Jugendlichen wieder zu nützlichen Mitgliedern unserer sozialistischen Gesellschaft werden." Und trocknete sich den Schweiß von der Nase und setzte sich.

Vierzehnmal, dachte ich, vierzehnmal hinüber in den Westen und zurück, das heißt achtundzwanzigmal hätte der Junge erschossen werden können, dachte ich, hätte verbluten können in dem Niemandsland zwischen zwei Welten – und ich hatte keine Ahnung davon gehabt. Frau Edelweiß, sah ich, zerrte an ihrem Taschentuch. Vielleicht war ihr ein ähnlicher Gedanke durch den Kopf gegangen; aber ich hatte nicht das Herz, sie zu fragen, und sowieso waren ihre Gedanken nie sehr präzise.

Die Richterin rief den ersten Zeugen auf: den jüngeren der beiden Männer, die mich befragt hatten. Der trat vor und stand vor dem Richtertisch, das Gewicht auf dem rechten Fuß, den linken ein wenig vorgeschoben. In dieser Haltung, ganz der Detektiv aus dem Fernsehkrimi, berichtete er über die technische Seite der wiederholten Verletzung des Passgesetzes. Seine Aussage klang recht kompliziert, dennoch ging daraus hervor, dass eigentlich jeder, der die Gelenkigkeit eines jungen Menschen und ein festes Seil von der richtigen Länge besaß und der die Abfolge der Postengänge kannte und das Gesichtsfeld des Mannes auf dem nahe gelegenen Wachtturm mied, die Tat hätte begehen können.

Sein Vorgesetzter, der ihm auf dem Zeugenstand folgte, sprach mehr allgemein; nach seinen Erfahrungen ereigneten sich Überschreitungen dieser Art nur selten als Einzelfall; der individuelle Verletzer des Passgesetzes stehe gewöhnlich in Kontakt mit anderen, die Ähnliches im Sinne hatten, und selbst wo anfänglich keine Organisation bestand, bildeten sich sehr bald Gruppen und Banden; bekanntlich werde ja die jugendliche Abenteuerlust häufig von gewissen Elementen ausgebeutet. Hier besonders läge die Gefahr und darum müsse dieser Fall in viel ernsterem Licht gesehen werden, als bei oberflächlicher Betrachtung notwendig erscheine.

Dr. Kahns Gesicht strahlte Wohlwollen aus. „Bei Ihrer Untersuchung haben Sie diesem Gesichtspunkt doch Ihre spezielle Aufmerksamkeit gewidmet, Genosse, nicht?"

„Sicher."

„Und sind Sie auf irgendwelche Beweise gestoßen, dass die Jungens solche Kontakte hatten oder dass eine solche Organisation bestand?"

Richard hob den Kopf. Ich wollte ihm zulächeln, doch waren meine Lippen wie eingefroren.

Unterdessen entwickelte sich zwischen dem Zeugen und Dr. Kahn ein Wortwechsel, den die Richterin zu missbilligen schien.

Geteilt – vereint

130 Schließlich richtete Dr. Kahn seinen dicken Zeigefinger auf den Zeugen und sagte mit einem kurzen Lachen: „Ist meine Feststellung korrekt oder nicht, dass Sie der ganzen Sache erst gewahr wurden, als der Westberliner Zeitungsausschnitt, der jetzt als Beweisstück A der Staatsanwaltschaft dem Gericht vorliegt, auf Ihren Schreibtisch kam?"

135 Die Richterin mahnte: Der Zeuge konnte nicht gezwungen werden, die Untersuchungsmethoden der zuständigen Organe preiszugeben.
„Genossin Richterin", sagte Dr. Kahn, „könnten wir Beweisstück A vorgelesen bekommen?"
Die Richterin wandte sich an den Staatsanwalt: „Sie haben keine Einwen-
140 dung?"
Ich sehe noch, wie der Staatsanwalt das Stückchen bedrucktes Papier einer Zellophanhülle entnahm. Ich höre noch die Stimme, mit der er den Ausschnitt verlas, seinen unterdrückten Ärger, aber auch den höhnischen Ton des Artikels, der hindurchklang. Richard E. und Richard Z., hieß es, beides Söhne von SED-
145 Funktionären, beide wohnhaft in der kleinen Stadt D. nahe der Grenze von Westberlin, hatten es sich zur Gewohnheit gemacht, über die Mauer hinweg den Westen zu besuchen. Richard Z., 15 Jahre alt, meinte, wo sie über die Mauer gingen, wäre es ein Kinderspiel; Richard E., 17 Jahre, fügte hinzu, zuerst hätten sie ein bisschen Angst gehabt, jetzt aber wäre es „wie über den Zaun in den Nach-
150 bargarten klettern". Das Leben in Westberlin gefiele ihnen, gaben sie an, doch hätten sie nicht vor, im Westen zu bleiben. Ihre Eltern wüssten nichts von ihren

Ausflügen über die Grenze; achselzuckend erklärten die Jungen: „Die würden ja doch nicht verstehen ..."

Würden ja doch nicht verstehen, dachte ich. Hatte ich nicht stets Richards Fragen geduldig beantwortet? Hatte ich ihm nicht immer alles erklärt – wie er aus meinem Leib geboren wurde und wie er dort hineinkam, über Geschichte, über die Entstehung des menschlichen Zusammenlebens, über Revolution, über Deutschland und über den Stacheldrahtzaun, der hinter unserem Haus verlief? Und er hatte mich angehört. Aber im Lauf der Jahre hatte sich seine Art, mich anzuhören, geändert und dieser Ausdruck im Blick hatte sich entwickelt und dieses Kräuseln der Lippen, obwohl er immer noch antwortete: Ja, Muttchen, und: Natürlich, Muttchen.

„Nun, Richard?", sagte die Richterin. Beide Jungen standen auf.

Die Richterin präzisierte: „Richard Zunk."

Der junge Edelweiß setzte sich sichtlich erleichtert wieder hin.

„Du hast doch gewusst, Richard, dass es gegen das Gesetz ist, über die Mauer nach Westberlin zu gehen?"

Richard senkte den Kopf.

„Dann erzähl uns mal mit deinen eigenen Worten, warum ihr es getan habt."

„Wir wollten ins Kino."

„Und seid ihr gegangen?"

„Ja."

„Vierzehnmal?"

„Ja."

„Erzähl weiter, was euch drüben noch passiert ist."

„Wie wir das letzte Mal rübergegangen sind, haben uns ein paar Westpolizisten gesehen und haben wissen wollen, ob wir aus dem Osten kämen. Und wir – wir haben Ja gesagt. Sie haben uns gefragt, ob wir im Westen bleiben wollten; da haben wir gesagt, nein, und da haben sie gefragt, was wir denn wollten, und wir haben es ihnen gesagt ..."

„Ja? Sprich weiter."

„Da haben sie gelacht. Und dann hat der eine gesagt, er kennt jemand, dem würde die Geschichte sicher gefallen, und wie wir aus dem Kino kamen, da war dieser Mann da und hat uns Fragen gestellt und hat Currywurst und Cola für uns gezahlt, aber wir haben ihm nicht richtig getraut und haben ihm nicht viel gesagt."

Die Richterin spielte mit ihrem Kugelschreiber.

„Richard!", sagte der Staatsanwalt.

Richard zuckte zusammen.

„Ihr seid also vierzehnmal nach drüben gegangen und vierzehnmal, sagst du, wart ihr im Kino. Immer im gleichen Kino?"

„Ja."

„Wie habt ihr die Billetts bezahlt?"

„Wie wir gesagt haben, dass wir nur Ostgeld hätten, hat die Kassiererin den Chef geholt und der hat unsere Ausweise angesehen und hat gesagt, wir brauchten nicht zu zahlen."

„Und habt ihr Spaß gehabt?"

Richard schwieg misstrauisch. Er hatte die Falle erkannt, die der Staatsanwalt ihm stellte: Wenn er mit Nein antwortete, wieso war er dann immer wieder nach Westberlin ins Kino gegangen, und wenn er Ja sagte, wo blieb die Reue, die er doch zeigen sollte?

Endlich richtete er sich auf. „Jawohl", sagte er sehr ruhig, „es hat uns Spaß gemacht, über die Mauer zu gehen und uns drüben umzusehen. Es war so ... ich weiß nicht ... anders ..."

O Gott, dachte ich, der Junge redet sich selber ins Unglück.

Die Richterin verkündete das Urteil.

Die Angeklagten wurden abgeführt, voran Richard Edelweiß, dann mein Richard. Die Richterin stieg vom Podium herab und kam auf mich und Frau Edelweiß zu und sprach von der Schuld, die auch wir trügen, und zögerte einen Moment und sagte dann etwas von der Zeit, die ja bekanntlich vorbeigehe, und dass die Erfahrung unseren Söhnen nur nützen könne, ob in Armee oder Jugendwerkhof. Der Staatsanwalt, sah ich, trat zu Dr. Kahn und sie schüttelten einander die Hand; zwei Berufsboxer, es war ein fairer Kampf gewesen, nur keine Hassgefühle – diese Art Geste.

Dann auf einmal das Lachen, das ich kannte, und Dr. Kahns etwas raue Stimme: „Wenn ich Sie gewesen wäre, Genosse Staatsanwalt, ich hätte einen Orden für die beiden Jungen beantragt."

„Wieso das?", sagte der Staatsanwalt.

„Weil sie, wie jetzt gerichtsnotorisch, vierzehnmal hintereinander ihre absolute Treue zu unserer Republik unter Beweis gestellt haben."

Der Staatsanwalt lächelte schief. Dann drehte er sich um und ging.

---

1. „Die Richterin ... kam auf mich und Frau Edelweiß zu und sprach von der Schuld ..."(Z. 207 f.). Entwerft ein Gespräch zwischen der Richterin und den beiden Müttern.

2. Welche Vorwürfe könnte man aus heutiger Sicht jeweils gegen Richard Z., Richard E., Frau Z., Frau E., Dr. Kahn, den Staatsanwalt und die Richterin erheben? Was könnten diese Personen entgegnen?

3. Frau Zunk erzählt die Verhandlung aus ihrer Sicht. Warum erfindet der Autor Stefan Heym die Figur dieser Erzählerin?

4. Macht Vorschläge, wie diese Geschichte verfilmt werden könnte:
Wie sollen die Ereignisse erzählt werden – chronologisch oder in Rückblenden?
Welche Vorgänge sollen im Mittelpunkt stehen?
Wie stellt ihr euch die Rollenbesetzung vor?

Die Angst hat viele Namen

Caritas Führer

Die Montagsangst

Die Autorin erinnert sich, welche Ängste ihre Schulzeit in der DDR begleitet haben. Als Pfarrerstochter war sie nicht Mitglied bei den „Jungpionieren" und den „Thälmannpionieren".
Fast neunzig Prozent der Schülerinnen und Schüler traten in diese Jugendorganisationen ein. „Jungpionier" hieß man von der ersten bis zur vierten Klasse. „Thälmannpionier" durfte man sich ab der fünften Klasse nennen. Der Name erinnerte an einen Hamburger Arbeiterführer und KPD-Politiker in der Weimarer Republik.
Es gab Pionierabzeichen, Halstücher und Zeitungen: die „Abc-Zeitung" für die Kleinen, „Die Trommel" für die Großen. Beliebt waren Gruppennachmittage, Zeltlager und Reisen in sozialistische Länder. Weniger Gegenliebe fanden regelmäßige Fahnenappelle in Schulen. Dabei musste man sich in Reih und Glied aufstellen. Der Freundschaftsratsvorsitzende, ein besonders vorbildlicher Pionier, forderte lautstark „Seid bereit!" Die Angetretenen mussten „Immer bereit!" als Echo zurückgeben.

Die Angst hat einen Namen. Sie heißt Montag. Die Angst hat viele Namen. Aber das Kind kann sie nicht nennen. Das Kind spürt nur, wie das Leben begonnen hat, sich aus vielen Ängsten zusammenzusetzen. Ein dunkles, unheimliches Mosaik. Das Kind weiß, dass es aus diesem Mosaik nicht herauskam.
5 Es lässt sich von der Mutter morgens die Zöpfe flechten, es wählt zwischen roten und blauen Schleifen, es packt die Fettbrote ein, isst seine Haferflockensuppe und denkt nur, dass alles wieder losgeht. Und dann, manchmal, schreit einer der Brüder oder eine der Schwestern dieses Wort und sie müssen aufspringen und alles stehen lassen, und dann wird sie bei der Hand gefasst und sie rennen. Schnel-
10 ler, so lauf doch, schreit es neben ihr, dabei rennt sie schon, was das Zeug hält; die jungen Ahornbäume rechts und links rasen vorbei, fern das hölzerne Tor, der Zaun, das dumpfe verwitterte Gebäude mit der Uhr, sie sehen es schon, schneller, das Kind keucht, sein Herz klopft wild, sie sind schon um die Ecke, da schiebt der Schüler mit der weißen Armbinde überm Blauhemd das Tor zu, langsam,
15 lächelnd, aber doch zu schnell, um noch hineinzuschlüpfen, zu, aus. Sie hören die Fanfare im Schulhof, sie sind zu spät gekommen, sie lehnen sich an den Zaun, dem Kind ist schlecht. Angst, denkt das Kind. Die Angst hat einen Namen. Sie heißt Montag. Montag ist Fahnenappell.
Meistens hat die Mutter daran gedacht, meistens ist das Kind rechtzeitig durch
20 das Holztor marschiert, hat den Block mit seiner Klasse gefunden, hat sich hinter die anderen gestellt, die in ihrer Pionierkleidung strammstanden, hat sich von der Lehrerin am Arm fassen und in die letzte Reihe schieben lassen. Rechts

und links weiße Hemden, blaue und rote Halstücher, blaue Käppis. Das Kind im blauen Nylonanorak mit Kunstpelz an der Kapuze. *Pioniere, stimmt an, lasst uns vorwärts gehn, Pioniere, voran, lasst die Fahnen wehn, unsre Straße, die führt in das Morgenlicht hinein, wir sind stolz, Pioniere zu sein.* Die Straße des Kindes führt nicht in das Morgenlicht hinein, denn es ist kein Pionier, ist kein Jungpionier und wird auch kein Thälmannpionier sein, kann nicht stolz sein, Pionier zu sein. Kann also auch dieses Lied nicht singen. Weiß, dass Pionierlieder zum Liedgut einer sozialistischen Schule gehören, folglich zum Lernstoff im Unterrichtsfach Musik, kann aber dieses Lied nicht mitsingen, kann nicht, hat Angst, dass die Lehrerin es sieht, schaut zu Boden, krümmt sich, ist schon ganz klein, beinahe unsichtbar. Stillgestanden! Richt' euch! Augen geradeaus! Man muss nach vorn sehen, wo die Männer stehen, auf die das Wort Angst auch zutrifft, muss sie ansehen und anhören. Der Pionierleiter mit dem für seinen Beruf geradezu frevelhaft klingenden Namen Traugott Kirchner, der Direktor, der stellvertretende Direktor. Ältere Schüler im Blauhemd – Schüler mit Funktion. Die endlosen Ansagen, die jederzeit mögliche Gefahr, einer öffentlichen Rüge oder einem Verweis beiwohnen zu müssen; die sich von Jahr zu Jahr steigernde Angst, selbst einmal aufgerufen zu werden, nach vorn gehen zu müssen zu der Fahnenstange, dorthin, wo alle Kinder – Augen geradeaus – hinschauen, und dort allein zu stehen und einen Verweis erteilt zu bekommen. Einen Verweis für Nichtsingen von Pionierliedern während des Fahnenappells. Alles, nur nicht das, bitte, lieber Gott, nur nicht das. Die Augen links heißt Flagge. Schwarzrotgold umrahmt klettern Hammer und Zirkel in den Himmel. Der Ährenkranz leuchtet. *Thälmann ist niemals gefallen, Stimme und Faust der Nation.* Wissen, dass es unwichtig ist, was die scheppernde Stimme erzählt. Wissen, dass Unwichtiges bewertet wird, dass man es einlassen muss in Herz und Hirn, um zu bestehen, um zu überleben.

Vielleicht daher noch Jahr-

Junge Pioniere bei einer Schulfeier

zehnte später die Übelkeit beim Lesen von Leitartikeln in der Zeitung, die Mühe, öffentlichen Reden zu folgen, die Empfindlichkeit im Umgang mit dem deutschen Wort. Brechreiz beim Betreten einer Schule aus Anlass des Elternabends der eigenen Kinder. Rührt euch! Nehmt die Taschen auf! Die lederne Schultasche geschultert einreihen in die Herde vorm Mädcheneingang. Zwei und zwei. Erinnerung an lange dunkle Gänge. Dunkles Schulgebäude, finstere Schulzeit. Grüne Ölsockel. Hohe, braun gestrichene Türen. Neben der Bank stehen, wenn der Lehrer eintritt. Für Frieden und Sozialismus seid bereit! Die gespreizten Finger der rechten Hand wie ein Hahnenkamm über dem Scheitel: Immer bereit!

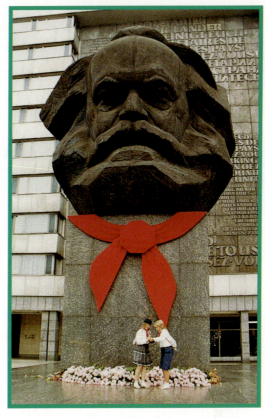

Junge Pioniere vor dem Karl-Marx-Denkmal in Karl-Marx-Stadt, dem heutigen Chemnitz

1 Kinder in der Schule haben vor vielem Angst. Wovor ängstigt sich das Kind im vorliegenden Text?
2 Welche Folgen hat die Montagsangst im späteren Erwachsenenleben?

Geteilt – vereint

CHRISTOPH HEIN

Er wird 1944 in Heinzendorf (Schlesien) geboren. Seine Kindheit erlebt er in Bad Düben bei Leipzig. Weil sein Vater Pfarrer ist, darf Christoph Hein in der DDR wegen politischer Unzuverlässigkeit nicht bis zum Abitur zur Schule gehen. Seinerzeit kann er, wie viele andere junge Menschen bis 1961, nach Westberlin wechseln und dort die Reifeprüfung ablegen. Nach dem Abitur geht Christoph Hein 1960 in die DDR zurück. Er arbeitet auf Montage, er kellnert, er verkauft Bücher. Schließlich hilft er in Berlin als Regieassistent mit, Schauspiele an der Volksbühne aufzuführen. Er schreibt auch Erzählungen und Romane. Manche gelten als Kultbücher, z. B. „Drachenblut" (1982) und „Der Tangospieler" (1989).

Christoph Hein

Unsere letzte Gemeinsamkeit

In Christoph Heins Novelle „Drachenblut" erinnert sich die Erzählerin an früher, als sie mit Katharina, einer Mitschülerin, befreundet war …

Katharina und ich sahen uns täglich, auch nach Schulschluss. Nach den Schularbeiten ging ich zu ihr, um sie abzuholen. Hand in Hand liefen wir stundenlang durch das Städtchen, gingen zusammen ins Kino oder saßen in ihrem Zimmer und fanden dennoch nie genügend Zeit für unsere Gespräche.
5 Gelegentlich sprachen auch ihre älteren Brüder mit mir. Etwas ironisch und herablassend unterhielten sie sich mit der Freundin ihrer kleinen Schwester, doch immer waren sie höflich und bereit, uns zu helfen. Ich glaube, ich war in alle drei Brüder verliebt. Und sosehr ich ihre Anwesenheit wünschte und ihre Aufmerksamkeit, so sehr quälte mich dann meine Verlegenheit, die mich ihnen gegen-
10 über befangen und einsilbig machte. Um ihre Brüder beneidete ich Katharina heftig.
Katharina und ihre Familie waren gläubig. Auch darüber führten wir unendliche Gespräche. Mich faszinierten die unglaublichen Geschichten der Bibel, ihre eigentümlich schöne Sprache, die mich völlig widerstandslos machte, und die selt-
15 same, mir gleichzeitig Ehrfurcht gebietend und komisch erscheinende Kultur

Die Angst hat viele Namen

ihrer Religion. Zu den Bibelstunden begleitete ich Katharina, und da ich mich in den Wundertaten und der Leidensgeschichte Christi gut auskannte, erhielt ich von der Religionslehrerin häufig farbige Bildchen, die einen Bibeltext illustrierten.

Mit Katharina hatte ich ein Abkommen getroffen. Wir wollten nicht nur stets die gleiche Haarfrisur tragen, auch in der Frage, ob es einen Gott gebe, an den man folglich zu glauben habe, oder ob die Religion tatsächlich eine Erfindung und ein Betrug am Volk sei, wie wir es in der Schule lernten, wollten wir zu einer gemeinsamen, einheitlichen Entscheidung kommen. In dem Sommer, der unserem 14. Geburtstag folgte, würden wir uns, so war es verabredet, zusammen zu einer Antwort entschließen, um dann, an Gott glaubend oder ihn leugnend, durch eine weitere Gemeinsamkeit verbunden zu sein. Wir befürchteten beide den Protest der Familie, wenn sich in jenem Sommer eine von uns zu einer gegensätzlichen Weltanschauung bereit finden würde, aber davon abgesehen sahen wir keine Schwierigkeiten. Die Religion wirkte sehr anziehend auf mich und ich machte mich mit dem Gedanken vertraut, dass ich es sein würde, die ihre Eltern zu überraschen hätte.

Mein Vater war über meinen Besuch der Religionsstunden nicht erfreut, doch nach einem Gespräch mit Mutter entschloss er sich, es als pubertäre Mädchenschwärmerei zu dulden.

Anderthalb Jahre vor jenem Sommer der Entscheidung bat er mich eindringlich, alles zu unterlassen, was mit Kirche und Religion zu tun habe. Er bat mich auch, meine Freundschaft mit Katharina zu überdenken, da er sich große Sorgen um meinen weiteren Lebensweg mache. Ich verstand ihn nicht, begriff aber, dass er ernstlich beunruhigt war und mir helfen wollte. Trotzdem weigerte ich mich, meine Freundin seltener zu treffen oder sie gar zu verraten.

Von Katharina erfuhr ich, dass Paul, ihr ältester Bruder, im Werk nicht mehr als Brigadier[1] arbeiten dürfe, weil er einer christlichen Jugendgruppe angehöre. Aus dem gleichen Grund sei der Ausbildungsvertrag mit Frieder, dem zweiten Bruder, verändert worden, sodass er nicht in dem erwünschten Beruf würde arbeiten können. Die Brüder erzählten mir, dass im ganzen Landkreis derzeit eine atheistische[2] Kampagne durchgeführt werde. Sie waren verbittert. Besonders empörte sie, dass die Werksleitung bei Katharinas Brüdern und den anderen Betroffenen banale und lächerliche Vorwände suchte, um Maßnahmen zu rechtfertigen, die willkürlich waren und ohne jede rechtliche Grundlage. Katharina weinte und ich fühlte mich schuldig, weil ich aus einem atheistischen Elternhaus kam.

Wenige Monate später, nachdem der dritte Bruder den Schulbesuch beendet hatte, verschwanden die drei Brüder. Anfangs konnte oder durfte mir Katharina

---

1 **Brigadier:** Leiter einer Arbeitsgruppe in der ehemaligen DDR
2 **atheistisch:** die Existenz Gottes leugnend

nichts erzählen. Dann hörte ich, dass die drei nach Westdeutschland gegangen seien, und Katharina bestätigte es mir. Die Brüder hatten in Niedersachsen einen Bauernhof gepachtet, den sie zusammen bewirtschafteten.

Meine Eltern baten mich nun häufiger, die Freundschaft mit Katharina zu beenden. Auch in der Schule wurde ich von mir wohlgesonnenen Lehrern versteckt oder sehr direkt darauf hingewiesen, dass diese Freundschaft für mich nicht nützlich sei.

In jenem Schuljahr sollte vom Lehrerkollegium entschieden werden, wer aus unserer Klasse für den Besuch der weiterführenden Oberschule in der Kreisstadt vorgesehen sei. Katharina und ich machten uns beide begründete Hoffnungen. Wir waren seit Jahren die besten Schülerinnen der Klasse.

Im Oktober fiel die Entscheidung. Ein Junge und ich wurden für die Oberschule ausgewählt. Unsere Klassenlehrerin verkündete, dass Katharina die Schule nach Abschluss der achten Klasse verlassen müsste. Die Behörden des Kreises und die Schulleitung seien der Ansicht, es sei nicht gewährleistet, dass sie das Erziehungsziel einer Oberschule unserer Republik erreichen könne.

In diesen Tagen weinten wir beide viel und ihre Mutter hatte uns unentwegt zu trösten. Sie war es auch, die mich von dem Entschluss, die Oberschule Katharinas wegen nicht zu besuchen, abbrachte. Dem Drängen meiner Eltern und der Lehrer, die Freundschaft mit Katharina zu beenden, wollte ich keinesfalls nachgeben. Wir schworen unter Tränen, uns ewig treu zu bleiben. Und doch waren wir bereits ein halbes Jahr später die erbittertsten Feindinnen.

In der achten Klasse freundete sich Katharina mit dem Sohn des Kantors[3] an, der in Naumburg Kirchenmusik studierte. An den Wochenenden war er in G. und Katharina hatte nun weniger Zeit für mich. Und wenn sie mir auch ausführlich ihre Verabredungen mit dem Kantorssohn und die Gespräche schilderte, ich empfand doch, dass etwas Fremdes zwischen uns getreten war. In meine Liebe zu Katharina mischte sich argwöhnische Eifersucht. Die Belastungen unserer Freundschaft durch meine Eltern und Lehrer, die Entscheidung der Schulbehörde, die mich privilegierte[4] und Katharina ihres Glaubens oder ihrer Brüder wegen benachteiligte, die zunehmende Verbitterung der Mutter meiner Freundin, die ihre Tochter ungerecht behandelt sah und dem Entschluss der Söhne, das Land zu verlassen, um im westlichen Deutschland ihr Glück oder zumindest ihr weiteres Leben zu finden, nun nachträglich zustimmte und ihn offen verteidigte, all dies schwebte unausgesprochen über uns. Immer häufiger trennten wir uns im Streit. Manchmal vergingen Tage, ehe wir uns wieder trafen. Das gegenseitige Misstrauen in uns wuchs und selbst die Zurückhaltung in unseren Gesprächen, darum besorgt, den anderen nicht zu verletzen, trennte uns und machte uns einander fremd. Schließlich genügte die dumme, hämische Verleumdung einer Mitschülerin, um unsere Freundschaft zu beenden. Ein Mäd-

3 **Kantor:** Leiter des Kirchenchores
4 **privilegieren:** bevorzugen

chen denunzierte mich bei Katharina und Katharina glaubte ihr, ohne mit mir
zu sprechen. Und ich, obwohl ich die hinterhältige Lüge leicht hätte widerlegen
können, tat nichts. Eine Mädchenfreundschaft war zerstört, die schon Wochen
oder Monate zuvor zerbröckelte und von ihr und mir nur noch notdürftig da-
hingeschleppt worden war. Und allein der unversöhnliche Hass zweier unglücklicher Mädchen wies auf die Spuren einer Liebe hin, einer tödlich verletzten
Liebe.

Ein paar Wochen später kam der Tag, an dem ich mich zum ersten Mal öffentlich gegen Katharina wandte.

Nach dem Unterricht sollten wir alle im Klassenzimmer bleiben. Es handelte sich
um eine erneute Aussprache über unseren Eintritt in den sozialistischen Jugendverband. Katharina war die einzige Schülerin, die sich weigerte, einen Aufnah-
meantrag zu stellen. Nur ihretwegen mussten wir länger in der Schule bleiben
und nur ihretwegen wiederholte die Lehrerin die uns bekannten Argumente und
Lösungen. Wir saßen gelangweilt in den Bänken, ließen, die verlorene Zeit be-
dauernd, den Wortschwall über uns ergehen und murmelten, von der Lehrerin zur Stellungnahme aufgefordert, gehorsam nach, was sie uns in den Mund
legte.

Katharina saß blass und kerzengerade auf ihrem Platz. Sie war aufgeregt. Der
Eintritt in den Jugendverband wurde uns als eine Entscheidung für den Welt-
frieden dargestellt und Katharina hatte den massiven Schlussfolgerungen der
Lehrerin so wenig entgegenzusetzen. Sie beteuerte, gleichfalls für den Frieden zu
sein, doch die logisch wirkenden Verknüpfungen der Lehrerin, die Weigerung,
in den Jugendverband einzutreten, sei gleichbedeutend mit Kriegshetze, knüp-
pelten Katharina nieder und machten sie stumm.

Wir anderen hörten uninteressiert und mürrisch den bekannten Phrasen zu und
warteten nur darauf, endlich gehen zu können. Katharinas Weigerung kostete
uns Freizeit, ihre Hartnäckigkeit erschien uns aussichtslos und unkamerad-
schaftlich. Wir wollten nach Hause und mussten zum wiederholten Male ihretwegen länger in der Schule bleiben.

An jenem Tag meldete ich mich, wobei ich mich nach Katharina umwandte.
Dann stand ich auf und belustigte mich über die christlich-abergläubischen Ansichten einer gewissen Mitschülerin. Es war eine dumme, witzlose Bemerkung,
aber die Lehrerin und die Mitschüler lachten. Katharina wurde flammend rot.
Befriedigt über den Erfolg meiner Bemerkung setzte ich mich. Plötzlich stand
Katharina auf, kam zu meiner Bank und gab mir unerwartet eine Ohrfeige. Ins-
tinktiv trat ich mit dem Fuß gegen ihr Schienbein. Wir schrien beide vor Schmerz
auf und heulten und beide bekamen wir einen Tadel in das Klassenbuch. Es war
unsere letzte Gemeinsamkeit, denn auch die Frisuren trugen wir längst verschieden.

Geteilt – vereint

In jenem Sommer, in dem wir die Gretchenfrage[5] unseres Glaubens gemeinsam und einmütig entscheiden wollten, zog Katharina mit ihrer Mutter zu den Brüdern nach Niedersachsen. Ich war erleichtert, als ich es hörte, und fast mit Stolz erzählte ich meinem Vater, dass Katharina die Republik verraten habe.

In jenem Sommer kauften mir meine Eltern eine rotlederne Aktentasche. Ich wollte nicht mit einem Ranzen auf dem Rücken in der Oberschule der Kreisstadt erscheinen.

5 **Gretchenfrage:** heikle Frage; ursprünglich die Frage Gretchens an Faust: „Nun sag, wie hast du's mit der Religion?" (Goethe, Faust I)

1 Greift einzelne Episoden der Erzählung heraus und erzählt sie aus der Sicht Katharinas.
2 Beide Freundinnen tragen zum Scheitern der Freundschaft bei. Wie sieht die Erzählerin die Schuldverteilung?
3 Denkt euch die beiden Mädchen zehn Jahre später. Die Mauer ist inzwischen gefallen. Was könnte in zwei Briefen stehen, die sie einander schreiben?

Die Mauer fällt

Das Fernschreiben

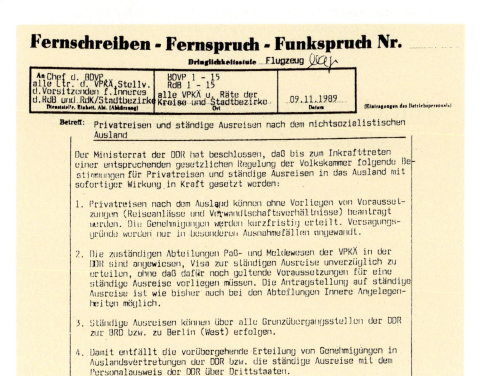

Vier Zeilen und ein Zufall brachten die Mauer am 9. November 1989 zu Fall. An diesem Donnerstag beriet der Ministerrat der DDR eine neue Verordnung, die einen vier Schreibmaschinenzeilen langen Absatz enthielt. […]
In dem dreiseitigen Fernschreiben mit der „Dringlichkeitsstufe Flugzeug" sollte der Beschlusstext nach der Abstimmung im Ministerrat an Volkspolizei und Kommunalbehörden weitergeleitet werden. Im Glauben, der Text sei bereits genehmigt, verlas ihn SED-Bezirkssekretär Günter Schabowski jedoch bereits um 18.57 Uhr auf einer Pressekonferenz. Tausende strömten daraufhin an die Grenze. Sie überraschten die Grenzpolizisten, die über die neue Regelung noch nicht informiert waren – die Grenzübergänge aber trotzdem öffneten und so Westberlin zum größten Partyraum der Welt machten. 1989 wurde der 9. November zum vierten Mal ein wichtiges Datum in der deutschen Geschichte.

1   Welches waren die entscheidenden vier Zeilen, die in Berlin Tausende veranlassten, zur Grenze zu ziehen?

Geteilt – vereint

2 Welche Formulierungen im Fernschreiben zeigen, dass es sich um ein amtliches Schreiben handelt? Wie könnte man diese amtssprachlichen Wendungen in die gängige Umgangssprache übersetzen?
3 Wie könnte es zu dem Versehen Schabowskis gekommen sein?
4 Entwerft eine Kabarettnummer über die Pressekonferenz vom 9.11.89.

Bagger reissen die Mauer ein

BERLIN (ap/dpa) – Die DDR hat am Freitagabend mit dem Abriss der Mauer zur Öffnung neuer Grenzübergänge begonnen. Mehrere hundert Schaulustige verfolgten im Ostberliner Bezirk Prenzlauer Berg die geschichtsträchtigen Baggerarbeiten. Mauersteine wurden zu begehrten Souvenirs.

In den nächsten Tagen entstehen neue Übergänge zwischen Westberlin und der DDR, weitere zum Bundesgebiet sollen folgen. Dies erklärten übereinstimmend Bundesregierung, Berliner Senat und die DDR-Regierung. Nach Angaben des Ostberliner Innenministeriums wird auch der innerstädtische Nahverkehr in Berlin miteinander verbunden. Ebenfalls schon gestern wurde am Potsdamer Platz mit Abbrucharbeiten an der Mauer begonnen. Die Glienicker Brücke, die nach Potsdam führt, wurde am Abend bereits für Kraftfahrzeuge und Fußgänger geöffnet. Die Brücke hat durch Agentenaustauschaktionen zwischen Ost und West Berühmtheit erlangt. DDR-Innenminister Dickel hatte zuvor im DDR-Fernsehen erklärt, die neue Regelung zur Öffnung der Grenzen sei „von Dauer".

Der Baggerfahrer an der Eberswalder/Bernauer Straße hatte ein großes Publikum. Zu Beginn bekam er von Schaulustigen eine gelbroten Blumenstrauß überreicht. Die Menschen rannten zu dem immer größer werdenden Loch, um Steine als Erinnerungsstücke zu ergattern.

(11.11.89)

Der Fall der Mauer

Man stelle sich vor, ein Traum geht in Erfüllung und keiner merkt es so richtig: Die Mauer ist gefallen. Seit 9. November kann sich ein DDR-Bürger aus Karl-Marx-Stadt in seinen Trabi setzen und bis nach München fahren. Einen Personalausweis und ausreichend Sprit – mehr braucht er nicht. Seit Freitagnacht ist nicht – wie es im Fernsehen hieß – „die Mauer symbolisch gefallen". Nein, die Realität ist gefallen und das Symbol steht in Berlin herum. […]

Es ist die revolutionäre Bewegung selbst, die der Mauer die Existenz genommen hat. Eine unabhängige DDR-Gesellschaft existiert, denn das Volk hat begonnen, sie in die Hand zu nehmen. Es ist die erstaunlichste, die unvorstellbarste Revolution, die man sich denken kann. Die Läden sind geöffnet, die Eisenbahnen fahren, die Büros sind besetzt, und zur gleichen Zeit, in einer Gleichzeitigkeit vom Dorf bis zur Großstadt, wird die realsozialistische Herrschaft zersetzt, zerbricht die Demokratie von unten den demokratischen Zentralismus.

Wer aber jetzt nur das Scheitern des Realsozialismus sehen will, ist blind. Die Massen der DDR sprechen (nicht nur) eine neue Sprache, ein neues, noch nie gehörtes Deutsch voller Witz, Fantasie und sanfter Radikalität; es entfalten sich (nicht nur) Züge einer Basisdemokratie, die nicht eine Spur von Westimport hat. […]

Dass die Mauer fällt und die Konkursmasse DDR durch Wiedervereinigung übernommen werden könnte: dieser westliche Traum ist zunächst einmal ausgeträumt. Die Massen von Ostberlin, von Leipzig, von Dresden, die nicht nur „Das Volk sind wir" rufen, sondern auch so handeln, haben sich aufgemacht in eine zukünftige Gesellschaft. […]

Klaus Hartung

1 Formuliert den Grundgedanken des Kommentars „Der Fall der Mauer".
2 Nachricht, Reportage, Kommentar – worin unterscheiden sich die drei Darstellungsformen? Welche Aufgaben erfüllen sie für den Zeitungsleser?
3 Die beiden oben stehenden Zeitungsartikel weisen sprachliche Unterschiede auf. Stelle diese in einer vergleichenden Tabelle zusammen.
4 Ermittle den jeweiligen Aufbau der zwei Zeitungsartikel. Halte die Gliederung in Stichwörtern fest.

Geteilt – vereint

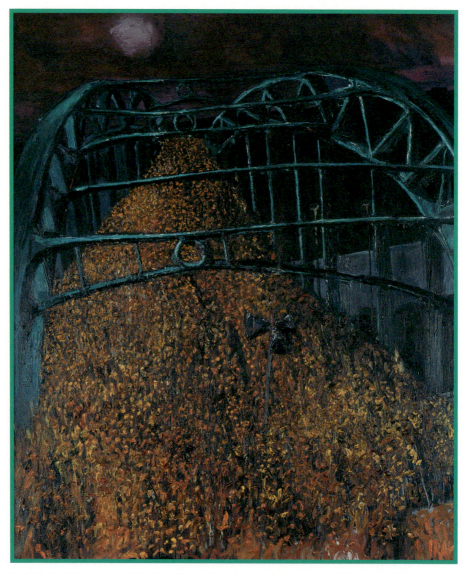

Trak Wendisch: Das befreite Volk auf der Bornholmer Brücke zwischen Ost- und Westberlin 1989

Die Mauer fällt

CHRISTA WOLF

Kann falsch sein, was die meisten Zeitgenossen für richtig halten? Wie ergeht es einer Person, die widerspricht, die warnt? – Darüber schreibt Christa Wolf in ihrem Roman „Kassandra" (1983). – Lieber in der DDR als im vermeintlich goldenen Westen zu leben, dafür entscheidet sich die junge Rita Seidel. Sie ist eine der Hauptfiguren in Christa Wolfs Erzählung „Der geteilte Himmel" (1963). Außergewöhnlich ist, dass Christa Wolf in beiden deutschen Staaten sehr viele Preise und Ehrungen erhält, und das schon vor 1989. In der DDR macht die Autorin auch Karriere im Schriftstellerverband und in der SED, in die sie 1949 eingetreten ist. 1993 bekennt sie öffentlich, dass sie unter dem Decknamen „Margarete" drei Jahre lang als Mitarbeiterin des DDR-Staatssicherheitsdienstes geführt worden sei. Schon im Juli 1989 ist sie übrigens aus der SED ausgetreten. Geboren wurde Christa Ihlenfeld 1929 in Landsberg an der Warthe. Nach dem Abitur in Bad Frankenhausen 1949 studierte sie Germanistik in Jena und Leipzig bis 1953.

Christa Wolfs Rede auf dem Alexanderplatz in Ostberlin am 4. Nov. 1989

Befreite Sprache

Im Herbst 1989 änderte sich die Situation in der DDR dramatisch: Zehntausende von DDR-Bürgern verließen bis Ende Oktober ihre Heimat und reisten über Ungarn und die Tschechoslowakei in die Bundesrepublik Deutschland aus. Nach der Massenflucht gingen in Leipzig, Berlin und vielen anderen Städten Hunderttausende auf die Straße und zwangen die Regierung zu Reformen. Am 4. November demonstrierten über eine Million Menschen in der ganzen DDR für weit reichende Veränderungen.
In dieser Situation – noch vor dem Fall der Mauer – hielten bekannte „Kulturschaffende" der DDR auf dem Ostberliner Alexanderplatz Reden. Es sprach auch Christa Wolf.

Liebe Mitbürgerinnen und Mitbürger, revolutionäre Bewegung befreit auch die Sprache. Was bisher so schwer auszusprechen war, geht uns auf einmal frei von den Lippen. Wir staunen, was wir offenbar schon lange gedacht haben und was wir uns jetzt laut zurufen. „Demokratie – jetzt oder nie" und wir meinen Volks-
5 herrschaft. Mit dem Wort „Wende" habe ich meine Schwierigkeiten. Ich sehe da ein Segelboot. Der Kapitän ruft: „Klar zur Wende?", weil der Wind sich gedreht

hat oder ihm ins Gesicht bläst. Und die Mannschaft duckt sich, wenn der Segelbaum über das Boot fegt. Aber stimmt dieses Bild noch? Stimmt es noch in dieser täglich vorwärts treibenden Lage?

Ich würde von „revolutionärer Erneuerung" sprechen. Revolutionen gehen von unten aus, unten und oben wechseln ihre Plätze in dem Wertesystem und dieser Wechsel stellt die sozialistische Gesellschaft vom Kopf auf die Füße. Große soziale Bewegungen kommen in Gang. So viel wie in diesen Wochen ist in unserem Land noch nie geredet worden, miteinander geredet worden, noch nie mit dieser Leidenschaft, mit so viel Zorn und Trauer, aber auch mit so viel Hoffnung. Wir wollen jeden Tag nutzen. Wir schlafen nicht oder wenig. Wir befreunden uns mit Menschen, die wir vorher nicht kannten, und wir zerstreiten uns schmerzhaft mit anderen, die wir zu kennen glaubten. Das nennt sich nun „Dialog". Wir haben ihn gefordert. Nun können wir das Wort fast nicht mehr hören. Und haben doch noch nicht wirklich gelernt, was es ausdrücken will. Misstrauisch starren wir auf manche plötzlich ausgestreckte Hand, in manches vorher so starre Gesicht. Misstrauen ist gut, Kontrolle noch besser. Wir drehen alte Losungen um, die uns gedrückt und verletzt haben, und geben sie postwendend zurück. [...]

Verblüfft beobachten wir die Wendigen, im Volksmund „Wendehälse" genannt, die laut Lexikon sich rasch und leicht einer gegebenen neuen Situation anpassen, sich in ihr geschickt bewegen, sie zu nutzen verstehen. Sie am meisten, glaube ich, blockieren die Glaubwürdigkeit der neuen Politik. So weit sind wir wohl noch nicht, dass wir auch sie mit Humor nehmen können, was uns doch in anderen Fällen schon gelingt. „Trittbrettfahrer zurücktreten!", lese ich auf Transparenten und, an die Polizei gerichtet, von Demonstranten der Ruf: „Zieht euch um, schließt euch an!" Ich muss sagen, ein großzügiges Angebot. Ökonomisch denken wir auch: „Rechtssicherheit spart Staatssicherheit". Und heute habe ich auf einem Transparent eine schier unglaubliche Losung gesehen: „Keine Privilegien mehr für uns Berliner." Ja, die Sprache springt aus dem Ämter- und Zeitungsdeutsch heraus, in das sie eingewickelt war, und erinnert sich ihrer Gefühlswörter. Eines davon ist Traum. Also träumen wir, mit hellwacher Vernunft: „Stell dir vor, es ist Sozialismus und keiner geht weg." Wir sehen aber die Bilder der immer noch Weggehenden und fragen uns: „Was tun?" und hören als Echo die Antwort: „Was tun?" Das fängt jetzt an, wenn aus den Forderungen Rechte, also Pflichten werden: Untersuchungskommission, Verfassungsgericht, Verwaltungsreform.

Viel zu tun und alles neben der Arbeit und dazu noch Zeitung lesen. Zu Huldigungsvorbeizügen und verordneten Manifestationen werden wir keine Zeit mehr haben. Dies ist eine Demo, genehmigt, gewaltlos. Wenn sie so bleibt bis zum Schluss, wissen wir wieder mehr über das, was wir können, und darauf bestehen wir dann. „Ein Vorschlag für den 1. Mai: Die Führung zieht am Volk vorbei." (Alles nicht von mir, alles nicht von mir. Das ist literarisches Volksvermögen.) Unglaubliche Wandlung, das Staatsvolk der DDR geht auf die Straße, um sich als Volk zu erkennen. Und dies ist für mich der wichtigste Satz dieser letzten Wochen: der tausendfache Ruf: „Wir sind das Volk!" Eine schlichte Feststellung, und die wollen wir nicht vergessen.

1 Christa Wolf spricht davon, dass die „revolutionäre Erneuerung" (Z. 10) auch die Sprache befreie. Erläutere, was Christa Wolf damit meint.
2 Spricht sich Christa Wolf für eine Wiedervereinigung bzw. einen Beitritt der DDR zur Bundesrepublik aus?
3 Mit welchen Formulierungen bemüht sich die Rednerin, Zustimmung zu finden?
4 Was muss zusammenkommen, dass man einem Redner bei einer Straßenveranstaltung längere Aufmerksamkeit schenkt? Nenne und ordne möglichst viele Einzelheiten.

Marianne Kreuzer

Die Menschen und die Einheit

Familie Wunderlich wohnt in Leipzigs Stallbaumgasse in einem vom SED-Regime enteigneten Haus. Ihre Sorge im Jahre 1990 ist, der alte Besitzer könnte zurückkommen und sie hinauswerfen. Laut Grundbuch ist er Engländer.

Leipzig, Stallbaumgasse 12 bis 14, zweiter Stock. Bei Familie Wunderlich klingelt es. Ein Kopiergerät wird geliefert. Marina Wunderlich, 35, lässt es gegenüber von der neuen Bildschirm-Schreibmaschine aufstellen. 15 Minuten später läutet es wieder. Diesmal bringt eine Firma die bestellten Büromaterialien: 15 Kartons mit Papier, Stempeln, Kugelschreibern, Lochern und Heftklammern. Frau Wunderlich hat kaum wieder Platz genommen, als es zum dritten Mal klingelt. Aller guten Dinge sind drei: Diesmal steht ein Klient vor der Tür und möchte unbedingt Frau Notarin Wunderlich sprechen.

Marina Wunderlich, die unter dem SED-Regime im staatlichen Notariat der Stadt Leipzig arbeitete, hat vor vier Wochen den Sprung in die Selbstständigkeit gewagt. 20 000 Mark Kredit haben die Wunderlichs dafür bei der Bayerischen Notarkammer aufgenommen. Alles wird in Arbeitsgeräte gesteckt. Sonst leistet sich die Familie nichts.

„Die D-Mark ist unsere Chance", meint Marina Wunderlich: „Eine Chance, die die anderen osteuropäischen Länder nicht haben. Doch wir müssen was draus machen. Jeder muss anpacken, je früher, desto besser."

Ehemann Siegmar Wunderlich, 39, und die beiden Kinder Anke, 11, und Maria, 7, haben sich an das Chaos gewöhnt, das mit Freiheit und D-Mark über die Familie hereingebrochen ist. „Seitdem sich meine Frau selbstständig gemacht hat, ist hier der Teufel los. Wir bekommen sie kaum mehr zu Gesicht", sagt Siegmar Wunderlich.

Dennoch ist er froh, dass seine Frau den Schritt gewagt hat. Er ist Kranführer bei der Baugerätehandelsgesellschaft in Leipzig und kann dort nur noch zweieinhalb Tage in der Woche arbeiten. Das bedeutet statt 800 Mark nur 600 Mark im Monat: „Aber ich bin noch gut dran: Manche haben ihren Arbeitsplatz ganz verloren. Die Auftragslage ist schlechter geworden."

Siegmar Wunderlich hat daher nun mehr Zeit, sich um die zwei Kinder und den Haushalt zu kümmern. Das ist auch bitter nötig. Denn seine Frau rackert jetzt 16 Stunden täglich. Bis zum 31. Dezember muss sie noch 15 Wochenstunden für ihre alte Arbeitsstelle, das staatliche Notariat, tätig sein; den Rest der Zeit arbeitet sie in ihrem 15-Quadratmeter-Büro zu Hause.

Auf ihrem Schreibtisch stehen bereits das Bürgerliche Gesetzbuch, das GmbH-Gesetzbuch und das Rechtsformularbuch aus der Bundesrepublik. Dringend sucht sie einen größeren Gewerberaum. „Bis jetzt ohne Erfolg. Es gibt einfach nicht die geeigneten Räumlichkeiten."

Ein weiteres Problem: Das einzige Telefon in der Wohnung Wunderlich ist bis heute ein Spielzeugtelefon, das das Kinderzimmer mit dem Wohnzimmer verbindet ... Marina Wunderlich seufzt: „Gleich nach der Maueröffnung haben wir einen Apparat beantragt. Doch eine Antwort haben wir noch nicht erhalten."

Bis jetzt bezahlen die Wunderlichs für ihre 100 Quadratmeter große Vierzimmerwohnung in dem vom SED-Regime enteigneten Haus samt Nebenkosten 85 Mark an die Stadt. Sie wissen aber, dass am 1. Januar eine drastische Mieterhöhung zu erwarten ist. Frau Wunderlich, die als Angestellte früher 1200 Mark netto erhielt, hofft, bis dahin genug Geld zu verdienen, um sich eine höhere Miete erlauben zu können.

Eine andere Ungewissheit ist noch größer: „Wir befürchten, dass sich der alte Besitzer des Hauses eines Tages meldet, das Haus übernimmt und uns alle rausschmeißt", sorgt sich Siegmar Wunderlich. Seine Frau hat bereits im Grundbuch nachgesehen, wer Ansprüche anmelden könnte: „Das Gebäude wurde in den Zwanzigerjahren gebaut. Als Eigentümer ist ein Engländer eingetragen. Wir beten jeden Tag, dass er oder seine Nachkommen keine Ansprüche anmelden."

Am liebsten wollen die 16 Mieter das Haus deshalb selbst kaufen. Ein Antrag an die Kommune wurde bereits gestellt – bisher ohne Reaktion.

Trotz alledem sind die Wunderlichs glücklich – glücklich, dass sie frei sind. „Wir dürfen nun alles sagen, was wir denken. Wir fürchten uns nicht mehr vor der Stasi."

Gibt es Rachegefühle? „Nein", sagt Marina Wunderlich: „Wir reagieren kühl und distanziert. Hass kennen wir nicht. Wir wollen nicht Gleiches mit Gleichem vergelten. Es muss jetzt ein Schlussstrich gezogen und ein Neuanfang gemacht werden."

„Keiner von uns war in der SED", erzählt Frau Wunderlich weiter. Sie selbst trat vor einigen Jahren den „Liberalen" bei; ihr Mann blieb parteilos. Marina Wunderlich: „Wir hatten dadurch gewisse Nachteile. Bei Gehaltserhöhungen ging ich immer leer aus. Früher hat es mich geärgert, heute bin ich stolz darauf."

Sie denkt an die Tage des Oktober 1989 zurück. „Wir haben uns damals nicht getraut, bei den Demonstrationen mitzugehen. Wir hatten Angst, verhaftet zu werden. Was wäre dann aus unseren Kindern geworden?"

Darum erwogen sie, über Ungarn in den Westen zu flüchten. Doch der Plan wurde verworfen, weil sie sich nicht trauten, Großeltern und Enkel zu trennen. Siegmar Wunderlich: „Das hätten unsere Eltern gesundheitlich nicht verkraftet."

Als sich Marina Wunderlich an den 9. November erinnert, glitzert es verdächtig in ihren braunen Augen. „Wir haben in der Sendung ‚Die aktuelle Kamera' von der Maueröffnung erfahren. Zunächst haben wir gar nicht begriffen, was da vor sich ging. Erst am nächsten Tag waren wir in der Lage, dieses Ereignis mit einer Flasche Sekt zu feiern." Am Montag darauf liefen sie dann erstmals bei einer Demonstration mit – Hand in Hand mit ihren Kindern. Nicht nur bei den Erwachsenen, auch bei Tochter Anke hat dieses Erlebnis einen nachhaltigen Eindruck hinterlassen. Im Flur der Wohnung hängt ein Bild, das sie nach der Demonstration mit Wachsfarben gemalt hat. Es zeigt eine bunte Menschenmenge vor dem Völkerschlachtdenkmal. In einer Sprechblase steht in großen Lettern ein Satz geschrieben, den die elfjährige Schülerin wohl nie vergessen wird: „WIR SIND DAS VOLK!"

Berliner in der ersten Nacht nach der Maueröffnung

Geteilt – vereint

Vor Weihnachten fuhren die Wunderlichs dann erstmals nach Westberlin. „Am ersten Tag sind wir nur über den Checkpoint Charlie gelaufen, um auszuprobieren, ob wir da wirklich rübergehen dürfen. Beim zweiten Mal haben wir uns Berlin angesehen."

Die Wunderlichs waren fasziniert von der großen, bunten Welt. Ihre 100 Mark Begrüßungsgeld gaben sie für Süßigkeiten aus: „Die haben sich die Kinder zu Weihnachten immer gewünscht. Jetzt endlich konnten wir sie ihnen kaufen."
Seitdem sind sie nicht mehr im Westen gewesen. „Die Versuchungen, im Westen Geld auszugeben, sind zu groß. Wir müssen sparen, um uns hier etwas aufbauen zu können", sagt Marina Wunderlich.

Da sich die Versorgungslage in Leipzig in den letzten Monaten gebessert hat, fällt es nicht so schwer, daheim zu bleiben. „Wir können uns hier jetzt auch nahezu alles kaufen. Die Wartezeiten an den Kassen sind allerdings immer noch sehr lang. Mit zwei bis drei Stunden Anstehen muss man schon rechnen." Siegmar Wunderlich ergänzt: „Wir essen viel mehr Milchprodukte und Gemüse als früher. Wir ernähren uns bewusster und gesünder."

Familie Wunderlich dreht jede Mark zweimal um, bevor sie sie ausgibt. Die einzige Ausnahme: Im Dezember kaufte sich Siegmar Wunderlich einen sechs Jahre alten Trabi für 10 000 Ostmark.

Auch die Töchter Anke und Maria spüren die Veränderung in ihrem Leben. Anke, die in ihrem fünften Schuljahr jetzt Englisch statt Russisch gewählt hat, schwärmt: „Die Lehrer sind viel netter. Früher begrüßten sie uns immer mit dem Ausruf ‚Seid bereit!', wir antworteten ‚Immer bereit!' Heute sagen alle freundlich ‚Guten Morgen'!"

Nesthäkchen Maria hat einen anderen Vorteil der historischen Ereignisse ausgemacht: „Endlich gibt's Gummibärchen!"

> „Manchmal kommen wir uns vor wie Marsmenschen, die auf der Erde gelandet sind und sehen müssen, wie sie sich zurechtfinden."
>
> *Marina Wunderlich aus Leipzig im September 1990*

1 Was alles ändert sich nach der Wende im Leben der Familie Wunderlich?
2 Warum kamen sich Marina, Siegmar, Anke und Maria Wunderlich manchmal wie „Marsmenschen" vor?
3 Warum legte die Journalistin Wert darauf, die Äußerungen der Personen wortwörtlich wiederzugeben?
4 Welche Äußerungen zeigen, dass Frau Wunderlich nichts beschönigen möchte?
5 „Das will ich jetzt aber doch feststellen!" – Was könnte den vier Wunderlichs auf der Zunge liegen, wenn sie heute ein Journalist erneut befragen würde?

WERKSTATT

Montagsangst West

Entwerft Erzählungen zu diesem Thema.

Ausgeharrt, ausgereist, ausgebürgert –

Lebensläufe deutscher Schriftsteller und Schauspieler 1949–1989

Das Leben vieler Künstler und Künstlerinnen wurde von den Zuständen in Deutschland beeinträchtigt.

Gestaltet eine Info-Wand mit wichtigen Lebensdaten und zeigt, auf welche Weise z. B. Angelica Domröse, Nina Hagen, Maxie Wander, Wolf Biermann, Stefan Heym, Reiner Kunze, Manfred Krug und Armin Müller-Stahl die deutsche Teilung zu schaffen gemacht hat.
Als Informationsquelle können euch Lexika und moderne Medien dienen.

Ein „Tag der Einheit" für junge Leute

Konzipiert in einer Arbeitsgruppe einen jugendgemäßen Programmablauf.

Übertragt Gruppen von Mitschülerinnen und Mitschülern die Ausgestaltung einzelner Programmpunkte.

Deutsche Mauern nach 1989? – Was tun?

Gestaltet eine Text-Bild-Collage zum Thema „Vereint und wieder geteilt!"

Entwickelt Vorschläge dazu, was man gegen neue Mauern tun könnte.

Ein politisches Wörterbuch in der Sprache der Jugend

Eine Übersetzungsgruppe in eurer Klasse versucht politische Begriffe, die zu Zeiten der deutschen Teilung im Schwange waren, in jugendgemäßer Sprache zu erklären, z. B.

- Ministerrat,
- Volkskammer,
- Nichtanerkennung,
- Satellitenstaat.

Was die Deutschen hüben und drüben damals sangen und hörten

Was ergibt ein Vergleich zwischen Liedtexten in Hitparaden und Liederbüchern für Jugendgruppen und Militärverbände?

Die Angst hat immer noch einen Namen

Schreibt deutsche Geschichten von heute.

4 Schlechte Zeit für Lyrik?

Denk ich an Deutschland

Schlechte Zeit für Lyrik? Brecht schrieb das folgende Gedicht 1939 im Exil.

Bertolt Brecht

Schlechte Zeit für Lyrik

Ich weiß doch: nur der Glückliche
Ist beliebt. Seine Stimme
Hört man gern. Sein Gesicht ist schön.

Der verkrüppelte Baum im Hof
5   Zeigt auf den schlechten Boden, aber
Die Vorübergehenden schimpfen ihn einen Krüppel
Doch mit Recht.

Die grünen Boote und die lustigen Segel des Sundes[1]
Sehe ich nicht. Von allem
10   Sehe ich nur der Fischer rissiges Garnnetz.
Warum rede ich nur davon
Daß die vierzigjährige Häuslerin gekrümmt geht?
Die Brüste der Mädchen
Sind warm wie ehedem.

15   In meinem Lied ein Reim
Käme mir fast vor wie Übermut.

In mir streiten sich
Die Begeisterung über den blühenden Apfelbaum
Und das Entsetzen über die Reden des Anstreichers[2].
20   Aber nur das zweite
Drängt mich zum Schreibtisch.

1 **Sund:** Meerenge zwischen Ostsee und Kattegat
2 **Anstreicher:** Gemeint ist Hitler, der sich zuerst als Kunstmaler versuchte.

1   Wie stellt Brecht in diesem Gedicht seine Erfahrungen als Exilautor dar?
2   Ihr könnt weitere Gedichte Brechts aus dieser Zeit auswählen und sie in der Klasse vorstellen.

◂ *Ludek Pesek:* Kraft der Eiche

Schlechte Zeit für Lyrik?

HEINRICH HEINE

Heinrich Heine, 1797 in Düsseldorf geboren, macht ebenfalls Erfahrungen mit Emigration und Exil. Von 1831 bis zu seinem Tod 1856 lebt er in Paris. 1835 werden seine Schriften in Deutschland verboten. Das Gedicht „Nachtgedanken" schrieb er im Sommer 1843. Im Herbst desselben Jahres reist er dann nach Deutschland. In seinem Versepos „Deutschland. Ein Wintermärchen" schildert er die Erfahrungen auf dieser Reise.

Heinrich Heine

Nachtgedanken

Denk ich an Deutschland in der Nacht,
Dann bin ich um den Schlaf gebracht.
Ich kann nicht mehr die Augen schließen.
Und meine heißen Tränen fließen.

5 Die Jahre kommen und vergehn!
Seit ich die Mutter nicht gesehn,
Zwölf Jahre sind schon hingegangen;
Es wächst mein Sehnen und Verlangen.

Mein Sehnen und Verlangen wächst.
10 Die alte Frau hat mich behext,
Ich denke immer an die alte,
Die alte Frau, die Gott erhalte!

Die alte Frau hat mich so lieb,
Und in den Briefen, die sie schrieb,
15 Seh ich, wie ihre Hand gezittert,
Wie tief das Mutterherz erschüttert.

Denk ich an Deutschland

Die Mutter liegt mir stets im Sinn.
Zwölf lange Jahre flossen hin,
Zwölf lange Jahre sind verflossen,
20 Seit ich sie nicht ans Herz geschlossen.

Deutschland hat ewigen Bestand,
Es ist ein kerngesundes Land,
Mit seinen Eichen, seinen Linden,
Werd ich es immer wiederfinden.

25 Nach Deutschland lechzt ich nicht so sehr,
Wenn nicht die Mutter dorten wär;
Das Vaterland wird nie verderben,
Jedoch die alte Frau kann sterben.

Seit ich das Land verlassen hab,
30 So viele sanken dort ins Grab,
Die ich geliebt – wenn ich sie zähle,
So will verbluten meine Seele.

Und zählen muss ich – Mit der Zahl
Schwillt immer höher meine Qual,
35 Mir ist, als wälzten sich die Leichen
Auf meine Brust – Gottlob! sie weichen!

Gottlob! durch meine Fenster bricht
Französisch heitres Tageslicht;
Es kommt mein Weib, schön wie der Morgen,
40 Und lächelt fort die deutschen Sorgen.

---

1 Gedanken an „Deutschland in der Nacht" oder an die Mutter in Deutschland?
2 Stellt euch vor, Heine hätte die beiden letzten Strophen weggelassen und stattdessen die erste Strophe noch einmal als Schlussstrophe wiederholt. Was hätte sich dadurch für die Wirkung des Gedichts geändert?
3 In „Deutschland. Ein Wintermärchen" schildert Heine in Kapitel 20 das Wiedersehen mit der Mutter in Hamburg 1843.
Besorgt euch den Text und vergleicht diese Schilderung mit dem Gedicht.

Schlechte Zeit für Lyrik?

Rose Ausländer und Mascha Kaléko entstammen beide jüdischen Familien. Ausländer, geb. 1901 in Czernowitz, wandert 1921 nach Amerika aus. 1931 kehrt sie in ihre Heimatstadt zurück und überlebt dort die Naziherrschaft „im Keller". Kaléko, geb. 1907 in Schidlow (Polen), ist in der Weimarer Republik eine bekannte Schriftstellerin, bis sie 1933 Schreibverbot durch die Nazis erhält. 1938 emigriert sie nach New York.

Rose Ausländer

Ein Tag im Exil

Ein Tag im Exil
Haus ohne Türen und Fenster

Auf weißer Tafel
mit Kohle verzeichnet
5 die Zeit

Im Kasten
die sterblichen Masken
Adam
Abraham
10 Ahasver[1]
Wer kennt alle Namen

Ein Tag im Exil
wo die Stunden sich bücken
um aus dem Keller
15 ins Zimmer zu kommen

Schatten versammelt
ums Öllicht im ewigen Lämpchen
erzählen ihre Geschichten
mit zehn finstern Fingern
20 die Wände entlang

1 **Ahasver:** der Ewige Jude, der wegen der Kreuzigung Christi ewig umherirren muss

Mascha Kaléko

Im Exil

Ich hatte einst ein schönes Vaterland –
so sang schon der Flüchtling Heine.
Das seine stand am Rheine,
das meine auf märkischem Sand.

5 Wir alle hatten einst ein (siehe oben!).
Das fraß die Pest, das ist im Sturz
   zerstoben.
O Röslein auf der Heide,
dich brach die Kraftdurchfreude.

Die Nachtigallen wurden stumm,
10 sahn sich nach sicherm Wohnsitz um,
und nur die Geier schreien
hoch über Gräberreihen.

Das wird nie wieder, wie es war,
wenn es auch anders wird.
15 Auch, wenn das liebe Glöcklein tönt,
auch wenn kein Schwert mehr klirrt.

Mir ist zuweilen so, als ob
das Herz in mir zerbrach.
Ich habe manchmal Heimweh.
20 Ich weiß nur nicht, wonach.

1 Vom Leben im Exil erzählen diese beiden Gedichte auf ganz unterschiedliche Weise, das eine offen und direkt, das andere verschlüsselt …
2 Vergleicht das Gedicht von Mascha Kaléko mit Heines „Nachtgedanken".

Denk ich an Deutschland

Reiner Kunze

Der Vogel Schmerz

Nun bin ich dreißig jahre alt
und kenne Deutschland nicht:
die grenzaxt fällt in Deutschlands wald.
O land, das auseinanderbricht
5 im menschen ...

Und alle brücken treiben pfeilerlos.
Gedicht, steig auf, flieg himmelwärts!
Steig auf, gedicht, und sei
der vogel Schmerz.   *(1963)*   R

Wolf Biermann

Es senkt
das deutsche Dunkel

Es senkt das deutsche Dunkel
Sich über mein Gemüt
Es dunkelt übermächtig
In meinem Lied
5 Das kommt, weil ich mein
  Deutschland
So tief zerrissen seh
Ich lieg in der besseren Hälfte
Und habe doppelt Weh

Barbara Köhler, geboren 1959, studierte in Leipzig. Das Gedicht ist in den 80er-Jahren entstanden. Reiner Kunze, geboren 1933 in Oelmitz (Erzgebirge), siedelte 1977 in die Bundesrepublik Deutschland über. Wolf Biermann, 1936 in Hamburg geboren, wurde 1976 aus der DDR ausgebürgert.

Barbara Köhler

Rondeau Allemagne

Ich harre aus im Land und geh, ihm fremd,
Mit einer Liebe, die mich über Grenzen treibt,
Zwischen den Himmeln. Sehe jeder, wo er bleibt;
Ich harre aus im Land und geh ihm fremd.

5 Mit einer Liebe, die mich über Grenzen treibt,
Will ich die Übereinkünfte verletzen
Und lachen, reiß ich mir das Herz in Fetzen
Mit jener Liebe, die mich über Grenzen treibt.

Zwischen den Himmeln sehe jeder, wo er bleibt:
10 Ein blutig Lappen wird gehisst, das Luftschiff fällt.
Kein Land in Sicht; vielleicht ein Seil, das hält
Zwischen den Himmeln. Sehe jeder, wo er bleibt.

1 „Denk ich an Deutschland ..." Vergleicht die Gedanken über das geteilte Deutschland in diesen Gedichten.

Schlechte Zeit für Lyrik?

2 Barbara Köhler wählt im Unterschied zu Kunze und Biermann eine besondere lyrische Form, das Rondeau (frz. „Ringelweise"), eine Art Tanzlied. Welche besonderen Merkmale erkennt ihr an diesem Beispiel?

Andreas Gryphius, 1616 in Glogau in Schlesien geboren, 1664 gestorben, zählt mit zu den bedeutendsten Dichtern des Barocks. Sohn eines evangelischen Pfarrers und überzeugter Lutheraner, lernt er in Schlesien früh die Folgen des Dreißigjährigen Krieges mit den Kämpfen zwischen Protestanten und Katholiken kennen. In vielen Gedichten kommen diese Zeiterfahrungen zum Ausdruck.

Andreas Gryphius

Tränen des Vaterlandes, anno 1636

Wir sind doch nunmehr ganz, ja mehr denn ganz verheeret,
Der frechen Völker Schar, die rasende Posaun,
Das vom Blut fette Schwert, die donnernde Kartaun[1]
Hat allen Schweiß und Fleiß und Vorrat aufgezehret.

5 Die Türme stehn in Glut, die Kirch ist umgekehrt,
Das Rathaus liegt im Graus[2], die Starken sind zerhaun,
Die Jungfern sind geschändt, und wo wir hin nur schaun,
Ist Feuer, Pest und Tod, der Herz und Geist durchfähret.

Hier durch die Schanz und Stadt rinnt allzeit frisches Blut.
10 Dreimal sind schon sechs Jahr, als unser Ströme Flut
Von Leichen fast verstopft, sich langsam fortgedrungen.

Doch schweig ich noch von dem, was ärger als der Tod,
Was grimmer denn die Pest und Glut und Hungersnot:
Dass auch der Seelenschatz so vielen abgezwungen.

1 **Kartaun:** Geschütz   2 **Graus:** Steinschutt

1 „Anno 1636" war der Dreißigjährige Krieg in seine letzte und schlimmste Phase getreten. Bildet eine Arbeitsgruppe, die über den Verlauf des Krieges und die Folgen für die Bevölkerung in Deutschland berichtet.
2 Wie schildert Gryphius in diesem Gedicht die Folgen des Krieges?
3 Untersucht den Aufbau des Gedichts. Achtet dabei auf die Bildelemente von Strophe zu Strophe.

Die schlesischen Weber

Soziale Missstände, Kritik und Protest der Ohnmächtigen – auch das ist immer wieder Thema politischer Dichtung. Die Darstellungen über die schlesischen Weber in der Literatur und in der bildenden Kunst sind dafür nur ein Beispiel. Not und Elend der schlesischen Weber waren in Deutschland schon zu Beginn des 19. Jahrhunderts bekannt geworden. 1844 spitzten sich die Ereignisse zu. Viele Hausweber trieb ihre bittere Not zu einem verzweifelten Aufstand, der durch das preußische Militär blutig niedergeschlagen wurde.

Die in Augsburg erscheinende „Allgemeine Zeitung" berichtet am 12. und am 26. Juni 1844 über die Ereignisse:

Die erste Meldung[1]

AUS SCHLESIEN, 4. JUN. So eben hat ein Haufen Weber aus Peterswaldau, Langenbielau und der Umgegend in Peterswaldau (dem Consistorialpräsidenten Grafen Stolberg gehörig) die Gebäude und Vorräthe des Fabricanten Zwanziger niedergerissen und zerstört. Die Familie des Zwanziger ist auf das Schloß des Grafen Stolberg geflüchtet. Das angemessene Einschreiten der Prediger Schneider und Knüttel hat vorläufig weiteren Unfug gehemmt, wozu Geldaustheilung des Fabricanten Wagenknecht, der sein Haus nur durch diese bewahrt hat, beigetragen haben mögen. Es ist Militär aus Schweidnitz verlangt, das jeden Augenblick erwartet wird. (D. a. Z.)
(*„Allgemeine Zeitung", Augsburg, Nr. 164 vom 12. Juni 1844*)

Das Ende

VOM FUSSE DER SUDETEN, 19. JUN. Der Aufruhr der Baumwollenweber im Kreise Reichenbach ist gestillt, und das Militär zum größten Theil wieder abgezogen. Man muß es sehr beklagen, daß ihm so viele Menschenleben zum Opfer gefallen. Dreizehn fanden, von Kugeln getroffen, auf der Stelle den Tod, und viele der Schwerverwundeten sind später gestorben; mehrere bleiben zeitlebens Krüppel. Die Mißhandlung des anführenden Officiers von Seite der Rebellen gab Veranlassung zur Katastrophe. Wir wollen nicht untersuchen, ob sie bei etwas mehr Klugheit hätte vermieden werden können. Unsere beiden Provincialzeitungen haben nicht ein Wort darüber veröffentlicht, was um so mehr auffallen muß, als sich, aus Mangel an sichern Nachrichten, die ungeheuersten und lächerlichsten Gerüchte verbreitet haben, die schon ein paar Meilen vom Schauplatz entstanden, und je weiter sie gingen, lawinenartig anschwollen. Leicht hätte gerade dadurch größeres Unheil – dem man vielleicht durch

---

[1] Beide Zeitungstexte sind in der Rechtschreibung und Zeichensetzung des 19. Jahrhunderts gesetzt.

Schlechte Zeit für Lyrik?

das Schweigen vorbeugen wollte – angerichtet werden können: denn da sich z. B. in Oberschlesien die Nachricht verbreitete, die Rebellen hätten sich förmlich organisirt, hätten ein Zeughaus in Frankenstein gestürmt und verbreiteten sich von da immer weiter, so entstand unter den dasigen zahlreichen Hütten- und Grubenarbeitern Gemurr und Gährung, so daß ein Ausbruch ziemlich nahe stand. Der ganze Aufstand war einzig und allein gegen einige hartherzige Fabrikherren gerichtet. Diejenigen unter ihnen, welche milder und menschenfreundlicher waren, genossen von ihren Webern allen Schutz; dieselben stellten während des Tumultes Schutzwachen vor deren Häusern auf. Eine Commission aus drei Classen bestehend – nämlich aus den Fabrikherren, aus den selbständigen Webern und aus denen die für die erstern arbeiten – soll jetzt zusammentreten, um eine Art von Jury zu bilden, welche den ganzen Thatbestand aufnehmen und ermitteln soll, auf welcher Seite die meiste Schuld ist, und von wo aus der Tumult angeregt worden.

(„Allgemeine Zeitung",
Augsburg, vom 26. Juni 1844)

1 Was erfahren die Leser und Leserinnen in diesen beiden Artikeln über den Ablauf des Weberaufstandes?
2 Schreibt die erste Meldung so um, dass alle wertenden Formulierungen entfallen.
3 Der zweite Text wertet die Ereignisse im Rückblick. Welchen Standpunkt nimmt der Autor gegenüber den Ereignissen ein?

Käthe Kollwitz: Weberzug

WERKSTATT

Von den vielen Liedern und Gedichten, die sich mit den schlesischen Webern befassen, ist Heines wohl das bekannteste. Die erste Fassung erschien bereits am 10. Juli 1844 in einer Zeitschrift in Paris, die revidierte und erweiterte Fassung drei Jahre später.

Heinrich Heine

Die armen Weber

Im düstern Auge keine Träne,
Sie sitzen am Webstuhl und fletschen die Zähne:
„Altdeutschland, wir weben dein Leichentuch
Wir weben hinein den dreifachen Fluch –
Wir weben, wir weben!

Ein Fluch dem Gotte, dem blinden, dem tauben,
Zu dem wir gebeten in kindischem Glauben,
Wir haben vergebens gehofft und geharrt,
Er hat uns geäfft und gefoppt und genarrt –
Wir weben, wir weben!

Ein Fluch dem König, dem König der Reichen,
Den unser Elend nicht konnte erweichen,
Der den letzten Groschen von uns erpresst,
Und uns wie Hunde erschießen lässt –
Wir weben, wir weben!

Ein Fluch dem falschen Vaterlande,
Wo nur gedeihen Lüg und Schande,
Wo nur Verwesung und Totengeruch,
Altdeutschland, wir weben dein Leichentuch –
Wir weben, wir weben!

Heinrich Heine

Die schlesischen Weber

Im düstern Auge keine Träne,
sie sitzen am Webstuhl und fletschen die Zähne:
Deutschland, wir weben dein Leichentuch,
wir weben hinein den dreifachen Fluch –
Wir weben, wir weben!

Ein Fluch dem Gotte, zu dem wir gebeten
in Winterskälte und Hungersnöten;
wir haben vergebens gehofft und geharrt,
er hat uns geäfft und gefoppt und genarrt –
Wir weben, wir weben!

Ein Fluch dem König, dem König der Reichen,
den unser Elend nicht konnte erweichen,
der den letzten Groschen von uns erpresst,
und uns wie Hunde erschießen lässt –
Wir weben, wir weben!

Ein Fluch dem falschen Vaterlande,
wo nur gedeihen Schmach und Schande,
wo jede Blume früh geknickt,
wo Fäulnis und Moder den Wurm erquickt –
Wir weben, wir weben!

Das Schiffchen fliegt, der Webstuhl kracht,
wir weben emsig Tag und Nacht –
Altdeutschland, wir weben dein Leichentuch,
wir weben hinein den dreifachen Fluch –
Wir weben, wir weben!

Vergleicht die beiden Fassungen. Was erreicht Heine mit seinen Änderungen in der zweiten Fassung?

Lässt sich das Gedicht auf einen bestimmten Moment beziehen: **vor**, **während** oder **nach** den Weberaufständen?

Bildet eine Arbeitsgruppe und versucht einige der Weberlieder auf dem rechten Zettel in einer öffentlichen Bibliothek zu finden. Stellt dann die Texte in einem Wandplakat für die Klasse zusammen.

Es gibt zahlreiche weitere Weberlieder – außer dem „Lied einer schlesischen Weberin" von Louise Aston (S. 96) z. B.:
Ferdinand Freiligrath: Aus dem schlesischen Gebirge
Georg Weerth: Die Weber
Ludwig Pfau: Der Leineweber
Adolf Schults: Ein neues Lied von den Webern
(anonymer Verfasser): Das Blutgericht

Schlechte Zeit für Lyrik?

Wie Heine setzt sich auch Louise Aston (1814–1871) für eine Liberalisierung in Politik und Gesellschaft ein. Die Emanzipation der Frau ist ihr ein besonderes Anliegen. Bekannt wird sie vor allem, als sie wegen ihres Lebenswandels und ihrer freimütigen politischen Äußerungen 1846 aus Berlin ausgewiesen wird. Das folgende Gedicht erschien mit anderen in Leipzig 1850.

Louise Aston

Lied einer schlesischen Weberin

Wenn's in den Bergen rastet,
Der Mühlbach stärker rauscht,
Der Mond in stummer Klage
Durch 's stille Strohdach lauscht;
5 Wenn trüb die Lampe flackert
Im Winkel auf den Schrein:
Dann fallen meine Hände
Müd in den Schoß hinein.

So hab ich oft gesessen
10 Bis in die tiefe Nacht,
Geträumt mit offnen Augen,
Weiß nicht, was ich gedacht;
Doch immer heißer fielen
Die Tränen auf die Händ' –
15 Gedacht mag ich wohl haben;
Hat 's Elend gar kein End? –

Gestorben ist mein Vater, –
Vor kurzem war's ein Jahr –
Wie sanft und selig schlief er
20 Auf seiner Totenbahr'!
Der Liebste nahm die Büchse,
Zu helfen in der Not;
Nicht wieder ist er kommen,
Der Förster schoss ihn tot. –

25 Es sagen oft die Leute:
„Du bist so jung und schön
Und doch so bleich und traurig,
Sollst du in Schmerz vergehn?" –
„Nicht bleich und auch nicht traurig!"
30 Wie spricht sich das geschwind,
Wo an dem weiten Himmel
Kein Sternlein mehr ich find'!

Der Fabrikant ist kommen,
Sagt mir: „Mein Herzenskind,
35 Wohl weiß ich, wie die Deinen
In Not und Kummer sind;
Drum willst du bei mir ruhen
Der Nächte drei und vier,
Sieh dieses blanke Goldstück!
40 Sogleich gehört es dir!"

Ich wusst' nicht, was ich hörte –
Sei, Himmel du, gerecht
Und lasse mir mein Elend,
Nur mache mich nicht schlecht!
45 O lasse mich nicht sinken!
Fast halt' ich's nicht mehr aus,
Seh ich die kranke Mutter
Und 's Schwesterlein zu Haus!

Jetzt ruhn so still sie alle,
50 Verloschen ist das Licht,
Nur in der Brust das Wehe,
Die Tränen sind es nicht.
Kannst du, o Gott, nicht helfen,
So lass uns lieber gehn,
55 Wo drunten tief im Tale
Die Trauerbirken stehn! –

1 Die Not einer schlesischen Weberfamilie, erfahren von einer jungen Frau: Wie wird die weibliche Sicht deutlich?
2 Stellt euch vor, eine Zensurbehörde berät, welches Gedicht politisch gefährlicher sei – das „Lied einer schlesischen Weberin" oder Heines Gedicht.

„Die Weber. Ein Schauspiel aus den Vierzigerjahren" nennt Gerhart Hauptmann sein Drama, in dem er die Ereignisse des Aufstands schildert. 50 Jahre nach dem Aufstand wird das Drama erstmals öffentlich aufgeführt. Nach wie vor ist das Elend der Weber in Schlesien unverändert. Entsprechend groß ist das Echo auf dieses Theaterstück in der Öffentlichkeit.
Die folgende Szene beschließt den 3. Akt. Ort des Geschehens ist eine Gaststätte in Peterswaldau. Kutsche, ein Polizeispitzel, hat den versammelten Webern gerade das Verbot des Polizeiverwalters mitgeteilt, in der Öffentlichkeit weiterhin zu demonstrieren und ein bestimmtes Lied zu singen.

Gerhart Hauptmann

aus: Die Weber

WITTIG *schreit ihm nach.* Gar nischt hat a uns zu verbieten, und wenn wir prilln[1], dass de Fenster schwirrn, und wenn ma uns heert bis in Reechenbach, und wenn wir singen, dass allen Fabrikanten de Häuser ieberm Koppe zusammenstirzen und allen Verwaltern de Helme uf'm Schädel tanzen. Das geht niemanden nischt
5 an.
BÄCKER *ist inzwischen aufgestanden, hat pantomimisch das Zeichen zum Singen gegeben und beginnt nun selbst mit allen gemeinschaftlich.*

1 **prillen:** brüllen

Schlechte Zeit für Lyrik?

> Hier im Ort ist ein Gericht,
> noch schlimmer als die Vehmen[2],
> wo man nicht erst ein Urteil spricht,
> das Leben schnell zu nehmen.

Der Wirt sucht zu beruhigen, wird aber nicht gehört. Wiegand hält sich die Ohren zu und läuft fort. Die Weber erheben sich und ziehen unter dem Gesang der folgenden Verse Wittig und Bäcker nach, die durch Winke usw. das Zeichen zum allgemeinen Aufbruch gegeben haben.

> Hier wird der Mensch langsam gequält,
> hier ist die Folterkammer,
> hier werden Seufzer viel gezählt
> als Zeugen von dem Jammer.

Der größte Teil der Weber singt den folgenden Vers schon auf der Straße, nur einige junge Burschen noch im Innern der Stube, während sie zahlen. Am Schluss der nächsten Strophe ist das Zimmer leer bis auf Welzel, seine Frau, seine Tochter, Hornig und den alten Baumert.

> Ihr Schurken all, ihr Satansbrut,
> ihr höllischen Kujone[3],
> ihr fresst der Armen Hab und Gut
> und Fluch wird euch zum Lohne.

WELZEL *räumt mit Gleichmut Gläser zusammen.* Die sein ja heute gar tälsch[4].
Der alte Baumert ist im Begriff zu gehn.
HORNIG. Nu sag bloß, Baumert, was is denn im Gange?
DER ALTE BAUMERT. Zu Dreißichern gehn wolln se halt, sehn, dass a was zulegt zum Lohne dahier.
WELZEL. Machst du ooch noch mit bei solchen Tollheeten?!
DER ALTE BAUMERT. Nu sieh ock, Welzel, an mir liegt's nich. A Junges kann manchmal und a Altes muss. *Ein wenig verlegen ab.*
HORNIG *erhebt sich.* Das sollt mich doch wundern, wenn's hie ni amal beese käm.
WELZEL. Dass die alten Krepper[5] a vollens a Verstand verliern!?
HORNIG. A jeder Mensch hat halt 'ne Sehnsucht.

---

2 **Vehmen:** Feme
3 **Kujone:** Schurke
4 **tälsch:** verrückt
5 **Krepper:** alte Männer

---

1 Untersucht, welche Rolle jede der Figuren in dieser Szene spielt. Stellt Vermutungen über den Fortgang der Handlung an.
2 Welche Bedeutung hat das Lied für die Weber? Wie können sie den Inhalt der ersten drei Strophen auf sich selbst beziehen?
3 Informiert euch in einem Schauspielführer über den Handlungsverlauf des Stückes und ordnet diese Szene ein.

Die schlesischen Weber

Käthe Kollwitz (1867–1945) hat nach der Uraufführung des Hauptmannschen Dramas die Ereignisse des schlesischen Weberaufstands in eine Bilderfolge von sechs Radierungen umgesetzt. Sie zeigt die Not der Menschen, die Aktionen gegen die Mächtigen und das Ende.

Käthe Kollwitz: Sturm (1897)

1 Man hat gesagt, dass Käthe Kollwitz mit ihren Bildern auch auf die Rolle der Frau in diesen Auseinandersetzungen habe aufmerksam machen wollen. Untersucht im Blick auf diese Frage die Bilder auf S. 94 und auf S. 99 genauer.

Freiheit, die ich meine

Man weiß, dass der Text zur Zeit der Französischen Revolution auf Flugblättern in Süddeutschland verbreitet wurde. Mit der Melodie, ursprünglich ein Schweizer Volkslied, erscheint der Text seit etwa 1800. Das Lied wurde oft zum Symbol des inneren Widerstands, auch in den nationalsozialistischen Konzentrationslagern.

Die Gedanken sind frei — *volkstümlich aus der Schweiz*

1. Die Gedanken sind frei! Wer kann sie erraten?
   Sie fliehen vorbei wie nächtliche Schatten.
   Kein Mensch kann sie wissen, kein Jäger erschießen,
   es bleibet dabei: die Gedanken sind frei!

2. Ich denke, was ich will und was mich beglücket,
   doch alles in der Still' und wie es sich schicket.
   Mein Wunsch und Begehren kann niemand verwehren,
   es bleibet dabei: die Gedanken sind frei!

3. Und sperrt man mich ein im finsteren Kerker,
   das alles sind rein vergebliche Werke;
   denn meine Gedanken zerreißen die Schranken
   und Mauern entzwei: die Gedanken sind frei!

4. Drum will ich immer den Sorgen entsagen
   und will mich auch nimmer mit Grillen mehr plagen.
   Man kann ja im Herzen stets lachen und scherzen
   und denken dabei: Die Gedanken sind frei!

1 Welche Freiheit meint dieses Lied?

Liberté, égalité, fraternité – Freiheit, Gleichheit, Brüderlichkeit – so lauteten die Leitbegriffe der Französischen Revolution. Was in der Französischen Nationalversammlung als Proklamation der Menschenrechte im August 1789 niedergeschrieben worden war, brachten sie auf eine programmatische Formel. Auch Schillers Gedicht handelt von Menschenrecht und Menschenwürde. Es entstand knapp ein Jahrzehnt später und wurde 1798 veröffentlicht.

Friedrich Schiller

Die Worte des Glaubens

Drei Worte nenn ich euch, inhaltschwer,
    Sie gehen von Munde zu Munde,
Doch stammen sie nicht von außen her,
    Das Herz nur gibt davon Kunde.
5 Dem Menschen ist aller Wert geraubt,
Wenn er nicht mehr an die drei Worte glaubt.

Der Mensch ist frei geschaffen, ist frei,
    Und würd er in Ketten geboren,
Lasst euch nicht irren des Pöbels Geschrei,
10   Nicht den Missbrauch rasender Toren.
Vor dem Sklaven, wenn er die Kette bricht,
Vor dem freien Menschen erzittert nicht.

Und die Tugend, sie ist kein leerer Schall,
    Der Mensch kann sie üben im Leben,
15 Und sollt er auch straucheln überall,
    Er kann nach der göttlichen streben,
Und was kein Verstand der Verständigen sieht,
Das übet in Einfalt ein kindlich Gemüt.

Und ein Gott ist, ein heiliger Wille lebt,
20   Wie auch der menschliche wanke,
Hoch über der Zeit und dem Raume webt
    Lebendig der höchste Gedanke,
Und ob alles in ewigem Wechsel kreist,
Es beharret im Wechsel ein ruhiger Geist.

 Schlechte Zeit für Lyrik?

25 Die drei Worte bewahret euch, inhaltschwer,
    Sie pflanzet von Munde zu Munde,
    Und stammen sie gleich nicht von außen her,
    Euer Innres gibt davon Kunde,
    Dem Menschen ist nimmer sein Wert geraubt,
30 Solang er noch an die drei Worte glaubt.

1 Freiheit, Tugend und Gottes heiliger Wille – wie passen diese Begriffe nach Schiller zusammen?
2 Wie passen Schillers Vorstellungen zu der Losung der Französischen Revolution?

Eugène Delacroix: Die Freiheit auf den Barrikaden (1830)

ERICH FRIED

Erich Fried wurde als einziger Sohn jüdischer Eltern am 6. 5. 1921 in Wien geboren. Der Vater wurde nach der Besetzung Österreichs durch die Nationalsozialisten ein Opfer der Gestapo. Er starb an den Folgen eines Verhörs. Die Familie emigrierte 1938 nach England. Nach dem Krieg arbeitete Fried als freier Schriftsteller mit Wohnsitz in England. In Deutschland wurde er vor allem durch seine Lyrik bekannt. Er starb 1988 und wurde in London beigesetzt.

Erich Fried

Freiheit, die ich meine

Kein Gott, kein Kaiser
und kein Tribun kann uns Freiheit
einfach schenken und sagen:
„Nehmt und seid gut zu ihr!"

5 Aus jeder Freiheit
wenn wir sie nur empfangen
wie Kinder Geschenke
kann wieder Unfreiheit werden

Denn Freiheit ist nur die Freiheit
10 leichter und besser
kämpfen zu können
gegen die Unfreiheiten

die herrschen wollen
über uns und in uns selbst.
15 Der Kampf gegen sie fängt erst an
mit jeder Befreiung

Erich Fried

Herrschaftsfreiheit

Zu sagen
„Hier
herrscht Freiheit"
ist immer
5 ein Irrtum
oder auch
eine Lüge:

Freiheit
herrscht nicht.

1 Vergleicht die beiden Gedichte. Welches Freiheitsverständnis kommt darin zum Ausdruck?
2 Welche politische Position des Autors lässt sich aus diesen beiden Gedichten herleiten? Fasst sie in einigen wenigen Sätzen zusammen.

Lebenszeichen?

Von Lebenszeichen, die nachdenklich stimmen, handeln die drei folgenden Gedichte. Zwei davon stammen aus den Achtzigerjahren.

Hans Magnus Enzensberger

Restlicht

Doch, doch, ich gehöre auch zu denen,
die es hier aushalten. Leicht sogar,
im Vergleich zu Kattowitz und Montevideo.
Hier und da Reste von Landschaft,
5   rostende Eisenbahnschienen, Hummeln.
Ein kleiner Fluß, Erlen und Haselnüsse,
weil das Geld nicht gereicht hat
zur Begradigung. Über dem trüben Wasser
das Summen der Hochspannungsmasten
10 stört mich nicht. Es redet mir ein,
daß ich noch eine Weile lang
lesen könnte, bevor es dunkel wird.
Und wenn ich mich langweilen will,
ist das Fernsehen da, der bunte Wattebausch
15 auf den Augen, während draußen im Regen
die kindlichen Selbstmörder auf ihren Hondas
um den leeren Platz heulen. Auch der Krach,
auch die Rachsucht ist noch ein Lebenszeichen.
Im halben Licht vor dem Einschlafen
20 keine Kolik, kein wahrer Schmerz.
Wie einen leichten Muskelkater
spüren wir gähnend, sie und ich,
die von Minute zu Minute
kleiner werdende Zeit.   [R]

1   Wer spricht hier? Wie erlebt dieser Sprecher sein Leben?
2   „Nein, nein, ich gehöre nicht zu denen … "
    Probiert, ob sich das Gedicht so umschreiben lässt.

Lebenszeichen?

Das folgende Gedicht von Ingeborg Bachmann entstand in den Fünfzigerjahren. Die Autorin wurde 1926 in Klagenfurt geboren und starb 1973 in Rom.

Ingeborg Bachmann

Freies Geleit

Mit schlaftrunkenen Vögeln
und winddurchschossenen Bäumen
steht der Tag auf, und das Meer
leert einen schäumenden Becher auf ihn.

5 Die Flüsse wallen ans große Wasser,
und das Land legt Liebesversprechen
der reinen Luft in den Mund
mit frischen Blumen.

Die Erde will keinen Rauchpilz tragen,
10 kein Geschöpf ausspeien vorm Himmel,
mit Regen und Zornesblitzen abschaffen
die unerhörten Stimmen des Verderbens.

Mit uns will sie die bunten Brüder
und grauen Schwestern erwachen sehn,
15 den König Fisch, die Hoheit Nachtigall
und den Feuerfürsten Salamander.

Für uns pflanzt sie Korallen ins Meer.
Wäldern befiehlt sie, Ruhe zu halten,
dem Marmor, die schöne Ader zu schwellen,
20 noch einmal dem Tau, über die Asche zu gehn.

Die Erde will ein freies Geleit ins All
jeden Tag aus der Nacht haben,
dass noch tausend und ein Morgen wird
von der alten Schönheit jungen Gnaden.

1 „Freies Geleit" war im Mittelalter ein königliches Hoheitsrecht, ein Schutz vor Angriffen und Verfolgung. Erklärt die Bedeutung des Titels für dieses Gedicht.

Schlechte Zeit für Lyrik?

Dagmar Nick

Idylle

Von Vergänglichkeit wird nicht geredet.
Auch der Waffenstillstand von Montag
ist schon am Dienstag gebrochen.
Wie leicht fliegt die Leuchtmunition
5 über den Bildschirm, wie hübsch
das Phosphorgrün der Raketen
bei Nacht.
Morgens sind die Gesichter der Toten
mit Tüchern bedeckt, die Gesichter
10 der Lebenden mit den Händen.
Einer wird gewinnen, verspätet.
Wir warten, todsicher
in der ersten Reihe.

Jürgen Theobaldy

Das Glück der Werbung

Die Sahnebecher sind versammelt
in den Kühltruhen. Wie ordentlich
sie beieinander stehen! Aus Plastik!
Die Früchtejoghurts bilden Reihen!

5 Wir tanzen locker auf sie zu,
wir schweben die Regale lang,
sie hängen voll, die Sommermärkte,
der Urlaub ist die schönste Zeit

des Jahrs! Das loben wir; und gehen
10 in Tennisschuhen durch Musik.
Die Kassen rattern sanfter. Küsschen!
Sieh unsern dicken Jungen da,

er spielt mit einem Teich aus Glas.
Mir rutscht vom spitzen Kopf der Strohhut,
15 und in den Reisebüros, heißt
es, steigt die Flut der Angebote.

1 Wie passen die Überschriften zu den beiden Gedichten?
2 Probiert aus, wie die Gedichte vorgetragen werden könnten.

WERKSTATT

Artikel 2 des Grundgesetzes formuliert wichtige Freiheitsrechte

RECHT auf LEBEN und FREIHEIT der PERSON

(1) Jeder hat das Recht auf freie Entfaltung seiner Persönlichkeit, soweit er nicht die Rechte anderer verletzt und nicht gegen die verfassungsmäßige Ordnung oder das Sittengesetz verstößt.

(2) Jeder hat das Recht auf Leben und körperliche Unversehrtheit. Die Freiheit der Person ist unverletzlich. In diese Rechte darf nur auf Grund eines Gesetzes eingegriffen werden.

Diskutiert, auf welche aktuellen Beispiele ihr diese Grundrechte beziehen könnt.

Freiheitslieder, Freiheitsgedichte

könnt ihr sammeln und in einer kleinen Anthologie zusammenstellen. Dazu solltet ihr Gedichtsammlungen sichten und Beispiele kopieren oder abschreiben.

Ihr könnt die Gedichte nach bestimmten Epochen oder nach Autoren ordnen.

Kennt ihr **Freiheitssymbole**, wie

Freiheits**bäume**,
Freiheits**glocken**,
Freiheits**statuen**,
Freiheits**göttinnen**?

Informiert euch in einem größeren Nachschlagewerk und stellt die Informationen auf einem Wandplakat für eure Klasse zusammen.

Was FREIHEIT, FREUND und FRIEDEN miteinander zu tun haben, könnt ihr mit Hilfe eines HERKUNFTSWÖRTERBUCHES erklären.

Der Begriff **FREIHEIT** spielt auch in der **WERBUNG** eine wichtige Rolle.

Sammelt Beispiele (aus der Anzeigenwerbung oder aus der Fernsehwerbung) und untersucht die Verwendung des Begriffes in solchen Zusammenhängen.

Überlegt, wie ihr die Ergebnisse eurer Untersuchung in der Klasse präsentieren könnt.

5 Eingekleidete Wahrheiten

Kain und Abel

Erich Fried

Präventivschlag

Kein Zweifel mehr: Mein eigener Bruder Kain will mich töten. Ich habe ihn genau gesehen, wie sich sein Gesicht zu einer hasserfüllten Fratze verzog, weil sein Opfer nicht gnädig angenommen wurde wie meins. Und ich habe die Stimme gehört, die Stimme dessen, dem er und ich Opfer bringen, jeder sein eigenes, wie er Kain wegen seines Zornes zur Rede stellte und ihn vor der Sünde warnte. Dass die Sünde vor seiner Türe ruht und wartet und Verlangen nach ihm trägt. Und was diese Sünde ist, die Kain in sich herumträgt, wie meine Schafe ihre ungeborenen Lämmer, das weiß ich ganz genau.

Lange genug leide ich schon Angst. Ich habe keine Hoffnung, seinen hinterlistigen Angriff abwehren zu können. Ich weiß, Kain ist stärker als ich; er ist nicht nur der Ältere, ich war immer schon schwächer, sondern auch das Umgraben seines Ackers stärkt ihm die Arme und den ganzen Körper weit mehr als mir das Aufziehen und Hüten der Schafe, das meine Arbeit ist. Außerdem hat er seine gefährlichen Geräte, den Spaten und seinen Pfahl mit der scharfen, im Feuer gehärteten Spitze. Und überhaupt, der, der den anderen unversehens überfällt, ist immer im Vorteil.

Und doch ist er, dem wir unsere Opfer bringen, ich die Erstlinge meiner Herden, er seine Ähren und Früchte und sein Grünzeug, nur mir zugeneigt, nicht ihm. Das zeigt schon der Rauch unserer Opfer: Mein Opferrauch stieg, wie immer, geradeaus zum Himmel auf, der seine aber kroch wieder schwer und mit üblem Unkrautfeuergeruch am Boden hin und wollte sich nicht heben. Ich glaube, der Wille, der über uns ist, kann nicht wollen, dass dieser Erdbodenzerhacker auch mich mit seinen staubigen, kotverkrusteten Werkzeugen trifft und zerhackt, als Dünger für sein umgegrabenes Feld, auf dem er vielleicht schon den Boden locker gemacht hat für mein Grab.

Nein, so darf es nicht sein. Ich selbst muss den Vorteil wahrnehmen! Nicht er soll mich, sondern ich will ihn überraschen. Und weiß er Spaten und Pfahl zu handhaben, so habe ich doch mein Steinbeil, mit dem ich meine Herde vor den reißenden Tieren schütze. Er, der mein Opfer gnädig angenommen und das seine verschmäht hat, weiß es: Mein Bruder Kain ist nicht mehr besser als das reißende Raubzeug, das meinen Lämmern und Schafen nach dem Leben trachtet. Ärger noch, denn er hat es nicht auf ein Tier abgesehen, nein, auf mich, seinen eigenen Bruder. Aber er soll sich getäuscht haben!

Da kommt er. Ja, ja; sein Gruß kann mich nicht betrügen. Damit will er mich nur in Sicherheit wiegen, aber die Zeiten sind vorbei. Er soll mir vom Leibe bleiben. Da: Auch das ist ein Anzeichen. Nie noch in letzter Zeit hat er meinen Blick lan-

◀ *Lovis Corinth:* Kain (1917)

Eingekleidete Wahrheiten

ge ertragen. Und auch jetzt wendet er wieder den Kopf ab und sieht nicht mich an, seinen Bruder, sondern er blickt zurück auf seinen elenden Altar, von dem die Rauchschlange immer noch hinunterkriecht, zu Boden, dunkel und schwer.
40 Jetzt muss es sein! Jetzt, solange er nichts als den unerlösten Rauch sieht …

Wie schnell das gegangen ist; als ob ich es gar nicht getan hätte. Als ob es gar nicht wahr wäre. Aber es ist wahr: Da liegt er vor mir, auf dem Boden. Aus. Er wird keine Mordpläne mehr gegen mich hecken. Er wird nicht den Spaten hinterrücks gegen mich heben und auch nicht den spitzen Pfahl. *Sein* Blut ist es, nicht das
45 meine, das jetzt hier die Vertiefung im Stein füllt, fast wie drüben das Wasser den Tümpel dort, am Weg, auf dem meine Tiere zur Tränke gehen. Der Wille dessen, der mein Opfer angenommen und das seine verworfen hat, ist geschehen! *Seine* Stimme war es, die für mich und gegen ihn entschieden hat …
Ja, seine Stimme. Ich höre sie. Sie spricht laut und vernehmlich. Aber was ruft sie?
50 „Kain", ruft sie, „Kain, wo ist dein Bruder Abel?"
Hier bin ich, Herr, hier! Hab keine Angst mehr um mich: Hier stehe ich, Abel, dessen Opfer du gnädig angenommen hast. Und Kain, den du verworfen hast, liegt dort hinter mir. Seine eigene Sünde hat sich gegen ihn gekehrt. Ich habe sein Gesicht mit welkem Laub zugedeckt, dass seine starren Augen nicht den Himmel
55 beleidigen.
Nein, Herr: Du irrst. Ich bin *nicht* Kain! Abel ist nicht mein Bruder, das bin ich selbst! Wieso fragst du mich, wo mein Bruder Abel ist? Du irrst dich! Da: Ich zeige ihn dir, meinen Bruder. Da liegt er. Ja, gewiss, das ist Kain, wer sonst? Warte: Ich nehme das Laub von seinem Gesicht, dass du es selbst –
60 Das kann doch nicht sein? Nie im Leben hat er mir so ähnlich gesehen. Fast, als … oder bilde ich mir das nur ein? Aber ich kenne doch mein Gesicht. Da drüben im Tümpel, der alles spiegelt, sehe ich es tagtäglich. Und jetzt soll er wie ich aussehen? Nein, das kann nicht sein. Das kommt mir nur so vor, weil er tot ist. Ich sehe anders aus als er. Ich weiß, ich gehe zum Tümpel: Ich will mein eigenes
65 Gesicht wieder sehen.
Jetzt weiß ich, warum er sich irrt und mich Kain ruft.

1 Erich Fried erzählt die Geschichte von Kain und Abel neu. Vergleicht seine Darstellung mit der des Alten Testaments und stellt die wesentlichen Unterschiede heraus.
2 Als Überschrift wählt Fried einen Begriff aus dem militärischen Sprachgebrauch. Welche Schlussfolgerungen lassen sich daraus für seine erzählerischen Absichten ziehen?

Kain und Abel

Die Geschichte von Kain und Abel im Alten Testament:

3 Es begab sich aber nach etlicher Zeit, dass Kain dem Herrn Opfer brachte von den Früchten des Feldes. 4 Und auch Abel brachte von den Erstlingen seiner Herde und von ihrem Fett. Und der Herr sah gnädig an Abel und sein Opfer, 5 aber Kain und sein Opfer sah er nicht gnädig an. Da ergrimmte Kain sehr und senkte finster seinen Blick. 6 Da sprach der Herr zu Kain: Warum ergrimmst du? Und warum senkst du deinen Blick? 7 Ist's nicht also? Wenn du fromm bist, so kannst du frei den Blick erheben. Bist du aber nicht fromm, so lauert die Sünde vor der Tür und nach dir hat sie Verlangen; du aber herrsche über sie. 8 Da sprach Kain zu seinem Bruder Abel: Lass uns aufs Feld gehen! Und es begab sich, als sie auf dem Felde waren, erhob sich Kain wider seinen Bruder Abel und schlug ihn tot. 9 Da sprach der Herr zu Kain: Wo ist dein Bruder Abel? Er sprach: Ich weiß nicht; soll ich meines Bruders Hüter sein? 10 Er aber sprach: Was hast du getan? Die Stimme des Blutes deines Bruders schreit zu mir von der Erde. 11 Und nun: Verflucht seist du auf der Erde, die ihr Maul hat aufgetan und deines Bruders Blut von deinen Händen empfangen. 12 Wenn du den Acker bebauen wirst, soll er dir hinfort seinen Ertrag nicht geben. Unstet und flüchtig sollst du sein auf Erden. 13 Kain erwiderte dem Herrn: „Meine Schuld ist zu groß, als dass ich sie tragen könnte. 14 Siehe, du verjagst mich heute vom Ackerboden weg; vor deinem Antlitz muss ich mich verbergen. Ziel- und heimatlos werde ich sein auf Erden; jeder, der mich findet, wird mich erschlagen." 15 Da sprach zu ihm der Herr: „Nein! Jeder, der Kain erschlägt, an dem wird es siebenfach gerächt." Der Herr machte dem Kain ein Zeichen, damit ihn niemand erschlage, wer immer ihn finde. 16 Kain ging vom Angesichte des Herrn hinweg und wohnte im Lande Nod östlich von Eden.

1 Welche Fragen stellen sich euch beim Lesen der Geschichte von Kain und Abel?
2 Vergleicht die Darstellung des Alten Testaments mit der künstlerischen Darstellung. Worauf kommt es dem Maler besonders an?

Wolfgang Mattheuer: Kain (1965)

Eingekleidete Wahrheiten

HILDE DOMIN

*Hilde Domin wurde 1909 in Köln als Tochter eines jüdischen Rechtsanwalts geboren.
1932 Emigration, zunächst nach Italien, dann in die Dominikanische Republik. Dort lebte sie bis zu ihrer Rückkehr nach Deutschland 1954.
Mit ihren Gedichten und Publikationen beeinflusst sie sehr die Diskussion über die zeitgenössische Lyrik in Deutschland.*

Hilde Domin

Abel steh auf

Abel steh auf
es muss neu gespielt werden
täglich muss es neu gespielt werden
täglich muss die Antwort noch vor uns sein
5 die Antwort muss Ja sein können
wenn du nicht aufstehst Abel
wie soll die Antwort
diese einzig wichtige Antwort
sich je verändern
10 wir können alle Kirchen schließen
und alle Gesetzbücher abschaffen
in allen Sprachen der Erde
wenn du nur aufstehst
und es rückgängig machst
15 die erste falsche Antwort
auf die einzige Frage
auf die es ankommt
steh auf
damit Kain sagt
20 damit er es sagen kann
Ich bin dein Hüter
Bruder
wie sollte ich nicht dein Hüter sein

Kain und Abel

Täglich steh auf
25 damit wir es vor uns haben
dies Ja ich bin hier
ich
dein Bruder
Damit die Kinder Abels
30 sich nicht mehr fürchten
weil Kain nicht Kain wird
Ich schreibe dies
ich ein Kind Abels
und fürchte mich täglich
35 vor der Antwort
die Luft in meiner Lunge wird weniger
wie ich auf die Antwort warte

Abel steh auf
damit es anders anfängt
40 zwischen uns allen

Die Feuer die brennen
Das Feuer das brennt auf der Erde
soll das Feuer von Abel sein

Und am Schwanz der Raketen
45 sollen die Feuer von Abel sein

---

1 „… die erste falsche Antwort auf die einzige Frage auf die es ankommt …"
(Z. 15 ff.)
Wie lässt sich diese Textstelle auf die Geschichte aus dem Alten Testament beziehen?
2 Vergleicht dieses Gedicht mit der Geschichte von Erich Fried (S. 109 f.).
3 Die letzten fünf Zeilen, entstanden 1969 nach der Landung der amerikanischen Astronauten auf dem Mond, wurden von der Autorin nachträglich hinzugefügt. Passen sie eurer Meinung nach zu dem Gedicht?

Eingekleidete Wahrheiten

Aus einem Interview mit Hilde Domin

A. Reif: *Eines Ihrer bekanntesten Gedichte enthält ein Motiv aus dem Alten Testament, den Brudermord Kains an Abel. Inwieweit spielen religiöse Elemente in Ihrem Werk eine Rolle?*

H. Domin: Dieses Gedicht „Abel steh auf" bildet das Ende meines gesamten Schaffens. Was immer ich noch schreiben werde, alles wird vor „Abel steh auf" kommen. Und in der Tat habe ich auch in den „Gesammelten Gedichten" alle später geschriebenen vor „Abel steh auf" eingeordnet. Ich halte es für mein letztes Wort, ein Fazit, das ich kaum überbieten werde. Ich bin dankbar, dass ich es schreiben konnte. In den meisten Fällen begreift man ja die äußere Wirksamkeit und selbst den Inhalt seiner Gedichte erst viel später. „Abel steh auf" begriff ich zum ersten Mal, als ein Pfarrer es als Weihnachtsgedicht mit Häftlingen einer Jugendstrafanstalt las. Da erkannte ich plötzlich, dass es das Gedicht von der „zweiten Chance" ist. Geschrieben habe ich es in einem Augenblick, als die NPD viele Stimmen gewann, gerade auch in Heidelberg.

Rückblickend erkenne ich – damals war mir der Zusammenhang keineswegs deutlich – dass „Abel steh auf" auch die zweite Chance meinte, die ich meinen Landsleuten gab. Dass es in diesem Sinne ein „Rückkehrergedicht" ist. In dem Gedicht heißt es: „Die Luft in meiner Lunge wird weniger/wie ich auf die Antwort warte" – nämlich auf die Antwort der Brüderlichkeit. In dem Gedicht wird ja verlangt, dass der Misshandelte mitwirken und dem Täter die Chance geben soll, das nächste Mal anders zu handeln, also nicht Kain zu werden.

Ich bezeichne mich als „Kind Abels", was ich immer mit Schüchternheit vorlese (denn immer lese ich dies Gedicht, weil es so wichtig ist), und nie versäume ich zu sagen, dass leider jeder Verfolgte zum Verfolger werden kann und dass jeder von uns es täglich neu vor sich hat, Kain oder Abel zu sein. Ich weiß nicht, ob Sie das ein religiöses Gedicht nennen können. Es richtet sich ja an die Menschen, an jeden von uns: täglich.

[...]

(1987)

1 Fasst diese Äußerungen Hilde Domins über ihr Gedicht „Abel steh auf" mit euren Worten zusammen.
2 Ein Pfarrer liest dieses Gedicht mit Häftlingen einer Jugendhaftanstalt als „Weihnachtsgedicht". Wie denkt ihr darüber?
3 Hilde Domin sieht in ihrem Gedicht auch ein „Rückkehrergedicht". Was versteht sie darunter?
4 Welche Fragen würdet ihr der Autorin stellen – zu ihrem Gedicht, zu ihrer Deutung?

Lauter Nachbarn

Marie von Ebner-Eschenbach

Die Nachbarn

Der Blonde und der Braune waren Nachbarn; jeder von ihnen stand an der Spitze eines gutmütigen Hirtenvolkes. Sie tauschten nach Bedarf die Produkte ihrer Ländereien und blieben einander stets hilfreich in Not und Gefahr.

Niemand hätte bestimmen können, welchem von beiden ihr Bündnis mehr Nutzen brachte.

Eines Tages, im Herbste, begab es sich, dass ein heftiger Sturm großen Schaden anrichtete im Walde des Braunen. Viele junge Bäume wurden entwurzelt oder gebrochen, viele alte Bäume verloren mächtige Äste.

Der Herr rief seine Knechte; sie sammelten die dürren Reiser und schichteten sie in Bündel.

Aus dem frischen Holze aber wurden Stöcke zugehauen. Im Frühjahr sollten sie verwendet werden zu einem neuen Zaune für den Hühnerhof der braunen Herrin.

Nun wollte der Zufall, dass ein Diener des Blonden die Stöcke in die Scheune bringen sah. Ihre Anzahl schien seinen etwas blöden Augen ungeheuer. Von Angst ergriffen, lief er heim und sprach zu seinem Gebieter: „Ein Verräter will ich sein, wenn der Nachbar nicht Böses wider uns im Schilde führt!"

Er und andere ängstliche Leute – es waren auch Weise darunter – schürten so lange das Misstrauen, das sie ihrem Herrn gegen den Freund eingeflößt hatten, bis jener sich entschloss, zu rüsten gegen die vermeintlich Gerüsteten.

Eine Scheune voll von Stöcken hatte der Braune; der Blonde wollte drei Scheunen voll von Stöcken haben.

Holzknechte wurden in den Wald geschickt. Was lag ihnen an seiner hohen Kultur? Ihnen tat es nicht Leid, einen jungen Baum zu fällen, ihm die aufstrebende Krone abzuhauen und die Licht suchenden Äste und Zweige mit den atmenden Blättern.

Nach kurzer Zeit war der Wald verwüstet, aber der Blonde hatte viele tausend Stöcke.

Wie es ihm ergangen war, erging es nun seinem ehemaligen Freunde. Die Klugen und die Törichten, die Verwegenen und die Zaghaften im Lande, alle schrien: „Es ist deine Pflicht, Herr, dafür zu sorgen, dass uns der Tag des Kampfes reich an Stöcken finde!"

Und der Braune und der Blonde überboten einander in der Anschaffung von Verteidigungsmitteln und bedachten nicht, dass sie endlich nichts mehr zu verteidigen hatten als Armut und Elend. Weit und breit war kein Baum zu erblicken,

Eingekleidete Wahrheiten

die Felder waren unbebaut; nicht Pflug noch Egge noch Spaten gab es mehr, alles war in Stöcke verwandelt.

Es kam so weit, dass die größte Menge des Volkes zu Gott betete: „Lass den Kampf ausbrechen, lass den Feind über uns kommen; wir würden leichter zu Grunde gehen unter seinen Stöcken als unter den Qualen des Hungers!" –

Der Blonde und der Braune waren alt und müde geworden und auch sie sehnten sich im Stillen nach dem Tode. Ihre Freude am Leben und Herrschen war abgestorben mit dem Glücke ihrer Untertanen.

Und einmal wieder trieb der Zufall sein Spiel.

Die beiden Nachbarn stiegen zugleich auf einen Berg, der die Grenze zwischen ihren Besitzungen bildete.

Jeder von ihnen dachte: Ich will mein armes, verwüstetes Reich noch einmal überschauen.

Sie klettern mühsam empor, kamen zugleich auf dem Grate des Berges an, standen plötzlich einander gegenüber und taumelten zurück ... Aber nur einen Augenblick. Ihre abwehrend ausgestreckten Hände sanken herab und ließen die Stöcke fallen, auf welche sie sich gestützt hatten.

Die ein halbes Jahrhundert in Hass verkehrte Liebe trat in ihr altes Recht. Mit schmerzvoller Rührung betrachtete der Freund den Freund aus halb erloschenen Augen. Nicht mehr der Blonde, nicht mehr der Braune! Wie aus einem Munde riefen sie: „Oh, du Weißer!" und lagen Brust an Brust.

Wer zuerst die Arme ausgebreitet, wussten sie ebenso wenig, als sie sich besinnen konnten, wer dereinst die ersten Stöcke aufgestellt wider den anderen. Sie begriffen nicht, wie das Misstrauen hatte entstehen können, dem alles zum Opfer gefallen war, was ihr Dasein und das der Ihren lebenswert gemacht hatte. Eines nur stand ihnen fest: die niederdrückende Überzeugung, dass nichts auf Erden ihnen ersetzen konnte, was die Furcht vor dem Verlust ihrer Erdengüter ihnen geraubt hatte.

1 „Sie kletterten mühsam empor, standen plötzlich einander gegenüber ..." (Z. 55 f.) Die Geschichte könnte von dieser Stelle an auch ein anderes Ende nehmen. Probiert Möglichkeiten aus.

Franz Kafka

Der Nachbar

Mein Geschäft ruht ganz auf meinen Schultern. Zwei Fräulein mit Schreibmaschinen und Geschäftsbüchern im Vorzimmer, mein Zimmer mit Schreibtisch, Kasse, Beratungstisch, Klubsessel und Telefon, das ist mein ganzer Arbeitsapparat. So einfach zu überblicken, so leicht zu führen. Ich bin ganz jung und die Geschäfte rollen vor mir her. Ich klage nicht, ich klage nicht.

Seit Neujahr hat ein junger Mann die kleine, leer stehende Nebenwohnung, die ich ungeschickterweise so lange zu mieten gezögert habe, frischweg gemietet. Auch ein Zimmer mit Vorzimmer, außerdem aber noch eine Küche. – Zimmer und Vorzimmer hätte ich wohl brauchen können – meine zwei Fräulein fühlten sich schon manchmal überlastet –, aber wozu hätte mir die Küche gedient? Dieses kleinliche Bedenken war daran schuld, dass ich mir die Wohnung habe nehmen lassen. Nun sitzt dort dieser junge Mann. Harras heißt er. Was er dort eigentlich macht, weiß ich nicht. Auf der Tür steht: „Harras, Bureau"[1]. Ich habe Erkundigungen eingezogen, man hat mir mitgeteilt, es sei ein Geschäft ähnlich dem meinigen. Vor Kreditgewährung könne man nicht geradezu warnen, denn es handle sich doch um einen jungen, aufstrebenden Mann, dessen Sache vielleicht Zukunft habe, doch könne man zum Kredit nicht geradezu raten, denn gegenwärtig sei allem Anschein nach kein Vermögen vorhanden. Die übliche Auskunft, die man gibt, wenn man nichts weiß.

Manchmal treffe ich Harras auf der Treppe, er muss es immer außerordentlich eilig haben, er huscht förmlich an mir vorüber. Genau gesehen habe ich ihn noch gar nicht, den Büroschlüssel hat er schon vorbereitet in der Hand. Im Augenblick hat er die Tür geöffnet. Wie der Schwanz einer Ratte ist er hineingeglitten und ich stehe wieder vor der Tafel „Harras, Bureau", die ich schon viel öfter gelesen habe, als sie es verdient.

Die elend dünnen Wände, die den ehrlich tätigen Mann verraten, den Unehrlichen aber decken. Mein Telefon ist an der Zimmerwand angebracht, die mich von meinem Nachbarn trennt. Doch hebe ich das bloß als besonders ironische Tatsache hervor. Selbst wenn es an der entgegengesetzten Wand hinge, würde man in der Nebenwohnung alles hören. Ich habe mir abgewöhnt, den Namen der Kunden beim Telefon zu nennen. Aber es gehört natürlich nicht viel Schlauheit dazu, aus charakteristischen, aber unvermeidlichen Wendungen des Gesprächs die Namen zu erraten. – Manchmal umtanze ich, die Hörmuschel am Ohr, von Unruhe gestachelt, auf den Fußspitzen den Apparat und kann es doch nicht verhüten, dass Geheimnisse preisgegeben werden.

Natürlich werden dadurch meine geschäftlichen Entscheidungen unsicher, mei-

---

1 **Bureau:** veraltete Schreibweise für Büro

Eingekleidete Wahrheiten

ne Stimme zittrig. Was macht Harras, während ich telefoniere? Wollte ich sehr übertreiben – aber das muss man oft, um sich Klarheit zu verschaffen –, so könnte ich sagen: Harras braucht kein Telefon, er benutzt meines, er hat sein Kanapee an die Wand gerückt und horcht, ich dagegen muss, wenn geläutet wird, zum Telefon laufen, die Wünsche des Kunden entgegennehmen, schwer wiegende Entschlüsse fassen, groß angelegte Überredungen ausführen – vor allem aber während des Ganzen unwillkürlich durch die Zimmerwand Harras Bericht erstatten.

Vielleicht wartet er gar nicht das Ende des Gespräches ab, sondern erhebt sich nach der Gesprächsstelle, die ihn über den Fall genügend aufgeklärt hat, huscht nach seiner Gewohnheit durch die Stadt, und ehe ich die Hörmuschel aufgehängt habe, ist er vielleicht schon daran, mir entgegenzuarbeiten.

1 Der Ich-Erzähler als Geschäftsmann: Welches Bild gewinnt man von ihm?
2 Vergleiche diese Geschichte mit der von Marie von Ebner-Eschenbach auf S. 115 f.

Max Frisch

Der andorranische Jude

In Andorra lebte ein junger Mann, den man für einen Juden hielt. Zu erzählen wäre die vermeintliche Geschichte seiner Herkunft, sein täglicher Umgang mit den Andorranern, die in ihm den Juden sehen: das fertige Bildnis, das ihn überall erwartet. Beispielsweise ihr Mißtrauen gegenüber seinem Gemüt, das ein Jude, wie auch die Andorraner wissen, nicht haben kann. Er wird auf die Schärfe seines Intellektes verwiesen, der sich eben dadurch schärft, notgedrungen. Oder sein Verhältnis zum Geld, das in Andorra auch eine große Rolle spielt: er wußte, er spürte, was alle wortlos dachten; er prüfte sich, ob es wirklich so war, daß er

Lauter Nachbarn

stets an das Geld denke, er prüfte sich, bis er entdeckte, daß es stimmte, es war so, in der Tat, er dachte stets an das Geld. Er gestand es; er stand dazu, und die Andorraner blickten sich an, wortlos, fast ohne ein Zucken der Mundwinkel. Auch in Dingen des Vaterlandes wußte er genau, was sie dachten; sooft er das Wort in den Mund genommen, ließen sie es liegen wie eine Münze, die in den Schmutz gefallen ist. Denn der Jude, auch das wußten die Andorraner, hat Vaterländer, die er wählt, die er kauft, aber nicht ein Vaterland wie wir, nicht ein zugeborenes, und wie wohl er es meinte, wenn es um andorranische Belange ging, er redete in ein Schweigen hinein, wie in Watte. Später begriff er, daß es ihm offenbar an Takt fehlte, ja, man sagte es ihm einmal rundheraus, als er, verzagt über ihr Verhalten, geradezu leidenschaftlich wurde. Das Vaterland gehörte den andern, ein für allemal, und daß er es lieben könne, wurde von ihm nicht erwartet, im Gegenteil, seine beharrlichen Versuche und Werbungen öffneten nur eine Kluft des Verdachtes; er buhlte um eine Gunst, um einen Vorteil, um eine Anbiederung, die man als Mittel zum Zweck empfand auch dann, wenn man selber keinen möglichen Zweck erkannte. So wiederum ging es, bis er eines Tages entdeckte, mit seinem rastlosen und alles zergliedernden Scharfsinn entdeckte, daß er das Vaterland wirklich nicht liebte, schon das bloße Wort nicht, das jedesmal, wenn er es brauchte, ins Peinliche führte. Offenbar hatten sie recht. Offenbar konnte er überhaupt nicht lieben, nicht im andorranischen Sinn; er hatte die Hitze der Leidenschaft, gewiß, dazu die Kälte seines Verstandes, und diesen empfand man als eine immer bereite Geheimwaffe seiner Rachsucht; es fehlte ihm das Gemüt, das Verbindende; es fehlte ihm, und das war unverkennbar, die Wärme des Vertrauens. Der Umgang mit ihm war anregend, ja, aber nicht angenehm, nicht gemütlich. Es gelang ihm nicht, zu sein wie alle andern, und nachdem er es umsonst versucht hatte, nicht aufzufallen, trug er sein Anderssein sogar mit einer Art von Trotz, von Stolz und lauernder Feindschaft dahinter, die er, da sie ihm selber nicht gemütlich war, hinwiederum mit einer geschäftigen Höflichkeit überzuckerte; noch wenn er sich verbeugte, war es eine Art von Vorwurf, als wäre die Umwelt daran schuld, daß er ein Jude ist –
Die meisten Andorraner taten ihm nichts.
Also auch nichts Gutes.
Auf der andern Seite gab es auch Andorraner eines freieren und fortschrittlichen Geistes, wie sie es nannten, eines Geistes, der sich der Menschlichkeit verpflichtet fühlte: sie achteten den Juden, wie sie betonten, gerade um seiner jüdischen Eigenschaften willen, Schärfe des Verstandes und so weiter. Sie standen zu ihm bis zu seinem Tode, der grausam gewesen ist, so grausam und ekelhaft, daß sich auch jene Andorraner entsetzten, die es nicht berührt hatte, daß schon das ganze Leben grausam war. Das heißt, sie beklagten ihn eigentlich nicht, oder ganz offen gesprochen: sie vermißten ihn nicht – sie empörten sich nur über jene, die ihn getötet hatten, und über die Art, wie das geschehen war, vor allem die Art.
Man redete lange davon. Bis es sich eines Tages zeigt, was er selber nicht hat wis-

Eingekleidete Wahrheiten

sen können, der Verstorbene: daß er ein Findelkind gewesen, dessen Eltern man später entdeckt hat, ein Andorraner wie unsereiner –
Man redete nicht mehr davon.
Die Andorraner aber, sooft sie in den Spiegel blickten, sahen mit Entsetzen, daß sie selber die Züge des Judas tragen, jeder von ihnen.
Du sollst dir kein Bildnis machen, heißt es, von Gott. Es dürfte auch in diesem Sinne gelten: Gott als das Lebendige in jedem Menschen, das, was nicht erfaßbar ist. Es ist eine Versündigung, die wir, so wie sie an uns begangen wird, fast ohne Unterlaß wieder begehen –
Ausgenommen wenn wir lieben.   R

1 Auch in dieser Geschichte spielt Misstrauen eine besondere Rolle. Entwerft eine (Spiel-)Szene, in der der junge Andorraner versucht, mit Gleichaltrigen ins Gespräch zu kommen.
2 Frisch hat diese Vorlage später zu einem Theaterstück mit dem Titel „Andorra" umgearbeitet. Wer stellt dieses Stück in einem Kurzreferat vor?

Szene aus dem Drama „Andorra" von Max Frisch. Aufführung 1997

Wer kennt wen?

Bertolt Brecht

Geschichten vom Herrn Keuner

Bertolt Brecht schrieb die „Geschichten vom Herrn Keuner" in den Jahren 1926 bis 1956. Insgesamt sind es mehr als 80 Texte unterschiedlicher Länge, die kürzeste umfasst ganze 17 Wörter, die längste zwei Druckseiten. Wer ist dieser Herr Keuner? Und was sind das für Geschichten?

Freundschaftsdienste

Als Beispiel für die richtige Art, Freunden einen Dienst zu erweisen, gab Herr K. folgende Geschichte zum besten. „Zu einem alten Araber kamen drei junge Leute und sagten ihm: ‚Unser Vater ist gestorben. Er hat uns siebzehn Kamele hinterlassen und im Testament verfügt, daß der Älteste die Hälfte, der Zweite ein Drittel und der Jüngste ein Neuntel der Kamele bekommen soll. Jetzt können wir uns über die Teilung nicht einigen; übernimm du die Entscheidung!' Der Araber dachte nach und sagte: ‚Wie ich es sehe, habt ihr, um gut teilen zu können, ein Kamel zu wenig. Ich habe selbst nur ein einziges Kamel, aber es steht euch zur Verfügung. Nehmt es und teilt dann, und bringt mir nur, was übrigbleibt.' Sie bedankten sich für diesen Freundschaftsdienst, nahmen das Kamel mit und teilten die achtzehn Kamele nun so, daß der Älteste die Hälfte, das sind neun, der Zweite ein Drittel, das sind sechs, und der Jüngste ein Neuntel, das sind zwei Kamele, bekam. Zu ihrem Erstaunen blieb, als sie ihre Kamele zur Seite geführt hatten, ein Kamel übrig. Dieses brachten sie, ihren Dank erneuernd, ihrem alten Freund zurück."

Herr K. nannte diesen Freundschaftsdienst richtig, weil er keine besonderen Opfer verlangte. R

1 Herr Keuner erzählt diese Geschichte als Beispiel für einen richtigen Freundschaftsdienst. Wie denkt ihr darüber?
2 Man kann diese Geschichte auch „mathematisch" betrachten ...

Zwei Fahrer

Herr K., befragt über die Arbeitsweise zweier Theaterleute, verglich sie folgendermaßen: „Ich kenne einen Fahrer, der die Verkehrsregeln gut kennt, innehält und für sich zu nutzen weiß. Er versteht es, geschickt vorzupreschen, dann wieder eine regelmäßige Geschwindigkeit zu halten, seinen Motor zu schonen, und so findet er vorsichtig und kühn seinen Weg zwischen den andern Fahrzeugen. Ein

Eingekleidete Wahrheiten

anderer Fahrer, den ich kenne, geht anders vor. Mehr als an seinem Weg ist er interessiert am gesamten Verkehr und fühlt sich nur als ein Teilchen davon. Er nimmt nicht seine Rechte wahr und tut sich nicht persönlich besonders hervor. Er fährt im Geist mit dem Wagen vor ihm und dem Wagen hinter ihm, mit einem ständigen Vergnügen an dem Vorwärtskommen aller Wägen und der Fußgänger dazu." R

Herr K. fährt Auto

Herr K. hatte gelernt, Auto zu fahren, fuhr aber zunächst noch nicht sehr gut. „Ich habe erst gelernt, ein Auto zu fahren", entschuldigte er sich. „Man muß aber zwei fahren können, nämlich auch noch das Auto vor dem eigenen. Nur wenn man beobachtet, welches die Fahrverhältnisse für das Auto sind, das vor einem fährt, und seine Hindernisse beurteilt, weiß man, wie man in bezug auf dieses Auto verfahren muß." R

1. Der Leiter einer Fahrschule möchte eine Erinnerungskarte drucken lassen, die man jedem Fahrschüler nach bestandener Fahrprüfung aushändigt.
Welcher der beiden Texte ist dafür eher geeignet?
2. „Herr K., befragt über …"
Brecht bezieht die Geschichte „Zwei Fahrer" auf die „Arbeitsweise zweier Theaterleute". Was könnte man hier noch einsetzen?
3. „Freundschaftsdienste", „Herr K. fährt Auto" und „Zwei Fahrer" – drei Beispiele für „Geschichten vom Herrn Keuner". Welche Unterschiede stellt ihr fest?

Wenn Herr K. einen Menschen liebte

„Was tun Sie", wurde Herr K. gefragt, „wenn Sie einen Menschen lieben?" „Ich mache einen Entwurf von ihm", sagte Herr K., „und sorge, daß er ihm ähnlich wird." „Wer? Der Entwurf?" „Nein", sagte Herr K., „der Mensch." R

Liebe zu wem?

Von der Schauspielerin Z. hieß es, sie habe sich aus unglücklicher Liebe umgebracht. Herr Keuner sagte: „Sie hat sich aus Liebe zu sich selbst umgebracht. Den X kann sie jedenfalls nicht geliebt haben. Sonst hätte sie ihm das kaum angetan. Liebe ist der Wunsch, etwas zu geben, nicht zu erhalten. Liebe ist die Kunst, etwas zu produzieren mit den Fähigkeiten des andern. Dazu braucht man von dem andern Achtung und Zuneigung. Das kann man sich immer verschaffen. Der übermäßige Wunsch, geliebt zu werden, hat wenig mit echter Liebe zu tun. Selbstliebe hat immer etwas Selbstmörderisches." R

1 Aus diesen beiden „Geschichten" könnte man eine machen …
  Probiert aus, welche Möglichkeiten ihr findet.
2 Was Herr K. mit dem Begriff „Entwurf" meint, könnt ihr mit Hilfe des zweiten
  Textes erklären.

Wer kennt wen?
Herr Keuner befragte zwei Frauen über ihren Mann.
Die eine gab folgende Auskunft:
„Ich habe zwanzig Jahre mit ihm gelebt. Wir schliefen in einem Zimmer und auf einem Bett. Wir aßen die Mahlzeiten zusammen. Er erzählte mir alle seine Geschäfte. Ich lernte seine Eltern kennen und verkehrte mit allen seinen Freunden. Ich wußte alle seine Krankheiten, die er selber wußte, und einige mehr. Von allen, die ihn kennen, kenne ich ihn am besten."
„Kennst du ihn also?" fragte Herr Keuner.
„Ich kenne ihn."
Herr Keuner fragte noch eine andere Frau nach ihrem Mann.
Die gab folgende Auskunft:
„Er kam oft längere Zeit nicht, und ich wußte nie, ob er wiederkommen würde. Seit einem Jahr ist er nicht mehr gekommen. Ich weiß nicht, ob er wiederkommen wird. Ich weiß nicht, ob er aus den guten Häusern kommt oder aus den Hafengassen. Es ist ein gutes Haus, in dem ich wohne. Ob er zu mir auch in ein schlechtes käme, wer weiß es? Er erzählt nichts, er spricht mit mir nur von *meinen* Angelegenheiten. Diese kennt er genau. Ich weiß, was er sagt, weiß ich es? Wenn er kommt, hat er manchmal Hunger, manchmal aber ist er satt. Aber er ißt nicht immer, wenn er Hunger hat, und wenn er satt ist, lehnt er eine Mahlzeit nicht ab. Einmal kam er mit einer Wunde. Ich verband sie ihm. Einmal wurde er hereingetragen. Einmal jagte er alle Leute aus meinem Haus. Wenn ich ihn ‚dunkler Herr' nenne, lacht er und sagt: Was weg ist, ist dunkel, was aber da ist, ist hell. Manchmal aber wird er finster über dieser Anrede. Ich weiß nicht, ob ich ihn liebe. Ich …"
„Sprich nicht weiter", sagte Herr Keuner hastig. „Ich sehe, du kennst ihn. Mehr kennt kein Mensch einen andern als du ihn." R

1 Herr Keuner erklärt, welche der beiden Frauen ihren Mann richtig liebt.
  Schreibt auf, was er sagen könnte.
2 Wie stellt ihr euch die beiden Frauen, die hier zu Wort kommen, vor?

Eingekleidete Wahrheiten

Maßnahmen gegen die Gewalt

Als Herr Keuner, der Denkende, sich in einem Saale vor vielen gegen die Gewalt aussprach, merkte er, wie die Leute vor ihm zurückwichen und weggingen. Er blickte sich um und sah hinter sich stehen – die Gewalt.
„Was sagtest du?" fragte ihn die Gewalt.
„Ich sprach mich für die Gewalt aus", antwortete Herr Keuner.
Als Herr Keuner weggegangen war, fragten ihn seine Schüler nach seinem Rückgrat. Herr Keuner antwortete: „Ich habe kein Rückgrat zum Zerschlagen. Gerade ich muß länger leben als die Gewalt."
Und Herr Keuner erzählte folgende Geschichte:
In die Wohnung des Herrn Egge, der gelernt hat, nein zu sagen, kam eines Tages in der Zeit der Illegalität ein Agent, der zeigte einen Schein vor, welcher ausgestellt war im Namen derer, die die Stadt beherrschen, und auf dem stand, daß ihm gehören solle jede Wohnung, in die er seinen Fuß setzte; ebenso sollte ihm auch jedes Essen gehören, das er verlange; ebenso sollte ihm auch jeder Mann dienen, den er sähe.
Der Agent setzt sich in einen Stuhl, verlangte Essen, wusch sich, legte sich nieder und fragte mit dem Gesicht zur Wand vor dem Einschlafen: „Wirst du mir dienen?"
Herr Egge deckte ihn mit einer Decke zu, vertrieb die Fliegen, bewachte seinen Schlaf, und wie an diesem Tage gehorchte er ihm sieben Jahre lang. Aber was immer er für ihn tat, eines zu tun hütete er sich wohl: das war, ein Wort zu sagen. Als nun die sieben Jahre herum waren und der Agent dick geworden war vom vielen Essen, Schlafen und Befehlen, starb der Agent. Da wickelte ihn Herr Egge in die verdorbene Decke, schleifte ihn aus dem Haus, wusch das Lager, tünchte die Wände, atmete auf und antwortete: „Nein." R

1 Diese Geschichte gehört mit zu den ersten, die Brecht 1930 veröffentlichte. Sie bezieht sich also auf die letzten Jahre der Weimarer Republik vor Hitlers Machtübernahme.
Was bedeutet es für das Verständnis dieses Textes, wenn man diese Zeitbezüge besonders beachtet?

WERKSTATT

Anregungen für einen Erzählwettbewerb

Als Beispiel für ... erzählte Herr K. folgende Geschichte.

Versucht nach diesem Muster weitere Keunergeschichten zu erzählen.
Ihr könnt aber auch zu den beiden anderen Teilkapiteln eigene Geschichten erzählen, z. B.
- eine Geschichte zum Motiv der feindlichen Brüder oder
- eine Nachbarschaftsgeschichte.

Wolfdietrich Schnurre
Ein Bürger

Gewiss, man kann sagen, dass es ein Fehler war, nicht auf die Zeichen geachtet zu haben; jedoch selbst wenn wir sie zu deuten gewusst hätten, was wäre anders gekommen? Und ist es denn gar so unangenehm, sich nun ständig unter Wasser bewegen zu müssen? Gut, wir können kein Feuer machen, aber wozu haben wir uns den Ruf, kaltblütig zu sein, wohl erworben? Um uns nun fröstelnd die Schultern zu reiben? Nein, wir bedürfen der Wärme nicht mehr, es bedeutet uns nichts, der Sonne verlustig gegangen zu sein, die Dämmerung jetzt ist uns tausendmal lieber.
Und wie pfeilschnell und leicht bewegt man sich fort. Früher ein ächzender Gang durch staubige Gassen, noch mit der Last des Fleisches beladen; heute ein Abstoß von der häuslichen Schwelle ...

- Überlegt, was die Überschrift „Ein Bürger" bedeuten könnte, und versucht dann den Text aus der Sicht dieses „Bürgers" weiterzuschreiben.
- Eure Geschichte soll eine „Beispielgeschichte" sein. Was könnte man damit zeigen?

Vorschlag für eine Arbeitsgruppe
Fabel Parabel Gleichnis

- Stellt für eine kleine Textsammlung je zwei Beispiele zusammen.
- Schlagt in einem Nachschlagwerk nach: Was haben die Begriffe gemeinsam? Was unterscheidet sie?
- Stellt Informationen für ein Wandplakat zusammen. Ihr könnt die Informationen aber auch in eure Textsammlung übertragen.

Vorschlag für ein Referat
Lessings Ringparabel

- die Geschichte von den drei Ringen, wie sie in dem Drama „Nathan der Weise" erzählt wird
- die Bedeutung dieser Geschichte in dem Drama Lessings
- die Bedeutung der Geschichte für unsere heutige Zeit

6 Verwirrspiele

Seltsame Erzähler, seltsame Geschichten

Wolfgang Hildesheimer

Eine größere Anschaffung

Eines Abends saß ich im Dorfwirtshaus vor (genauer gesagt, hinter) einem Glas Bier, als ein Mann gewöhnlichen Aussehens sich neben mich setzte und mich mit gedämpft-vertraulicher Stimme fragte, ob ich eine Lokomotive kaufen wolle. Nun ist es zwar ziemlich leicht, mir etwas zu verkaufen, denn ich kann schlecht Nein sagen, aber bei einer größeren Anschaffung dieser Art schien mir doch Vorsicht am Platze. Obgleich ich wenig von Lokomotiven verstehe, erkundigte ich mich nach Typ, Baujahr und Kolbenweite, um bei dem Mann den Anschein zu erwecken, als habe er es hier mit einem Experten zu tun, der nicht gewillt sei, die Katze im Sack zu kaufen. Ob ich ihm wirklich diesen Eindruck vermittelte, weiß ich nicht; jedenfalls gab er bereitwillig Auskunft und zeigte mir Ansichten, die das Objekt von vorn, von hinten und von den Seiten darstellten. Sie sah gut aus, diese Lokomotive, und ich bestellte sie, nachdem wir uns vorher über den Preis geeinigt hatten. Denn sie war bereits gebraucht, und obgleich Lokomotiven sich bekanntlich nur sehr langsam abnützen, war ich nicht gewillt, den Katalogpreis zu zahlen.

Schon in derselben Nacht wurde die Lokomotive gebracht. Vielleicht hätte ich dieser allzu kurzfristigen Lieferung entnehmen sollen, dass dem Handel etwas Anrüchiges innewohnte, aber arglos, wie ich war, kam ich nicht auf die Idee. Ins Haus konnte ich die Lokomotive nicht nehmen, die Türen gestatteten es nicht, zudem wäre es wahrscheinlich unter der Last zusammengebrochen und so musste sie in die Garage gebracht werden, ohnehin der angemessene Platz für Fahrzeuge. Natürlich ging sie der Länge nach nur etwa halb hinein, dafür war die Höhe ausreichend; denn ich hatte in dieser Garage früher einmal meinen Fesselballon untergebracht, aber der war geplatzt.

Bald nach dieser Anschaffung besuchte mich mein Vetter. Er ist ein Mensch, der, jeglicher Spekulation und Gefühlsäußerung abhold[1], nur die nackten Tatsachen gelten lässt. Nichts erstaunt ihn, er weiß alles, bevor man es ihm erzählt, weiß es besser und kann alles erklären. Kurz, ein unausstehlicher Mensch. Wir begrüßten einander, und um die darauf folgende peinliche Pause zu überbrücken, begann ich: „Diese herrlichen Herbstdüfte …" – „Welkendes Kartoffelkraut", entgegnete er und an sich hatte er Recht. Fürs Erste steckte ich es auf und schenkte mir von dem Kognak ein, den er mitgebracht hatte. Er schmeckte nach Seife und ich gab dieser Empfindung Ausdruck. Er sagte, der Kognak habe, wie ich auf dem Etikett ersehen könne, auf den Weltausstellungen in Lüttich und Barcelona

---

1 **abhold:** abgeneigt

◀ René Magritte: Die Beschaffenheit des Menschen (II) (1935)

 Verwirrspiele

große Preise, in St. Louis gar die goldene Medaille erhalten, sei daher gut. Nachdem wir schweigend mehrere Kognaks getrunken hatten, beschloss er, bei mir zu übernachten, und ging den Wagen einstellen. Einige Minuten darauf kam er zurück und sagte mit leiser, leicht zitternder Stimme, dass in meiner Garage eine große Schnellzuglokomotive stünde. „Ich weiß", sagte ich ruhig und nippte von meinem Kognak, „ich habe sie mir vor kurzem angeschafft." Auf seine zaghafte Frage, ob ich öfters damit fahre, sagte ich, nein, nicht oft, nur neulich, nachts, da hätte ich eine benachbarte Bäuerin, die ein freudiges Ereignis erwartete, in die Stadt ins Krankenhaus gefahren. Sie hätte noch in derselben Nacht Zwillingen das Leben geschenkt, aber das habe wohl mit der nächtlichen Lokomotivfahrt nichts zu tun. Übrigens war das alles erlogen, aber bei solchen Gelegenheiten kann ich der Versuchung nicht widerstehen, die Wirklichkeit ein wenig zu schmücken. Ob er es geglaubt hat, weiß ich nicht, er nahm es schweigend zur Kenntnis und es war offensichtlich, dass er sich bei mir nicht mehr wohl fühlte. Er wurde ganz einsilbig, trank noch ein Glas Kognak und verabschiedete sich. Ich habe ihn nicht mehr gesehen.

Als kurz darauf die Meldung durch die Tageszeitungen ging, dass den französischen Staatsbahnen eine Lokomotive abhanden gekommen sei (sie sei eines Nachts vom Erdboden – genauer gesagt vom Rangierbahnhof – verschwunden), wurde mir natürlich klar, dass ich das Opfer einer unlauteren Transaktion geworden war. Deshalb begegnete ich auch dem Verkäufer, als ich ihn kurz darauf im Dorfgasthaus sah, mit zurückhaltender Kühle. Bei dieser Gelegenheit wollte er mir einen Kran verkaufen, aber ich wollte mich in ein Geschäft mit ihm nicht mehr einlassen und außerdem, was soll ich mit einem Kran?

1 Was ist das Verwirrende an dieser Erzählung? Beschreibt eure Eindrücke.
2 Welche Erwartungen weckt die Überschrift? Wie löst sie der Erzähler ein?
3 Versucht selbst einmal etwas ganz und gar Ausgefallenes, ja Verrücktes „mit der größten Selbstverständlichkeit" zu erzählen.

Helmut Heißenbüttel

Der Wassermaler

Er malte auf Wasser. Dies war seine Erfindung.
Er malte auf Wasser, das heißt: Er ließ nicht wie frühere Maler gefärbtes Wasser über Papier laufen. Er malte keine Bilder zum Aufhängen. Er malte überhaupt keine Bilder. Nicht das, was man bis zu seiner Erfindung als Bild bezeichnete.
Er malte auf Wasser. Auf alle Arten von Wasser. Auf Regenpfützen, auf Seeflächen, auf die Wasserspiegel vollgelaufener Töpfe. Auf übergelaufenes Wasser rund um eine Blumenvase. Auf Meerwasser. Auf Badewasser. Er malte auf glattes Wasser. Er malte auf bewegtes Wasser. Auf klares Wasser und auf trübes Wasser voller Algen und Sinkstoffe. Schatten und Sonnenreflexe. Sogar auf gefärbtes Wasser, wenn es zur Hand war. Niemals (was Außenstehende hätten vermuten können) auf eine andere Art von Flüssigkeit.
Wasser musste es sein.
Manchmal befriedigte ihn das, was er zur Hand hatte, nicht und er reiste lange, bis er das richtige Wasser fand. Manchmal begnügte er sich mit dem nächsten besten. Es konnte sein, dass eine fleckig überschwemmte Schreibtischplatte ihn bezauberte. Es konnte sein, dass er gerade diesen einen Bergsee zwischen dunkel bewaldeten Hängen benötigte.
Manchmal beschränkte er sich darauf, vom Ufer, im Kies kniend oder auf einem Landesteg liegend, zu malen. Manchmal ruderte er stundenlang, bis er die richtige Beleuchtung, die richtige Abgeschiedenheit fand. Eine Zeitlang benutzte er ein Floß, das in der Mitte rechteckig ausgeschnitten war. Er wendete beim Malen verschiedene Methoden an. Meist hatte er mehrere Arten von Stöcken. Daneben brauchte er Bretter, Gummischeiben, Bürsten, Kämme, Fliegenklatschen, auch Pinsel. Gelegentlich Zirkel und Lineal. Gerade dies hatte eine Zeit lang einen gewissen Reiz für ihn. Man sah ihn in Brandungswellen oder auf Seeflächen, die von Gewitterböen aufgeregt waren, stundenlang sauber gezogene Geraden und weit ausgeschwungene Zirkelbögen anlegen. Er malte mit Fingern und gespreizten Händen. Mit Füßen, ja mit dem ganzen Körper.
Selten malte er mit Farbe. Er tropfte dann die Farbe in fließendes Wasser oder zog sie mit Pinsel und Stöcken hindurch. Er schüttete Farbe töpfeweise ins Wasser. Einmal benutzte er einen Füllfederhalter.
Seine Bilder. Wie gesagt, es waren keine Bilder. Spiele aus Kurve, Welle, Reflex, Schatten aus Spuren und Spuren von Spuren. Einmal, als er die Wassermalerei (auch er wollte nicht still stehn) durch Schattenplastik zu komplettieren versuchte, erlebte er einen Rückfall. Nachdem er von einfachen Schatten zu kombinierten und farbigen Schatten übergegangen war, ertappte er sich dabei, wie er anfing, die Schattenplastik in einem ihrer wechselnden Stadien zu fotografieren.

Verwirrspiele

Dies war der Rückfall. Bewahren, festhalten, überliefern, vorzeigen, das war der Rückfall. Das war das Vergebliche.

40 Danach blieb er eine Weile untätig. Möglicherweise wollte er sich durch Enthaltung strafen. Vielleicht auch strebte etwas aus diesem Rückfall in ihm heraus zu einer noch reineren Imagination. Allerdings wäre dann dieser Fortschritt nicht sichtbar geworden. Sondern nach einer Pause voll scheinbarer oder wirklicher Apathie[1] begann er wieder auf Wasser zu malen. Nur ein sehr genauer
45 Beobachter (den es nicht gab) hätte vielleicht geringfügige Änderungen an ihm wahrgenommen. Ein leichtes Zögern mitten im Zug. Ein schnelleres Aufbrechen von Wasser zu Wasser. Ein Einhalten im kaum Begonnenen.

1 Apathie: Teilnahmslosigkeit

1 „Heißenbüttels Erzählung ist eine Satire, er belustigt sich über die ‚moderne Kunst'." „Ich halte die Erzählung für ein Gleichnis. Der Autor will z. B. zeigen, wie vergänglich Kunstwerke sind." – Das sind Vermutungen über die Geschichte „Der Wassermaler". Habt ihr weitere? Und wie denkt ihr darüber?
2 Jemand schlägt dem Wassermaler vor, eine Ausstellung seiner Kunst zu organisieren. Erzählt, was daraus werden könnte.

Peter Maiwald

Der Verdächtige

Ich kann machen, was ich will, ich errege Verdacht. Wende ich meinen Kopf zurück, schon heißt es, ich sei rückwärts gewandt. Schaue ich nach vorn, heißt es, ich sei zukunftsgläubig. Schaue ich nach oben, gelte ich als untertänig. Schaue ich nach unten, schon ist sicher, ich schaue auf alles herab.
5 Ich kann machen, was ich will, ich errege Verdacht. Bin ich still, gleich gründe ich tief. Bin ich laut, gleich klinge ich hohl. Sage ich gar nichts, gleich heißt es, ich hätte nichts zu sagen. Sage ich etwas, gleich nennt man mich einen Schwätzer. Mein ganzes Leben besteht aus Verdachtsmomenten. Hebe ich die Hand, sagt man, ich wolle nur auf mich aufmerksam machen. Lege ich die Hand in den
10 Schoß, unterstellt man mir unterlassene Hilfeleistung.
Bin ich unschuldig, tue ich nur so. Bekenne ich mich schuldig, heißt es, ich will mich nur interessant machen. Es ist zum Verzweifeln, was mir aber als Pose ausgelegt wird.
Bin ich traurig, gelte ich als wehleidig. Bin ich lustig, beschuldigt man mich des
15 Ungerührtseins. Bin ich ausgeglichen, beschuldigt man mich der Oberfläche.

Gebe ich nach, gelte ich als nachgiebig. Gebe ich nicht nach, gelte ich als hartherzig. Es ist zum Verrücktwerden, was mir aber als Weltflucht ausgelegt wird. Was soll ich machen? Gehe ich in mich, will ich mich verdrücken. Komme ich aus mir heraus, gelte ich als Angeber. Stelle ich mein Licht unter den Scheffel, heißt es gleich, ich will es nur für mich behalten. Stelle ich es nicht unter den Scheffel, heißt es, ich wolle nur andere blenden.

Was bleibt mir? Die Leute sagen, ich soll mich nicht so haben. Habe ich mich nicht so, haben mich die Leute, wie sie mich nicht haben wollen. Gestern habe ich mir mein Lebenslicht ausgeblasen: jetzt ermittelt man gegen mich wegen Verdunkelung.

1 Ist das überhaupt eine „Geschichte"? Oder was sonst?
2 Entwerft ein Gespräch der „Leute" über den Ich-Erzähler.
3 Schreibt einen eigenen Text zum Thema „Ich kann machen, was ich will."

Ilse Aichinger

Wo ich wohne

Ich wohne seit gestern einen Stock tiefer. Ich will es nicht laut sagen, aber ich wohne tiefer. Ich will es deshalb nicht laut sagen, weil ich nicht übersiedelt bin. Ich kam gestern Abend aus dem Konzert nach Hause, wie gewöhnlich samstagabends, und ging die Treppe hinauf, nachdem ich vorher das Tor aufgesperrt und auf den Lichtknopf gedrückt hatte. Ich ging ahnungslos die Treppe hinauf – der Lift ist seit dem Krieg nicht in Betrieb –, und als ich im dritten Stock angelangt war, dachte ich: „Ich wollte, ich wäre schon hier!" und lehnte mich für einen Augenblick an die Wand neben der Lifttür. Gewöhnlich überfällt mich im dritten Stock eine Art von Erschöpfung, die manchmal so weit führt, dass ich denke, ich müsste schon vier Treppen gegangen sein. Aber das dachte ich diesmal nicht, ich wusste, dass ich noch ein Stockwerk über mir hatte. Ich öffnete deshalb die Augen wieder, um die letzte Treppe hinaufzugehen, und sah in demselben Augenblick mein Namensschild an der Tür links vom Lift. Hatte ich mich doch geirrt und war schon vier Treppen gegangen? Ich wollte auf die Tafel schauen, die das Stockwerk bezeichnete, aber gerade da ging das Licht aus.

Da der Lichtknopf auf der anderen Seite des Flurs ist, ging ich die zwei Schritte bis zu meiner Tür im Dunkeln und sperrte auf. Bis zu meiner Tür? Aber welche Tür sollte es denn sein, wenn mein Name daran stand? Ich musste eben doch schon vier Treppen gegangen sein.

Die Tür öffnete sich auch gleich ohne Widerstand, ich fand den Schalter und

Verwirrspiele

stand in dem erleuchteten Vorzimmer, in meinem Vorzimmer, und alles war wie sonst: die roten Tapeten, die ich längst hatte wechseln wollen, und die Bank, die daran gerückt war, und links der Gang zur Küche. Alles war wie sonst. In der Küche lag das Brot, das ich zum Abendessen nicht mehr gegessen hatte, noch in der Brotdose. Es war alles unverändert. Ich schnitt ein Stück Brot ab und begann zu essen, erinnerte mich aber plötzlich, dass ich die Tür zum Flur nicht geschlossen hatte, als ich hereingekommen war, und ging ins Vorzimmer zurück, um sie zu schließen.

Dabei sah ich in dem Licht, das aus dem Vorzimmer auf den Flur fiel, die Tafel, die das Stockwerk bezeichnete. Dort stand: Dritter Stock. Ich lief hinaus, drückte auf den Lichtknopf und las es noch einmal. Dann las ich die Namensschilder auf den übrigen Türen. Es waren die Namen der Leute, die bisher unter mir gewohnt hatten. Ich wollte dann die Stiegen hinaufgehen, um mich zu überzeugen, wer nun neben den Leuten wohnte, die bisher neben mir gewohnt hatten, ob nun wirklich der Arzt, der bisher unter mir gewohnt hatte, über mir wohnte, fühlte mich aber plötzlich so schwach, dass ich zu Bett gehen musste.

Seither liege ich wach und denke darüber nach, was morgen werden soll. Von Zeit zu Zeit bin ich immer noch verlockt, aufzustehen und hinaufzugehen und mir Gewissheit zu verschaffen. Aber ich fühle mich zu schwach und es könnte auch sein, dass von dem Licht im Flur da oben einer erwachte und herauskäme und mich fragte: „Was suchen Sie hier?" Und diese Frage, von einem meiner bisherigen Nachbarn gestellt, fürchte ich so sehr, dass ich lieber liegen bleibe, obwohl ich weiß, dass es bei Tageslicht noch schwerer sein wird hinaufzugehen.

Nebenan höre ich die Atemzüge des Studenten, der bei mir wohnt; er ist Schiffsbaustudent und er atmet tief und gleichmäßig. Er hat keine Ahnung von dem, was geschehen ist. Er hat keine Ahnung und ich liege hier wach. Ich frage mich, ob ich ihn morgen fragen werde. Er geht wenig aus und wahrscheinlich ist er zu Hause gewesen, während ich im Konzert war. Er müsste es wissen. Vielleicht frage ich auch die Aufräumefrau.

Nein. Ich werde es nicht tun. Wie sollte ich denn jemanden fragen, der mich nicht fragt? Wie sollte ich auf ihn zugehen und ihm sagen: „Wissen Sie vielleicht, ob ich nicht gestern noch eine Treppe höher wohnte?" Und was soll er darauf sagen? Meine Hoffnung bleibt, dass mich jemand fragen wird, dass mich morgen jemand fragen wird: „Verzeihen Sie, aber wohnten Sie nicht gestern noch einen Stock höher?" Aber wie ich meine Aufräumefrau kenne, wird sie nicht fragen. Oder einer meiner früheren Nachbarn: „Wohnten Sie nicht gestern noch neben uns?" oder einer meiner neuen Nachbarn. Aber wie ich sie kenne, werden sie alle nicht fragen. Und dann bleibt mir nichts übrig, als so zu tun, als hätte ich mein Leben lang schon einen Stock tiefer gewohnt.

Ich frage mich, was geschehen wäre, wenn ich das Konzert gelassen hätte. Aber diese Frage ist von heute an ebenso müßig geworden wie alle anderen Fragen. Ich will einzuschlafen versuchen.

Seltsame Erzähler, seltsame Geschichten

Jetzt wohne ich im Keller. Es hat den Vorteil, dass meine Aufräumefrau sich nicht mehr um die Kohlen hinunterbemühen muss, wir haben sie nebenan und sie scheint ganz zufrieden damit. Ich habe sie im Verdacht, dass sie deshalb nicht fragt, weil es ihr so angenehmer ist. Mit dem Aufräumen hat sie es niemals allzu genau genommen; hier erst recht nicht. Es wäre lächerlich, von ihr zu verlangen, dass sie den Kohlenstaub stündlich von den Möbeln fegt. Sie ist zufrieden, ich sehe es ihr an. Und der Student läuft täglich pfeifend die Kellertreppe hinauf und kommt abends wieder. Nachts höre ich ihn tief und regelmäßig atmen. Ich wollte, er brächte eines Tages ein Mädchen mit, dem es auffällig erschiene, dass er im Keller wohnt, aber er bringt kein Mädchen mit.

Und auch sonst fragt niemand. Die Kohlenmänner, die ihre Lasten mit lautem Gepolter links und rechts in den Kellern abladen, ziehen die Mützen und grüßen, wenn ich ihnen auf der Treppe begegne. Oft nehmen sie die Säcke ab und bleiben stehen, bis ich an ihnen vorbei bin. Auch der Hausbesorger grüßt freundlich, wenn er mich sieht, ehe ich zum Tor hinausgehe. Ich dachte zuerst einen Augenblick lang, dass er freundlicher grüße als bisher, aber es war eine Einbildung. Es erscheint einem manches freundlicher, wenn man aus dem Keller steigt.

Auf der Straße bleibe ich stehen und reinige meinen Mantel vom Kohlenstaub, aber es bleibt nur wenig daran haften. Es ist auch mein Wintermantel und er ist dunkel. In der Straßenbahn überrascht es mich, dass der Schaffner mich behan-

M. C. Escher: Relativity (1953)

Verwirrspiele

delt wie die übrigen Fahrgäste und niemand von mir abrückt. Ich frage mich, wie es sein soll, wenn ich im Kanal wohnen werde. Denn ich mache mich langsam mit diesem Gedanken vertraut.

Seit ich im Keller wohne, gehe ich auch an manchen Abenden wieder ins Konzert. Meist samstags, aber auch öfter unter der Woche. Ich konnte es schließlich auch dadurch, dass ich nicht ging, nicht hindern, dass ich eines Tages im Keller war. Ich wundere mich jetzt manchmal über meine Selbstvorwürfe, über all die Dinge, mit denen ich diesen Abstieg zu Beginn in Beziehung brachte. Zu Beginn dachte ich immer: „Wäre ich nur nicht ins Konzert gegangen oder hinüber auf ein Glas Wein!" Das denke ich jetzt nicht mehr. Seit ich im Keller bin, bin ich ganz beruhigt und gehe um Wein, sobald ich danach Lust habe. Es wäre sinnlos, die Dämpfe im Kanal zu fürchten, denn dann müsste ich ja ebenso das Feuer im Innern der Erde zu fürchten beginnen – es gibt zu vieles, wovor ich Furcht haben müsste. Und selbst wenn ich immer zu Hause bliebe und keinen Schritt mehr auf die Gasse täte, würde ich eines Tages im Kanal sein.

Ich frage mich nur, was meine Aufräumefrau dazu sagen wird. Es würde sie jedenfalls auch des Lüftens entheben. Und der Student stiege pfeifend durch die Kanalluken hinauf und wieder hinunter. Ich frage mich auch, wie es dann mit dem Konzert sein soll und mit dem Glas Wein. Und wenn es dem Studenten gerade dann einfiele, ein Mädchen mitzubringen? Ich frage mich, ob meine Zimmer auch im Kanal noch dieselben sein werden. Bisher sind sie es, aber im Kanal hört das Haus auf. Und ich kann mir nicht denken, dass die Einteilung in Zimmer und Küche und Salon und Zimmer des Studenten bis ins Erdinnere geht.

Aber bisher ist alles unverändert. Die rote Wandbespannung und die Truhe davor, der Gang zur Küche, jedes Bild an der Wand, die alten Klubsessel und die Bücherregale – jedes Buch darinnen. Draußen die Brotdose und die Vorhänge an den Fenstern.

Die Fenster allerdings, die Fenster sind verändert. Aber um diese Zeit hielt ich mich meistens in der Küche auf und das Küchenfenster ging seit jeher auf den Flur. Es war immer vergittert. Ich habe keinen Grund, deshalb zum Hausbesorger zu gehen, und noch weniger wegen des veränderten Blicks. Er könnte mir mit Recht sagen, dass ein Blick nicht zur Wohnung gehöre, die Miete beziehe sich auf die Größe, aber nicht auf den Blick. Er könnte mir sagen, dass mein Blick meine Sache sei.

Und ich gehe auch nicht zu ihm, ich bin froh, solange er freundlich ist. Das Einzige, was ich einwenden könnte, wäre vielleicht, dass die Fenster um die Hälfte kleiner sind. Aber das könnte er mir wiederum entgegnen, dass es im Keller nicht anders möglich sei. Und darauf wüsste ich keine Antwort. Ich könnte ja nicht sagen, dass ich es nicht gewohnt bin, weil ich noch vor kurzem im vierten Stock gewohnt habe. Da hätte ich mich schon im dritten Stock beschweren müssen. Jetzt ist es zu spät.

1. Beschreibt eure ersten Eindrücke von dieser Geschichte. Was könnte ihr Thema sein?
2. Wird die Geschichte von einem Mann oder einer Frau erzählt? Begründet eure Vermutungen.
3. Vergleicht das Verhalten der „Leute" in den Erzählungen „Der Verdächtige" und „Wo ich wohne".
4. In der Erzählung geschehen merkwürdige Dinge. Wie erklärt ihr, dass die erzählende Figur von niemandem darauf angesprochen wird und sich nicht getraut, den Studenten danach zu fragen?
5. Erzählt die Geschichte aus der Sicht des Studenten.

Vagelis Tsakiridis

Protokoll 41

Am frühen Montagmorgen hörten sie Hilferufe und Schüsse. Sie versuchten festzustellen, in welcher Etage es geschehen war, sie hörten die Rufe und versuchten sich zu erinnern, wem diese Stimme gehörte – etwas schwirig, denn die Zahl der Mieter ist in diesem Haus sehr groß, außerdem verbinden keine engeren Beziehungen die Nachbarn miteinander – schließlich hörte man, deutlich, behaupten die meisten, wie zwei Personen eilig die Treppe herunterliefen. Dann wagte man, sich aus der Erstarrung zu lösen, den Morgenrock über die Schultern zu werfen, um den stolpernden und die Stufen herunterfallenden, bis zu einer halb offenen Tür sich schleppenden Mann zu identifizieren. Das ist der Herr vom Dritten, der da kriecht, ihn hat es wirklich erwischt, vom Tod ist er geweckt worden, sein Unterhemd ist rot, das Blut rinnt unter der Pyjamahose bis auf die nackten Füße, ihn hat's bestimmt tödlich getroffen, er stolpert und fällt gegen die Wand und die Treppe runter, vielleicht haben ihn die Kugeln – es waren sechs oder fünf, jedenfalls viele – im Gesicht getroffen, der schreit nicht mehr, der hustet nur, der hustet und rennt von einer Wand des Flurs an die andere und rollt die Treppe herab, findet immer wieder die Kraft aufzustehen, schrecklich, wie er seinen blutigen Mund aufreißt, vielleicht die Namen der Mörder sagen will, ja, das waren zwei, jeder weiß, dass es zwei waren, jeder hat sie gehört, keiner hat gewagt, seinen Kopf durch den Türspalt zu schieben und sie zu sehen, sie hatten die Pistolen noch in den Händen und Kugeln genug für die Neugierigen, so etwas ist jedem bekannt, sie hätten denjenigen, der es gewagt hätte, sie nur anzusehen, wie ein Kaninchen abgeknallt, sie waren ja Mörder, Mörder vernichten jeden, der Zeuge ihrer Gräueltaten hätte sein können, das waren bezahlte Verbrecher, möglicherweise mit Masken über dem Gesicht. Schrecklich ist, wie er immer noch am Treppengeländer balanciert, an den halb geöffneten Türen vorüberrast, sich wie-

Verwirrspiele

der auf der Schwelle krümmt, kopfüber herunterfällt und schließlich erstarrt, in einer Stellung, die alle Bewohner des Hauses ermunterte, aus ihren Türen herauszuschleichen, sich der blutigen Leiche zu nähern und hohe, hysterische Schreie auszustoßen.

1 Wie versteht ihr die Überschrift der Erzählung?
2 An welchen Stellen im Text ändern sich Sprache und Perspektive. Beschreibt die Veränderungen.
3 Nicht alle Teile der Erzählung sind im Stil des Protokolls gehalten. Schreibt den Mittelteil so um, dass auch er den Charakter eines „Protokolls" erhält.
4 Die Erzählung spielt wie Aichingers „Wo ich wohne" in einem großen Mietshaus. Vergleicht das Verhalten der Hausbewohner.

Hans Joachim Schädlich

Luft

P., der über
Zuschauern auf einem
Seil geht tagtäglich von Turm zu
Turm, unter dem Seil ist eine Gasse freige-
5 halten, hört einen Vorschlag von dem Festkomitee.
Dass die Zuschauer sehen, wie du Schritt für Schritt gehst, ist für Zuschauer zu fern, sagt Z. Sie sollen sehen auf der Erde, was du siehst in der Luft. Du wirst, während du gehst, sprechen. Die Zuschauer auf dem Platz hören es aus dem Lautsprecher. Du bist aber nicht allein. Auch du hörst etwas, nämlich, was ich
10 dir sage. Und die Zuschauer hören es auch. Sodass der Eindruck vollendet sein wird für alle unter dir.
P. zögert. Zwar spricht er öfter zu sich selbst bei dem Gang auf dem Seil. Aber es ist nichts, was er sieht für andere. Eher erteilt er sich Ratschläge.
Es ist leicht für dich, sagt Z. Mach dir keine Gedanken. Sprich zu dir selbst oder
15 rede vor dich hin. Jedes Wort, das die Zuschauer hören von dir, ist ein Wort aus gefährlicher Lage. Das ist genug.
P. lässt es zu. Es ist auch spät; er prüft den Sitz der Schuhe und sieht in den Himmel, ob Regen herankommt.
Er setzt den rechten Fuß auf das Seil, die Zuschauer erblicken ihn.
20 Z. ruft in sein Ohr: Warum schweigst du?
Ich setze den linken Fuß auf das Seil, ich sehe die Stadt, wie sie klein ist, sagt P. Gesichter sehe ich keine. Ich setze den rechten Fuß vor den linken. Ich muss

Seltsame Erzähler, seltsame Geschichten

mich erinnern, dass alles, was ich sehe, sinnvoll ist, die Ordnung der Straßen und Häuser, die Bewegungen der Zuschauer. Das Seil ist beschlagen, ich muss damit rechnen.
Hast du Angst?, ruft Z.
Ja, aber ehe sie zunimmt, tue ich einen Schritt.
Was siehst du?, ruft Z.
Ich sehe eisige Kristalle. Sie schmelzen. Die Wasser schlagen in mein Gesicht. Die mich verfehlen, fallen nieder auf euch. Meine Schritte werden langsamer, das Seil ist glatt.
Geh weiter, ruft Z.
Der Wind verwirrt mich, sagt P.
Hier unten ist es still, sagt Z.
Er trifft meinen Rücken, sagt P. Er drängt mich, aber ich kann nicht Schritt halten mit ihm.
Versuch es, sagt Z., du schaffst es.
Meine Füße zittern, sagt P., ich muss einhalten.
Tu es nicht, ruft Z., du verlierst Kraft. Fasse das Ende des Weges ins Auge.
Meine Hände erstarren, sagt P.
Denke an die Zuschauer, ruft Z. Sie stehen bei dir.
Ich gehe weiter, sagt P.
Du hast keine Wahl, ruft Z.
Ich gehe im Laufschritt, sagt P., die Geschwindigkeit hilft mir.
Ich verfehle das Seil, ruft P. Ich falle zur Seite. Regen und Wind vergesse ich. Ich sehe aber die Wolken. Die Zuschauer kommen näher. Ich erkenne die Steine der Gasse. Ich schlage auf! Mein Kopf ist geborsten, Arme und Beine zerbrochen, aus meinem Leib blute ich.
Warum sagt er das?, fragen die Zuschauer. Wir sehen es.

1. Wie beurteilt ihr das Schlusswort der Zuschauer?
2. Gestaltet nach Wahl
   – ein Gespräch zwischen heimkehrenden Zuschauern,
   – eine Live-Reportage von der Veranstaltung,
   – einen Zeitungsbericht,
   – einen inneren Monolog des Artisten P.
3. Vergleicht diese Erzählung mit „Protokoll 41" von Tsakiridis (auf S. 135).

WERKSTATT

Ein „Verwirrspiel", aus dem Leben gegriffen

In der „Stuttgarter Zeitung" erschien am 9.12.1992 die folgende Notiz:

Godot kam – und kassierte

Eine überraschende Variante von Samuel Becketts „Warten auf Godot" wurde dieser Tage in Freiburg geboten. Zwar war bei der Aufführung in der Alten Universität von den angekündigten Schauspielern einer Theatergruppe namens „Geier" nichts zu sehen. Einer aber kam – und kassierte. Dieser schwarz Maskierte verkaufte seine Eintrittskarten – das Stück zu fünf Mark –, drehte das Licht aus und marschierte unerkannt durch den vollen Saal hinter die Bühne. Die gut 100 Zuschauer warteten über 20 Minuten, bis jemand hinter das Podium stieg, um nach „Godot" zu schauen. Der jedoch hatte nicht gewartet, sondern sich mit der Kasse aus dem Staub gemacht. Während die meisten Zuschauer tolerant auf diese moderne Version des Klassikers reagierten, erstattete eine Frau Anzeige bei der Polizei wegen Betruges. Die wartet nun ebenfalls – auf „Kommissar Zufall".

(lsw)

Was man dazu wissen muss…

Das absurde Theaterstück „Warten auf Godot" handelt von zwei Vagabunden, die an einer Landstraße sitzen und auf Godot warten. Wer „Godot" ist, bleibt unklar – denn Godot kommt nicht.

… und was ihr daraus machen könnt:

- Dialoge der im Dunkeln wartenden Zuschauer
- einen inneren Monolog des schwarz Maskierten während des Kassierens
- die Erzählung der empörten Frau bei der Polizei
- den Text der Anzeige
- die Erzählung eines „toleranten" Zuschauers im Freundeskreis
- Erfinden einer Vorgeschichte
- Entwurf des Ankündigungsplakats der Theatergruppe „Geier"
- die Erzählung des maskierten Kassierers in seiner Gruppe

Inszenierungsfoto: Die wartenden Vagabunden

Woher? Wohin?

Franz Kafka

Gibs auf!

Es war sehr früh am Morgen, die Straßen rein und leer, ich ging zum Bahnhof. Als ich eine Turmuhr mit meiner Uhr verglich, sah ich, dass es schon viel später war, als ich geglaubt hatte, ich musste mich sehr beeilen, der Schrecken über diese Entdeckung ließ mich im Weg unsicher werden, ich kannte mich in dieser Stadt noch nicht sehr gut aus, glücklicherweise war ein Schutzmann in der Nähe, ich lief zu ihm und frage ihn atemlos nach dem Weg. Er lächelte und sagte: „Von mir willst du den Weg erfahren?" „Ja", sagte ich, „da ich ihn selbst nicht finden kann." „Gibs auf, gibs auf", sagte er und wandte sich mit einem großen Schwunge ab, so wie Leute, die mit ihrem Lachen allein sein wollen.

1 Denkt euch eine passende Vorgeschichte zu dieser kleinen Erzählung aus. Wer ist der Ich-Erzähler? Was hat er in der Stadt zu suchen? Warum will er abreisen?

Schüler erzählen „Gibs auf!"
aus der Sicht des Schutzmanns

Da kam er um die Ecke, eigentlich noch früher, als ich ihn erwartet hatte, und blickte ängstlich suchend umher. Zweimal streifte mich sein Blick; jedoch war er sichtlich unentschlossen und wollte es wohl zuerst doch noch einmal selbst versuchen, er irrte ein Stück weiter umher, kam dann schließlich auf mich zu und fragte hektisch, jedoch sehr höflich nach dem Weg. Ich lächelte und gab ihm zu verstehen, dass ich nicht der richtige Mann sei, der ihm diese wichtige Auskunft geben könnte. Ich lächelte und wandte mich schnell ab, um ihn alleine stehen zu lassen.

Es war ein Morgen wie jeder andere auch. Ich stand, zu so früher Stunde noch halb in meine Träume versunken, an der Straßenkreuzung des Friedrichplatzes, wie ich es jeden Morgen zu tun pflege. Zu dieser Stunde herrschte noch selige Ruhe, noch

 Verwirrspiele

keine Blechlawine und Menschenströme zu sehen. Es ist eigentlich die schönste Zeit am Tag, niemand hetzt, nichts lärmt, es ist fast wie im schönsten Traum. Doch an diesem Morgen war ich nicht ganz allein, ein Mann, den ich offenbar lange nicht bemerkt hatte, tauchte urplötzlich vor mir auf.
Er sah so erregt aus, sein Gesicht schien fast zu glühen, und das schon um diese Uhrzeit. Mein Gott, habe ich bei mir gedacht, der arme, arme Mensch! Muss er doch jetzt schon herumeilen. Er bemerkt ja überhaupt nicht, wie friedlich und ruhig dieser Morgen ist. Als er mich dann auch noch nach irgendeinem Weg fragte, habe ich ihm klargemacht, dass diese Hetzerei doch keinen Sinn haben kann, indem ich einfach „Gib's auf" sagte, in der Hoffnung, dass er endlich die Ruhe, die wir Menschen brauchen, finden möge.

Ich sah, wie er ganz verstört und gehetzt in der Gegend herumlief, sodass es fast schon komisch aussah. Als er mich schließlich erblickte und nach dem Weg fragte, musste ich unwillkürlich lächeln. So ein seltsamer Typ! Fragt mich nach dem Weg. Nach welchem Weg denn? Für wen hält er mich eigentlich? Bin doch bloß ein ganz normaler Schutzmann, der gerade wartet, bis sein Dienst anfängt. Also warf ich ihm nur ein leicht spöttisches „Gib's auf" hin und wandte mich ab.

Es war noch früh am Morgen; alles war noch ruhig und friedlich, die Straßen menschenleer. Wie meistens in solchen Situationen verfiel ich in tiefsinnige Grübelei über Sinn und Unsinn des Daseins, über Gott und die Welt. Ich fragte mich, wie alt ich denn noch werden müsse, bis ich endlich wüsste, wo's langgeht. Und ausgerechnet in diesem Moment fragt mich ein junger Mann nach dem Weg zum Bahnhof. Ich hatte ihn gar nicht kommen sehen und war einfach zu sehr mit meiner eigenen Suche nach meinem Weg beschäftigt, sodass ich ihm riet, es aufzugeben, und mich schnell davonmachte, dorthin, wo mich niemand mehr nach dem Weg fragen konnte.

Am frühen Morgen kam einer zu mir, der von mir den Weg erfahren wollte, da er ihn selbst nicht finden konnte. Doch ich sagte ihm, er solle es aufgeben. Ich fühlte mich dafür nicht zuständig, soll er es doch bei jemand anderem versuchen. Bei mir nicht! Mir sagt ja auch niemand den Weg.

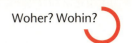
Woher? Wohin?

> Die Leute denken doch alle, mit Schutzmännern kann man es ja machen. Die rennen schon am frühen Morgen wie irre durch die Gegend und haben nichts Besseres im Kopf, als uns mit stumpfsinnigen Fragen zu löchern. Der soll doch alleine klarkommen.

Nach den Ereignissen der Nacht stürzte ich mich ins Straßengewirr. Lange Zeit ging ich völlig orientierungslos durch die Gassen. Ich musste allein sein. Plötzlich lief so ein Herrchen auf mich zu und fragte mich kindlich-vertrauensvoll nach dem Weg. Ich musste bei seinem Anblick lächeln, so eifrig und vertrauensselig stand er da vor mir.
5 „Von mir willst du den Weg erfahren?" „Ja", sagte er, „da ich ihn selbst nicht finden kann." „Gib's auf, gib's auf!", sagte ich und wandte mich ab, in mir ein großes, höhnisches Lachen, ein Lachen darüber, dass es auf dieser Welt, die so böse ist, noch Menschen gibt, die Vertrauen haben können.

2 Vergleicht die Erzählungen und stellt die wichtigsten Unterschiede heraus.
3 Welche Erzählungen haben euch besonders überzeugt? Gibt es auch Fälle, in denen man sagen kann, dass der Schutzmann nicht „richtig" erfasst ist?
4 Wie kommt es, dass Kafkas kleine Erzählung so viele unterschiedliche Deutungen hervorruft?

Franz Kafka
Der Aufbruch

Ich befahl, mein Pferd aus dem Stall zu holen. Der Diener verstand mich nicht. Ich ging selbst in den Stall, sattelte mein Pferd und bestieg es. In der Ferne hörte ich eine Trompete blasen, ich fragte ihn, was das bedeute. Er wusste nichts und hatte nichts gehört. Beim Tore hielt er mich auf und fragte: „Wohin reitest du,
5 Herr?" „Ich weiß es nicht", sagte ich, „nur weg von hier, nur weg von hier. Immerfort weg von hier, nur so kann ich mein Ziel erreichen." „Du kennst also dein Ziel?", fragte er. „Ja", antwortete ich, „ich sagte es doch: ‚Weg-von-hier', das ist mein Ziel." „Du hast keinen Essvorrat mit", sagte er. „Ich brauche keinen", sagte ich, „die Reise ist so lang, dass ich verhungern muss, wenn ich auf dem
10 Wege nichts bekomme. Kein Essvorrat kann mich retten. Es ist ja zum Glück eine wahrhaft ungeheuere Reise."

Verwirrspiele

1 Vergleicht die Erzählungen „Gib's auf!" und „Der Aufbruch" miteinander.
2 Erzählt die Geschichte des Dieners. Was wird er tun nach dem Abschied seines Herrn?

Franz Kafka

Heimkehr

Ich bin zurückgekehrt, ich haben den Flur durchschritten und blicke mich um. Es ist meines Vaters alter Hof. Die Pfütze in der Mitte. Altes, unbrauchbares Gerät, ineinander verfahren, verstellt den Weg zur Bodentreppe. Die Katze lauert auf dem Geländer. Ein zerrissenes Tuch, einmal im Spiel um eine Stange gewunden, hebt sich im Wind. Ich bin angekommen. Wer wird mich empfangen? Wer wartet hinter der Tür der Küche? Rauch kommt aus dem Schornstein, der Kaffee zum Abendessen wird gekocht. Ist dir heimlich, fühlst du dich zu Hause? Ich weiß es nicht, ich bin sehr unsicher. Meines Vaters Haus ist es, aber kalt steht Stück neben Stück, als wäre jedes mit seinen eigenen Angelegenheiten beschäftigt, die ich teils vergessen habe, teils niemals kannte. Was kann ich ihnen nützen, was bin ich ihnen, und sei ich auch des Vaters, des alten Landwirts, Sohn. Und ich wage nicht, an der Küchentür zu klopfen, nur von der Ferne horche ich stehend, nicht so, dass ich als Horcher überrascht werden könnte. Und weil ich von der Ferne horche, erhorche ich nichts, nur einen leichten Uhrenschlag höre ich oder glaube ihn vielleicht nur zu hören, herüber aus den Kindertagen. Was sonst in der Küche geschieht, ist das Geheimnis der dort Sitzenden, das sie vor mir wahren. Je länger man vor der Tür zögert, desto fremder wird man. Wie wäre es, wenn jetzt jemand die Tür öffnete und mich etwas fragte? Wäre ich dann nicht selbst wie einer, der sein Geheimnis wahren will?

1 Warum verharrt der Heimkehrer vor dem Haus seines Vaters?
2 Entwerft eine mögliche Lebensgeschichte des Erzählers. Warum ist er von zu Hause weggegangen? Was ist aus ihm geworden? Warum kehrt er zurück?
3 Vergleicht die Erzählung mit dem biblischen Gleichnis vom verlorenen Sohn (Lukas 15, 11–32).

Woher? Wohin?

Das Gleichnis vom verlorenen Sohn

11. Und er sprach: Ein Mensch hatte zwei Söhne. **12.** Und der jüngere von ihnen sprach zu dem Vater: Gib mir, Vater, das Teil der Güter, das mir gehört. Und er teilte ihnen das Gut. **13.** Und nicht lange darnach sammelte der jüngste Sohn alles zusammen und zog ferne über Land; und daselbst brachte er sein Gut um mit Prassen. **14.** Da er nun all das Seine verzehrt hatte, ward eine große Teuerung durch dasselbe ganze Land und er fing an zu darben[1]. **15.** Und ging hin und hängte sich an einen Bürger des Landes; der schickte ihn auf seinen Acker, die Säue zu hüten. **16.** Und er begehrte seinen Bauch zu füllen mit Trebern[2], die die Säue aßen; und niemand gab sie ihm. **17.** Da schlug er in sich und sprach: Wie viel Tagelöhner hat mein Vater, die Brot die Fülle haben, und ich verderbe im Hunger! **18.** Ich will mich aufmachen und zu meinem Vater gehen und zu ihm sagen: Vater, ich habe gesündigt gegen den Himmel und vor dir **19.** und bin hinfort nicht mehr wert, dass ich dein Sohn heiße; mach mich zu einem deiner Tagelöhner! **20.** Und er machte sich auf und kam zu seinem Vater. Da er aber noch ferne von dannen war, sah ihn sein Vater und es jammerte ihn, lief und fiel ihm um seinen Hals und küsste ihn. **21.** Der Sohn aber sprach zu ihm: Vater, ich habe gesündigt gegen den Himmel und vor dir; ich bin hinfort nicht mehr wert, dass ich dein Sohn heiße. **22.** Aber der Vater sprach zu seinen Knechten: Bringet das beste Kleid hervor und tut es ihm an und gebet ihm einen Fingerreif an seine Hand und Schuhe an seine Füße **23.** und bringet ein gemästet Kalb her und schlachtet's; lasset uns essen und fröhlich sein; **24.** denn dieser mein Sohn war tot und ist wieder lebendig geworden; er war verloren und ist gefunden worden. Und sie fingen an, fröhlich zu sein. **25.** Aber der älteste Sohn war auf dem Felde. Und als er nahe zum Hause kam, hörte er das Gesänge und den Reigen; **26.** und rief zu sich der Knechte einen und fragte, was das wäre. **27.** Der aber sagte ihm: Dein Bruder ist gekommen und dein Vater hat ein gemästet Kalb geschlachtet, dass er ihn gesund wiederhat. **28.** Da ward er zornig und wollte nicht hineingehen. Da ging sein Vater heraus und bat ihn. **29.** Er aber antwortete und sprach zum Vater: Siehe, so viel Jahre diene ich dir und habe dein Gebot noch nie übertreten; und du hast mir nie einen Bock gegeben, dass ich mit meinen Freunden fröhlich wäre. **30.** Nun aber dieser dein Sohn gekommen ist, der sein Gut mit Huren verschlungen hat, hast du ihm ein gemästet Kalb geschlachtet. **31.** Er aber sprach zu ihm: Mein Sohn, du bist allezeit bei mir und alles, was mein ist, das ist dein. **32.** Du solltest aber fröhlich und gutes Muts sein; denn dieser dein Bruder war tot und ist wieder lebendig geworden; er war verloren und ist wieder gefunden.

1 darben: Not leiden
2 Trebern: Rückstände beim Weinkeltern, ausgepresste Trauben

Verwirrspiele

Günter Kunert

Zu einem Holzschnitt von Edvard Munch

Grobe, doch nur schwach gewölbte Wolken staffeln sich über den gerundeten Linien einer Landschaft; sie umringt eine Bucht mit zwei Schiffen, Kreuzern oder Fischerbooten, das ist ungewiss.
Auf das Gewässer zu stößt ein geländerversehener Steg, etwas wie eine Landungsbrücke, endlos lang, auf der im Vordergrund ein Mensch, Mann oder Frau, beide Hände an den Kopf presst: links und rechts von einem Mund, aufgerissen und überweit, nackter Trichter und Hieroglyphe des Schreiens. Zwischen diesem und den beiden bitterschwarzen Silhouettenmännern da hinten auf der Brücke soll ein Zusammenhang unleugbar sein. Aber ob die beiden dunklen Herren zum Wasser hin davongehen, ob sie in den Vordergrund kommen werden, wo der Holzgedruckte lautlos gellt, ist nicht zu deuten. Sonst wüsste jeder, was der Schrei besagt.

Woher? Wohin?

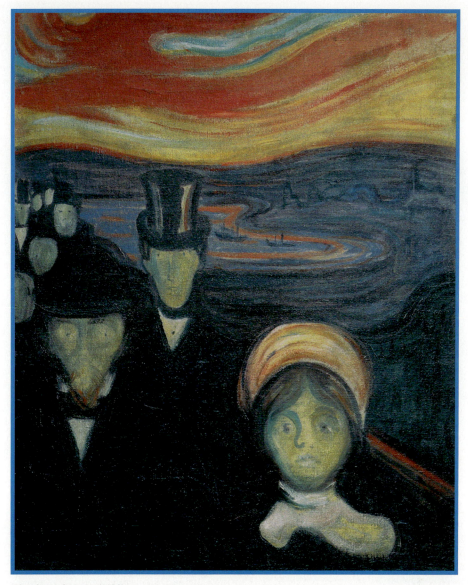

Edvard Munch: Angst (1893)
linke Seite: *Edvard Munch:* Der Schrei (1885)

1 Ist Kunerts Text eine Bildbeschreibung?
2 Erzählt zum Holzschnitt von Munch eine Geschichte, aus der hervorgeht, „was der Schrei besagt".
3 Formuliert auch zu dem Bild „Angst" einen Text, der die Fragen aufwirft, die das Bild dem Betrachter stellt.

Einmischung erwünscht:
Der Schriftsteller Heinrich Böll

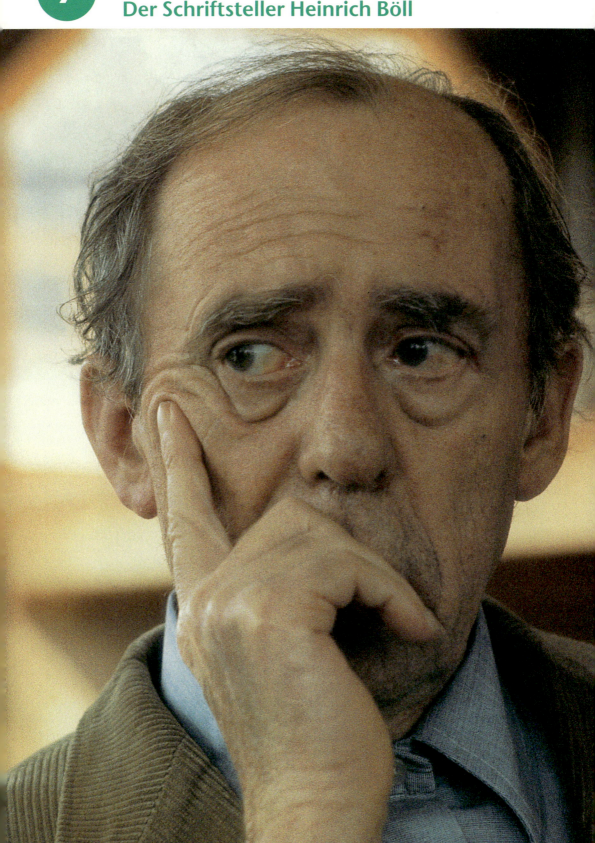

Christa Wolf an Heinrich Böll

[...] Von vielen Ihrer Bücher weiß ich den Ort, an dem sie mit das: ein Garten, ein Krankenhauszimmer, Hotelzimmer, ein Zugabteil. Nichts, was Sie geschrieben haben, hat mich kalt gelassen, ungeachtet, welchen literarischen Rang es in Ihrem Werk einnimmt. Die Rheinländer kenne ich, ehe ich sie „in Wirklichkeit" kennenlernte, durch Sie. Köln: eine Stadt, die mir vertraut ist, durch Sie. Durch Sie die Lehre, daß man an Abstrakta wie Güte, Gewissen, Hoffnung genauso Konkretes nehmen und beschreiben kann und soll wie ein Haus, eine Landschaft, eine Familie. Und daß Güte, Gewissen, Hoffnung politische Tugenden sein können. Daß es doch menschenmöglich ist, in einer Person private, literarische, politische Tugenden zu vereinen, zu einer widersprüchlichen Einheit, die ich „Lauterkeit" nenne.

Lieber, verehrter Heinrich Böll, ich nutze den Anlaß Ihres Geburtstages schamlos aus, um Ihnen einmal zu sagen: Ich bin froh, daß es Sie gibt.

Ihre
Christa Wolf

Berlin, am 3. Mai 1982

Auszug aus dem Brief zu Bölls 65. Geburtstag

„Was soll aus dem Jungen bloß werden?" (1917–1945)

Die Wurzeln von Heinrich Bölls schriftstellerischem Werk liegen in seiner Kindheit und Jugend. In diesem Kapitel bilden deshalb die frühen Lebensjahre den Schwerpunkt der Biografie. Die folgenden Texte – vor allem Auszüge aus autobiografischen Schriften – handeln von Erfahrungen, die auf die Entwicklung von Bölls Persönlichkeit einen prägenden Einfluss ausübten.

Kindheit und Jugend in Köln

Heinrich Böll, dem der Rat der Stadt 1982 das Ehrenbürgerrecht verlieh, blieb Köln bis zu seinem Tod 1985 eng verbunden. Sein Verhältnis zur Heimatstadt war jedoch nicht frei von Spannungen.

Geboren bin ich in Köln, wo der Rhein, seiner mittelrheinischen Lieblichkeit überdrüssig, breit wird, in die totale Ebene hinein auf die Nebel der Nordsee zufließt; wo weltliche Macht nie so recht ernst genommen worden ist, geistliche Macht weniger ernst, als man gemeinhin in deutschen Landen glaubt; wo man
5 Hitler mit Blumentöpfen bewarf, Göring öffentlich verlachte, den blutrünstigen Gecken, der es fertig brachte, sich innerhalb einer Stunde in drei verschiedenen Uniformen zu präsentieren; ich stand zusammen mit Tausenden Kölner Schulkindern Spalier, als er in der dritten Uniform, einer weißen, durch die Stadt fuhr; ich ahnte, dass der bürgerliche Unernst der Stadt gegen die neu heraufziehende
10 Mechanik des Unheils nichts ausrichten würde; geboren in Köln, das seines gotischen Domes wegen berühmt ist, es aber mehr seiner romanischen Kirchen wegen sein müsste; das die älteste Judengemeinde Deutschlands beherbergte und sie preisgab; Bürgersinn und Humor richteten gegen das Unheil nichts aus, jener Humor, so berühmt wie der Dom, in seiner offiziellen Erscheinungsform Schre-
15 cken erregend, auf der Straße manchmal von Größe und Weisheit.

Heinrich Böll war das sechste Kind des Schreinermeisters und Bildhauers Viktor Böll und seiner Frau Maria. 1921 zog die Familie aus der südlichen Kölner Altstadt in den ländlichen Vorort Raderberg um.

Acht Jahre lang wohnten wir in dieser Straße, die von zwei „Lagern" bestimmt war, dem bürgerlichen und dem sozialistischen (das waren damals noch wirkliche Gegensätze!); oder von den „Roten" und den „besseren Leuten". Ich habe nie, bis heute nicht, begriffen, was an den besseren Leuten besser gewesen wäre
5 oder hätte sein können. Mich zog's immer in die Siedlung, die wie unsere neu er-

„Was soll aus dem Jungen bloß werden?"

baut war, in der Arbeiter, Partei- und Gewerkschaftssekretäre wohnten; dort gab es die meisten Kinder und die besten Spielgenossen, immer genug Kinder, um Fußball, Räuber und Gendarm, später Schlagball zu spielen. Meine Eltern störte es nicht, dass ich die meiste Zeit bei den „Roten" verbrachte, sie wären nie auf den Gedanken gekommen, zu tun, was die Professoren, Prokuristen, Architekten, Bankdirektoren taten: Die verboten ihren Kindern, mit den „Roten" zu spielen. Der bürgerliche Teil war so offensichtlich der langweiligere, die Spiele dort in Gärten und Stuben ganz à la Trotzköpfchen[1]: Teepartys, Pfänderspiele, die merkwürdig schwüle Früherotik, aus der man sich sentimentale Erinnerungen strickt. Auf der Straße, von den „roten" Kindern lernte ich, was ich bei den „besseren" nie gelernt hätte: Reifen schlagen als Wettlauf, rund um den Park, rund um den Block, barfuß, mit einem Stock die kahle, rostige, aus dem Abfallhaufen herausgesuchte Fahrradfelge vor mir herzutreiben, sie, ohne viel Tempo zu verlieren, in die Kurve zu lenken, ihr vorne links, vorne rechts eins zu versetzen, dann mit dem Stock schleifend zu bremsen, rund um den Park, rund um den Block.

Die Krisenjahre der Weimarer Republik hinterließen beim jungen Böll tiefe Spuren. Er erlebte bewusst die sich verschärfenden Auseinandersetzungen zwischen den radikalen Linken und Rechten und vor allem die wirtschaftliche Entwicklung des Landes bis hin zur Weltwirtschaftskrise, die sich direkt auf die Familie Böll auswirkte. Die Eltern mussten ihr Haus verkaufen und zogen zurück in die Stadt – die Folge einer Bankpleite.

Meine erste Erinnerung: Hindenburgs heimkehrende Armee, grau, ordentlich, trostlos zog sie mit Pferden und Kanonen an unserem Fenster vorüber; vom Arm meiner Mutter aus blickte ich auf die Straße, wo die endlosen Kolonnen auf die Rheinbrücken zumarschierten; später: die Werkstatt meines Vaters: Holzgeruch, der Geruch von Leim, Schellack und Beize; der Anblick frisch gehobelter Bretter, das

[1] **Der Trotzkopf:** Titel eines Mädchenbuchs von Emmy v. Rhoden (1885)

Heinrich Böll, 1926, im Volksgarten, Köln-Raderberg

Einmischung erwünscht: Der Schriftsteller Heinrich Böll

Hinterhaus einer Mietskaserne, in der die Werkstatt lag; mehr Menschen, als in manchem Dorf leben, lebten dort, sangen, schimpften, hängten ihre Wäsche auf die Recks; noch später: die klangvollen germanischen Namen der Straßen, in denen ich spielte: Teutoburger, Eburonen-, Veledastraße, und die Erinnerung an Umzüge, wie mein Vater sie liebte, Möbelwagen, Bier trinkende Packer, das Kopfschütteln meiner Mutter, die ihren Herd liebte, auf dem sie das Kaffeewasser immer kurz vor dem Siedepunkt zu halten verstand. Nie wohnten wir weit vom Rhein entfernt, spielten auf Flößen, in alten Festungsgräben, in Parks, deren Gärtner streikten; Erinnerung an das erste Geld, das ich in die Hand bekam, es war ein Schein, der eine Ziffer trug, die Rockefellers Konto Ehre gemacht hätte: 1 Billion Mark; ich bekam eine Zuckerstange dafür; mein Vater holte die Lohngelder für seine Gehilfen in einem Leiterwagen von der Bank; wenige Jahre später waren die Pfennige der stabilisierten Mark schon knapp, Schulkameraden bettelten mich in der Pause um ein Stück Brot an; ihre Väter waren arbeitslos; Unruhen, Streiks, rote Fahnen, wenn ich durch die am dichtesten besiedelten Viertel Kölns mit dem Fahrrad in die Schule fuhr; wieder einige Jahre später waren die Arbeitslosen untergebracht, sie wurden Polizisten, Soldaten, Henker, Rüstungsarbeiter – der Rest zog in die Konzentrationslager; die Statistik stimmte, die Reichsmark floss in Strömen; bezahlt wurden die Rechnungen später, von uns, als wir, inzwischen unversehens Männer geworden, das Unheil zu entziffern versuchten und die Formel nicht fanden; die Summe des Leidens war zu groß für die wenigen, die eindeutig als schuldig zu erkennen waren; es blieb ein Rest, der bis heute nicht verteilt ist.

Überleben in schwierigen Zeiten

Heinrich Böll trat 1928 in das Kaiser-Wilhelm-Gymnasium in Köln ein. Wie das Kollegium dieser Schule ihn vor dem Abitur 1937 sah, zeigt die folgende allgemeine Beurteilung:

Die ganze Beurteilung in Druckschrift:

Körperbeschaffenheit: Breit und groß, doch wenig leistungsfähig, durch häufiges Kranksein vom Turnen auf Grund eines ärztlichen Attestes befreit und in seiner körperlichen Ausbildung stark gehemmt.
Familienverhältnisse: Geordnetes Familienleben, doch sehr dürftige Verhältnisse. Der Vater, Bildhauer, ist seit langem arbeitslos. 6 Kinder.
Begabung: Gut begabt.
Leistungen: Im Allgemeinen genügend, teilweise, besonders in Mathematik und Physik, gut. Seinen Anlagen nach könnten seine Erfolge besser sein. Dass sie nicht durchweg gut sind, ist wohl auf Krankheit und häufiges Fehlen zurückzuführen.
Betätigung in n. s. Verbänden: Ist wegen seiner Krankheit nicht organisiert.
Charakter: Schwerblütig, verträglich, vielleicht nicht energisch genug. Fügt sich anscheinend mit Gelassenheit in seine dürftigen Verhältnisse, die er durch eigenes Verdienen zu bessern sucht.
Berufswünsche: Verlagsbuchhändler. Er ist für diesen Beruf besonders durch seine Zuneigung zur Literatur geeignet.

Es gehört zu den beängstigenden Merkwürdigkeiten der deutschen Geschichte, dass eines der am meisten verkauften und verschenkten, am meisten verbreiteten Bücher, Hitlers *Mein Kampf*, eines der wichtigsten Bücher, das man wirklich hätte lesen müssen, von nur sehr wenigen gelesen wurde. Der Vergleich mit der Bibel, der es Konkurrenz machte, trifft zu: Auch die Bibel wurde nicht von sehr vielen gelesen. Wahrscheinlich hätte auch ich *Mein Kampf* nicht gelesen, wäre es nicht Pflichtlektüre in der Schule gewesen. Es war eine mühsame Lektüre, eine Zumutung: Ich bewundere heute noch den Mut unseres Deutschlehrers, der auf eine trockene, wenn man genau hinhörte, verächtlich-verachtungsvolle Weise diesen in den Jahren 1935/36 schon hochheiligen Text ohne jede Ehrfurcht „auseinander nahm", zerlegte und uns die Aufgabe stellte, ganze Abschnitte und Kapitel auf ein vernünftiges Maß zu kürzen und „verständlich" zu machen. Dieses unerträgliche Geschwafel wurde mir, als ich es „redaktionell", als Deutschaufgabe, bearbeiten musste, vertraut, und es war schon eine seltsame Erfahrung, einen „an sich" unlesbaren Text lesbar zu machen. Unser Deutschlehrer, er hieß Karl Schmitz und war nicht von jenem „musischen" Deutschlehrertyp, der „Schwärmer" produziert, kann nicht geahnt haben, was er damals riskierte. Nicht damals gruselte mir, heute überläuft es mich kalt, wenn ich an diese riskanten Deutschstunden denke. Das hätte nicht nur schief gehen, es hätte schauerlich enden können. Die Straßenbrutalitäten der Nazis waren augenfällig, *Mein Kampf* in seiner brutalen Verworrenheit war die Anweisung dazu, die kaum jemand las.

Einmischung erwünscht: Der Schriftsteller Heinrich Böll

Im Gegensatz zu den meisten Mitschülern weigerte sich Böll, in die Hitlerjugend einzutreten.

Geboren bin ich in Köln am 21.12.1917, dort auch ging ich dreizehn Jahre zur Schule und machte 1937 mein Abitur; aber vorher war etwas geschehen, an das ich mich genau erinnere: 1933, als ich fünfzehn Jahre alt war, war Hitler an die Macht gekommen; Deutschland – niemand hat bisher davon gesprochen – wurde im Dezember 1932 und Januar 1933 von einer Grippeepidemie heimgesucht: Die Schulen waren geschlossen, das öffentliche Leben ziemlich lahm gelegt und die Schnapsbrennereien florierten; Arbeitslosigkeit herrschte, fast niemand hatte Geld, und manchmal, wenn ich zur Schule ging – der Weg führte mich durch ein großes Arbeiterviertel – waren die Straßen gesperrt; es gab Schießereien und ich sah zum ersten Mal in meinem Leben Panzerwagen, deren ich später sehr viele sehen sollte! Jedenfalls: Hitler kam an die Macht und ich sehe noch vor mir das Gesicht eines Schulkameraden, der mich besuchte (auch ich lag mit Grippe im Bett) und mir freudestrahlend dieses Ereignis mitteilte.

Merkwürdigerweise wurde ich davor bewahrt, den politischen Irrtümern zu erliegen, obwohl ich generationsmäßig dazu auserseh en war. Meine Eltern, meine Geschwister, viele Freunde und Freundinnen meiner Geschwister – und mancher meiner Lehrer; sie alle zusammen bewahrten mich davor; meine Eltern hatten immer ein offenes Haus, obwohl wir wenig Geld hatten, und es wurde tagelang, Nächte hindurch bei uns diskutiert; sehr oft und in sehr großem Kreis. Eine von den vielen Freunden und Freundinnen, die bei uns verkehrten, wurde später meine Frau (ist es heute noch).

1938 wurde Böll zum Reichsarbeitsdienst verpflichtet und im Herbst 1939 in die Wehrmacht eingezogen.

Ich begann eine Lehre als Buchhändler, wurde damit automatisch Mitglied der Arbeitsfront, besuchte keine einzige Versammlung. Aber im Herbst 1938 war meine Einziehung zum Reichsarbeitsdienst nicht mehr hinauszuschieben und ich machte meine erste Bekanntschaft mit dem Nazismus aus der Nähe; gleich gründlich für sieben Monate Stumpfsinn, Brutalität und schwere körperliche Arbeit, dazu ein sehr zynischer und intelligenter Oberstfeldmeister (Lagerfüh-

Heinrich Böll als Infanterist um 1941

rer) und jeden Tag stundenlang das Singen von Naziliedern, das Repertoire war unerschöpflich. Es folgten – mit einer kleinen Unterbrechung von drei Monaten, während derer ich Germanistik und Kleinkaliberschießen an der Universität Köln studierte – sieben Jahre Stumpfsinn, Brutalität und das Singen jener Lieder aus dem unerschöpflichen Repertoire. Was vom Elternhaus, von unseren Freunden her eine theoretische Abneigung gewesen war (Abneigung gegen die Nazis und gegen Gemeinschaftsgesang, der unmittelbar damit zusammenhängt), vertiefte sich in den Jahren 1938 bis 1945 gründlich. Den Krieg machte ich als Infanterist mit, auf verschiedenen Kriegsschauplätzen zwischen Kap Gris Nez und der Straße von Kertsch, und obwohl ich ihn interessant genug erlebte (ich wurde viermal verwundet und war einige Mal „da vorne", was man „Front" nannte), so erschien mir der Krieg doch wie eine ungeheure Maschinerie der Langeweile, die durch die Nazis noch langweiliger gemacht wurde, als sie von Natur schon ist: blutige, unendliche Langeweile, die durch nichts unterbrochen wurde als durch Briefe von meiner Frau und meinen Eltern und die Verwundung, die ich begrüßte, weil sie immerhin einen Urlaub einbrachte. Einen weiteren Eindruck vom Krieg: den der Stümperei. […]

Es kam das entsetzliche Ende des Krieges, das ich, mit gefälschten Papieren versehen, bei meiner Frau erlebte: Hinrichtungen Fahnenflüchtiger, Befehle, deren Unmenschlichkeit nicht mehr zu überbieten war, und ich schloss mich, um der drohenden Verhaftung und dem Todesurteil zu entgehen, einer Infanteriedivision an und erlebte hier die Auflösung der Wehrmacht, die eine komplette Auflösung von innen heraus war: Horden – wie sie seit dem Dreißigjährigen Krieg nicht mehr gesehen worden waren – durchzogen das Land, Brücken wurden gesprengt und ein Rausch der Vernichtung war über alle gekommen: Soldaten wurden erhängt, erschossen, zwei Minuten vor Kriegsende, und irgendwo in einem Bunker in Berlin saß Hitler, die Ratte des Untergangs, und kaute an den Fingernägeln, während Generäle und Feldmarschälle den Willen der Ratte vollzogen. […]

1 Stellt eine biografische Übersicht zu Bölls Leben 1917–1945 zusammen.
   Die Daten und Ereignisse, die in den vorangehenden Texten genannt werden, könnt ihr durch Informationen aus Nachschlagewerken ergänzen.
2 Heinrich Böll erinnert sich an wichtige Ereignisse in seinem Leben.
   Welche Erfahrungen haben die Entwicklung seiner Persönlichkeit wohl besonders beeinflusst?
3 Informiert euch über Bölls Leben nach 1945 und setzt die biografische Übersicht bis zu seinem Tod 1985 fort.

Die Erzählung
„Die verlorene Ehre der Katharina Blum"

Heinrich Böll und Angela Winkler, die Darstellerin Katharinas im Film (1975)

„Katharina Blum" – ein Medienereignis

Als die Erzählung im Sommer 1974 als Vorabdruck im Wochenmagazin „Der Spiegel" erschien, wurde sie als „Bestsellerfavorit Nr. 1 für die neue Buchsaison" angekündigt. Der rasche Erfolg des im Herbst 1974 veröffentlichten Buches bestätigte diese Voraussage. Nach vier Wochen waren bereits 200 000 Exemplare verkauft. Ein Jahr später erreichte Bölls Werk als Kino- und Fernsehfilm ein Massenpublikum und 1978 wurde es für die Bühne bearbeitet und aufgeführt. „Katharina Blum" löste sofort einen heftigen Meinungsstreit in der Öffentlichkeit aus. Böll wurde mit ähnlicher Schärfe kritisiert wie schon 1972, als manche Zeitungen ihm zu großes Verständnis für die Linksradikalen vorwarfen. Darauf nimmt das Motto der Erzählung Bezug: „Personen und Handlung dieser Erzählung sind frei erfunden. Sollten sich bei der Schilderung gewisser journalistischer Praktiken Ähnlichkeiten mit den Praktiken der ‚Bild'-Zeitung ergeben haben, so sind diese Ähnlichkeiten weder beabsichtigt noch zufällig, sondern unvermeidlich."

Die Geschichte der Katharina

Katharina Blum ist eine unbescholtene junge Frau im Alter von 27 Jahren. Bei einer Karnevalsparty lernt sie zufällig Ludwig Götten kennen, der als Bundeswehrdeserteur und mutmaßlicher Terrorist gesucht wird. Die beiden verlieben sich und verbringen die Nacht gemeinsam in der Wohnung Katharinas. Am frühen Morgen flüchtet Ludwig. Die Polizei hat den jungen Mann beschattet, kommt aber zu spät. Nun wird auch Katharina verdächtigt, in kriminelle Handlungen verwickelt zu sein, und vorübergehend festgenommen. In quälenden Verhören versucht die Polizei ihr strafwürdige Taten nachzuweisen. Die Beamten arbeiten bei den Ermittlungen mit der Boulevardpresse zusammen, die die junge Frau mit Sensationsberichten auch über das Privatleben in ihrem Ehrgefühl tief verletzt. Katharina will sich dagegen wehren und bestellt den verantwortlichen Reporter für ein Interview zu sich in die Wohnung. Als der vorher mit ihr schlafen will, erschießt sie ihn.

Wie Gewalt entstehen kann

Die Handlung in Bölls Erzählung spielt sich innerhalb von fünf Tagen ab, und zwar von Mittwoch bis Sonntag. Ein anonym bleibender Erzähler berichtet in der dritten Person über die Ereignisse.
Rechtsanwalt Hubert Blorna und seine Frau Trude, Katharinas Arbeitgeber, erfahren im Urlaub von der Festnahme ihrer Hausangestellten und entschließen sich zur Rückreise.

Als er Freitag früh gegen halb zehn mürrisch zum Frühstück erschien, hielt Trude ihm schon die ZEITUNG entgegen. Katharina auf der Titelseite. Riesenfoto, Riesenlettern. RÄUBERLIEBCHEN KATHARINA BLUM VERWEIGERT AUSSAGE ÜBER HERRENBESUCHE. Der seit eineinhalb Jahren gesuchte Bandit und Mörder
5 Ludwig Götten hätte gestern verhaftet werden können, hätte nicht seine Geliebte, die Hausangestellte Katharina Blum, seine Spuren verwischt und seine Flucht gedeckt. Die Polizei vermutet, dass die Blum schon seit längerer Zeit in die Verschwörung verwickelt ist. (Weiteres siehe auf der Rückseite unter dem Titel: HERRENBESUCHE).
Dort auf der Rückseite las er dann, dass die ZEITUNG aus seiner Äußerung,
10 Katharina sei klug und kühl „eiskalt und berechnend" gemacht hatte und aus seiner generellen Äußerung über Kriminalität, dass sie „durchaus eines Verbrechens fähig sei".
Der Pfarrer von Gemmelbroich hatte ausgesagt: „Der traue ich alles zu. Der Vater war ein verkappter Kommunist und ihre Mutter, die ich aus Barmherzigkeit eine Zeit lang
15 als Putzhilfe beschäftigte, hat Messwein gestohlen und in der Sakristei mit ihren Liebhabern Orgien gefeiert."
„Die Blum erhielt seit zwei Jahren regelmäßig Herrenbesuch. War ihre Wohnung ein

Konspirationszentrum, ein Bandentreff, ein Waffenumschlagplatz? Wie kam die erst siebenundzwanzigjährige Hausangestellte an eine Eigentumswohnung im Werte von schätzungsweise 110 000 Mark? War sie an der Beute aus den Bankraubüberfällen beteiligt? Polizei ermittelt weiter. Staatsanwaltschaft arbeitet auf Hochtouren. Morgen mehr. DIE ZEITUNG BLEIBT WIE IMMER AM BALL! Sämtliche Hintergrundinformationen in der morgigen Wochenendausgabe."

Das Ehepaar Blorna kommt am Samstagmorgen in der Heimatstadt an und kauft sich am Bahnhof die ZEITUNG.

Sogar Trude war fast sentimental, als sie die Kaffeemaschine, ein bisschen Knäckebrot, Honig und Butter brachte. „Es wird nie mehr so sein, nie mehr. Sie machen das Mädchen fertig. Wenn nicht die Polizei, dann die ZEITUNG, und wenn die ZEITUNG die Lust an ihr verliert, dann machen's die Leute. Komm, lies das jetzt erst mal und dann erst ruf die Herrenbesucher an." Er las:

„Der ZEITUNG, stets bemüht, Sie umfassend zu informieren, ist es gelungen, weitere Aussagen zu sammeln, die den Charakter der Blum und ihre undurchsichtige Vergangenheit beleuchten. Es gelang ZEITUNGS-Reportern, die schwer kranke Mutter der Blum ausfindig zu machen. Sie beklagte sich zunächst darüber, dass ihre Tochter sie seit langer Zeit nicht mehr besucht hat. Dann, mit den unumstößlichen Fakten konfrontiert, sagte sie: ‚So musste es ja kommen, so musste es ja enden.' Der ehemalige Ehemann, der biedere Textilarbeiter Wilhelm Brettloh, von dem die Blum wegen böswilligen Verlassens schuldig geschieden ist, gab der ZEITUNG noch bereitwilliger Auskunft. ‚Jetzt', sagte er, die Tränen mühsam zurückhaltend, ‚weiß ich endlich, warum sie mir tritschen gegangen ist. Warum sie mich sitzen gelassen hat. DAS war's also, was da lief. Nun wird mir alles klar. Unser bescheidenes Glück genügte ihr nicht. Sie wollte hoch hinaus, und wie soll schon ein redlicher, bescheidener Arbeiter je zu einem Porsche kommen? Vielleicht (fügte er weise hinzu) können Sie den Lesern der ZEITUNG meinen Rat übermitteln: So müssen falsche Vorstellungen von Sozialismus ja enden. Ich frage Sie und Ihre Leser: Wie kommt ein Dienstmädchen an solche Reichtümer? Ehrlich erworben kann sie's ja nicht haben. Jetzt weiß ich, warum ich ihre Radikalität und Kirchenfeindlichkeit immer gefürchtet habe, und ich segne den Entschluss unseres Herrgotts, uns keine Kinder zu schenken. Und wenn ich dann noch erfahre, dass ihr die Zärtlichkeiten eines Mörders und Räubers lieber waren als meine unkomplizierte Zuneigung, dann ist auch dieses Kapitel geklärt. Und dennoch möchte ich ihr zurufen: Meine kleine Katharina, wärst du doch bei mir geblieben. Auch wir hätten es im Laufe der Jahre zu Eigentum und einem Kleinwagen gebracht, einen Porsche hätte ich dir wohl nie bieten können, nur ein bescheidenes Glück, wie es ein redlicher Arbeitsmann zu bieten hat, der der Gewerkschaft misstraut. Ach, Katharina.'"

Unter der Überschrift: „Rentnerehepaar ist entsetzt, aber nicht überrascht" fand Blorna noch auf der letzten Seite eine rot angestrichene Spalte:

„Der pensionierte Studiendirektor Dr. Berthold Hiepertz und Frau Erna Hiepertz zeigten

sich entsetzt über die Aktivitäten der Blum, aber nicht ‚sonderlich überrascht'. In Lemgo, wo eine Mitarbeiterin der ZEITUNG sie bei ihrer verheirateten Tochter, die dort
35 ein Sanatorium leitet, aufsuchte, äußerte der Altphilologe und Historiker Hieperts, bei dem die Blum seit drei Jahren arbeitet: ‚Eine in jeder Beziehung radikale Person, die uns geschickt getäuscht hat.'"
(Hiepertz, mit dem Blorna später telefonierte, schwor, Folgendes gesagt zu haben: „Wenn Katharina radikal ist, dann ist sie radikal hilfsbereit, planvoll und in-
40 telligent – ich müsste mich schon sehr in ihr getäuscht haben, und ich habe eine vierzigjährige Erfahrung als Pädagoge hinter mir und habe mich selten getäuscht.")

Wer ist Katharina?

Am Donnerstagmorgen wird Katharina zum Polizeibüro gebracht und von Kommissar Beizmenne und seinem Assistenten Moeding im Beisein von zwei Staatsanwälten verhört. Der Erzähler fügt das Vernehmungsprotokoll in seinen Bericht ein.

„Mein Name ist Katharina Brettloh, geb. Blum. Ich wurde am 2. März 1947 in Gemmelsbroich im Landkreis Kuir geboren. Mein Vater war der Bergarbeiter Peter Blum. Er starb, als ich sechs Jahre alt war, im Alter von siebenunddreißig Jahren an einer Lungenverletzung, die er im Krieg erlitten hatte. Mein Vater hat-
5 te nach dem Krieg wieder in einem Schieferbergwerk gearbeitet und war auch staublungenverdächtig. Meine Mutter hatte nach seinem Tode Schwierigkeiten mit der Rente, weil sich das Versorgungsamt und die Knappschaft nicht einigen konnten. Ich musste schon sehr früh im Haushalt arbeiten, weil mein Vater häufig krank war und entsprechenden Verdienstausfall hatte und meine Mutter ver-
10 schiedene Putzstellen annahm. In der Schule hatte ich keinerlei Schwierigkeiten, obwohl ich auch während der Schulzeit viel Hausarbeit machen musste, nicht nur zu Hause, auch bei Nachbarn und anderen Dorfbewohnern, wo ich beim Backen, Kochen, Einmachen, Schlachten zur Hand ging. Ich tat auch viel Hausarbeit und half bei der Ernte. Mit Hilfe meiner Patentante, Frau Else Woltersheim
15 aus Kuir, bekam ich nach der Schulentlassung im Jahre 1961 eine Stelle als Hausgehilfin in der Metzgerei Gerbers in Kuir, wo ich auch beim Verkaufen gelegentlich aushelfen musste. Von 1962 bis 1965 besuchte ich mit Hilfe und durch finanzielle Unterstützung meiner Patentante, Frau Woltersheim, die dort als Ausbilderin tätig war, eine Hauswirtschaftsschule in Kuir, die ich mit ‚sehr
20 gut' absolvierte. Von 1966 bis 1967 arbeitete ich als Wirtschafterin im Ganztagskindergarten der Firma Koeschler im benachbarten Oftersbroich, bekam dann eine Stelle als Hausgehilfin bei dem Arzt Dr. Kluthen, ebenfalls in Oftersbroich, wo ich nur ein Jahr verblieb, weil Herr Doktor immer häufiger zudringlich wurde und Frau Doktor das nicht leiden mochte. Auch ich mochte diese Zudring-

lichkeiten nicht. Mir war das widerwärtig. Im Jahre 1968, als ich für einige Wochen stellenlos war und im Haushalt meiner Mutter aushalf und gelegentlich bei den Versammlungen und Kegelabenden des Trommlerkorps Gemmelsbroich aushalf, lernte ich durch meinen älteren Bruder Kurt Blum den Textilarbeiter Wilhelm Brettloh kennen, den ich wenige Monate später heiratete. Wir wohnten in Gemmelsbroich, wo ich gelegentlich an den Wochenenden bei starkem Ausflüglerverkehr in der Gastwirtschaft Kloog in der Küche aushalf, manchmal auch als Serviererin. Schon nach einem halben Jahr empfand ich unüberwindliche Abneigung gegen meinen Mann. Näheres möchte ich dazu nicht aussagen. Ich verließ meinen Mann und zog in die Stadt. Ich wurde schuldig geschieden wegen böswilligen Verlassens und nahm meinen Mädchennamen wieder an. Ich wohnte zunächst bei Frau Woltersheim, bis ich nach einigen Wochen eine Stelle als Wirtschafterin und Hausgehilfin im Hause des Wirtschaftsprüfers Dr. Fehnern fand, wo ich auch wohnte. Herr Dr. Fehnern ermöglichte es mir, Abend- und Weiterbildungskurse zu besuchen und eine Fachprüfung als staatlich geprüfte Wirtschafterin abzulegen. Er war sehr nett und sehr großzügig und ich blieb auch bei ihm, nachdem ich die Prüfung abgelegt hatte."

Else Woltersheim ist Katharinas Patentante. Sie zeigt sich gegenüber der ermittelnden Polizei sehr besorgt um ihr Patenkind.

Katharina sei immer ein fleißiges, ordentliches, ein bisschen schüchternes oder besser gesagt: eingeschüchtertes Mädchen gewesen, als Kind sogar fromm und kirchentreu. Dann aber sei ihre Mutter, die auch die Kirche in Hemmelsbroich geputzt habe, mehrmals der Unordentlichkeit überführt und einmal sogar erwischt worden, wie sie in der Sakristei gemeinsam mit dem Küster eine Flasche Messwein getrunken habe. Daraus sei dann eine „Orgie" und ein Skandal gemacht worden und Katharina sei in der Schule vom Pfarrer schlecht behandelt worden. Ja, Frau Blum, Katharinas Mutter, sei sehr labil, streckenweise auch Alkoholikerin gewesen, aber man müsse sich diesen ewig nörgelnden, kränklichen Mann – Katharinas Vater – vorstellen, der als Wrack aus dem Krieg heimgekommen sei, dann die verbitterte Mutter und den – ja, man könne sagen – missratenen Bruder. Ihr sei auch die Geschichte der völlig missglückten Ehe bekannt. Sie habe ja von vornherein abgeraten, Brettloh sei – sie bitte um Verzeihung für diesen Ausdruck – der typische Schleimscheißer, der sich weltlichen und kirchlichen Behörden gegenüber gleich kriecherisch verhalte, außerdem ein widerwärtiger Angeber. Sie habe Katharinas frühe Ehe als Flucht aus dem schrecklichen häuslichen Milieu betrachtet, und wie man sehe, habe sich ja Katharina, sobald sie dem häuslichen Milieu und der unbedacht geschlossenen Ehe entronnen sei, geradezu vorbildlich entwickelt. Ihre berufliche Qualifikation sei über jeden Zweifel erhaben, das könne sie – die Woltersheim – nicht nur mündlich, notfalls auch schriftlich bestätigen und bescheinigen, sie sei im Prüfungsausschuss der Handwerkskammer. Mit den neuen Formen privater und öffentlicher Gastlichkeit, die immer mehr auf eine Form hin tendieren, die man „organisierten Buffetismus" zu nennen beginne, stiegen die Chancen einer Frau wie Katharina Blum, die organisatorisch, kalkulatorisch und auch was die ästhetische Seite betreffe, aufs Beste gebildet und ausgebildet sei.

In der Freitagsausgabe der ZEITUNG wird eine Aussage Hubert Blornas gegenüber einem Reporter verfälschend wiedergegeben. Verwundert sprechen die Eheleute Blorna über ihre eigenen Erfahrungen im Umgang mit Katharina.

Langes Gespräch mit Trude über Katharina, an der ich, wie Trude weiß, sehr, sehr hänge. Sprachen auch darüber, wie wir Katharina ermuntert hatten, nicht so zimperlich zu sein, ihre unglückselige Kindheit und die vermurkste Ehe zu vergessen. Wie wir versucht haben, ihren Stolz, wenn es um Geld geht, zu überwinden und ihr von unserem eigenen Konto einen billigeren Kredit als den der Bank zu geben. Selbst die Erklärung und die Einsicht, dass sie uns, wenn sie uns statt der 14 %, die sie zahlen muss, 9 % gibt, nicht einmal einen Verlust bereitet, sie aber viel Geld spart, hatte sie nicht überzeugt. Wie wir Katharina zu Dank verpflichtet sind: Seit sie ruhig und freundlich, auch planvoll unseren Haushalt leitet, sind nicht nur unsere Unkosten erheblich gesunken, sie hat uns auch beide für unsere berufliche Arbeit so frei gemacht, dass wir es kaum in Geld ausdrücken können. Sie hat uns von dem fünfjährigen Chaos befreit, das unsere Ehe und unsere berufliche Arbeit so belastet hat.

Der Erzähler gibt die protokollierten Aussagen Katharinas über die Begegnung mit Ludwig Götten wieder. Den erwähnten Ring hat ihr ein Verehrer geschenkt; es ist der Unternehmer Sträubleder.

Sie blieb ruhig, fast „zahm", als sie zu Protokoll gab: „Es trifft zu, dass ich beim Hausball der Frau Woltersheim ausschließlich und innig mit Ludwig Götten getanzt habe, den ich zum ersten Mal in meinem Leben sah und dessen Nachnamen ich erst bei der polizeilichen Vernehmung am Donnerstagmorgen erfuhr. Ich empfand große Zärtlichkeit für ihn und er für mich. Gegen zehn Uhr habe ich die Wohnung von Frau Woltersheim verlassen und bin mit Ludwig Götten in meine Wohnung gefahren.
Über die Herkunft des Schmuckstückes kann ich, ich korrigiere mich: will ich keine Auskunft geben. Da es nicht auf unrechtmäßige Weise in meinen Besitz gelangt ist, fühle ich mich nicht verpflichtet, seine Herkunft zu erklären.

Der Erzähler benutzt Figuren wie Else Woltersheim und Hubert Blorna, um das Verhalten von Katharina zu bewerten.

Einmischung erwünscht: Der Schriftsteller Heinrich Böll

Damit keine Missverständnisse entstehen, muss auch festgestellt werden, dass sowohl Else Woltersheim wie Blorna natürlich wussten, dass Katharina sich regelrecht strafbar gemacht hatte, indem sie Götten half, unbemerkt aus ihrer Wohnung zu verschwinden; sie musste ja auch, als sie seine Flucht ermöglicht hatte, Mitwisserin gewisser Straftaten sein, wenn auch in diesem Fall nicht der wahren! Else Woltersheim sagte es ihr auf den Kopf zu, kurz bevor Frau Pletzer beide zum Verhör abholte. Blorna nahm die nächste Gelegenheit wahr, Katharina auf die Strafbarkeit ihres Tuns aufmerksam zu machen. Es soll auch niemandem vorenthalten werden, was Katharina zu Frau Woltersheim über Götten sagte: „Mein Gott, er war es eben, der da kommen soll, und ich hätte ihn geheiratet und Kinder mit ihm gehabt – und wenn ich hätte warten müssen, jahrelang, bis er aus dem Kittchen wieder raus war."

1 Untersucht, welches Bild in den beiden Zeitungsartikeln von Katharina Blum entworfen wird. Wie geht der Journalist dabei vor?
2 Vergleicht die Darstellung der ZEITUNG mit dem Bericht Katharinas und den Aussagen Else Woltersheims und des Ehepaars Blorna.

Wohin Gewalt führen kann

Der Druck auf Katharina hat zugenommen. Sie wird durch anonyme Anrufe und Briefe beleidigt.

Es ist schon erstaunlich, dass weder Frau W. noch Konrad B. erstaunt waren, als sie nun, ohne an irgendeine Form des Eingreifens zu denken, beobachteten, wie Katharina an die kleine Hausbar in ihrem Wohnraum ging, je eine Flasche Sherry, Whisky, Rotwein und eine angebrochene Flasche Kirschsirup herausnahm und ohne sonderliche Erregung gegen die makellosen Wände warf, wo sie zerschellten, zerflossen.
Das Gleiche machte sie in ihrer kleinen Küche, wo sie Tomatenketschup, Salatsauce, Essig, Worcestersauce zum gleichen Zweck benutzte. Muss hinzugefügt werden, dass sie Gleiches in ihrem Badezimmer mit Cremetuben, Flaschen, Puder, Pulvern, Badeingredienzien – und in ihrem Schlafzimmer mit einem Flacon Kölnischwasser tat?
Dabei wirkte sie planvoll, keineswegs erregt, so überzeugt und überzeugend, dass Else W. und Konrad B. nichts unternehmen.

Die Polizei verspricht sich wichtige Aufschlüsse von der Vernehmung Else Woltersheims, bei der die Karnevalsparty stattgefunden hat.

Die Erzählung „Die verlorene Ehre der Katharina Blum"

Bevor sie zur Sache aussagte, äußerte sie sich mit „unbewegter, fast pulvertrockener Stimme, was ihrer Empörung mehr Kraft verlieh, als wenn sie losgeschimpft oder geschrien hätte", über die Behandlung von Katharina Blum durch die ZEITUNG sowie über die Tatsache, dass man offensichtlich Details aus der Vernehmung an diese Art Presse weitergebe. Es sei ihr klar, dass Katharinas Rolle untersucht werden müsse, sie frage sich aber, ob es zu verantworten sei, „ein junges Leben zu zerstören", wie es nun geschehe. Sie kenne Katharina vom Tage ihrer Geburt an und beobachte jetzt schon die Zerstörung und auch Verstörtheit, die an ihr seit gestern bemerkbar sei. Sie sei keine Psychologin, aber die Tatsache, dass Katharina offenbar nicht mehr an ihrer Wohnung, an der sie sehr gehangen und für die sie so lange gearbeitet habe, interessiert sei, halte sie für alarmierend.

Am Sonntagmorgen nimmt Katharina die Pistole von Konrad Beiters, dem Freund Else Woltersheims, ohne dessen Wissen an sich. Anschließend wartet Katharina in einem Journalistenlokal vergeblich auf den Reporter Werner Tötges.

Nun, um zwölf bin ich dann nach Hause gefahren und es war mir scheußlich in der verschmierten und verdreckten Wohnung. Ich habe nur ein paar Minuten warten müssen, bis es klingelte, gerade Zeit genug, die Pistole zu entsichern und griffbereit in meiner Handtasche zu platzieren. Ja, und dann klingelte es und er stand schon vor der Tür, als ich aufmachte, und ich hatte doch gedacht, er hätte unten geklingelt und ich hätte noch ein paar Minuten Zeit, aber er war schon mit dem Aufzug raufgefahren, und da stand er vor mir und ich war erschrocken. Nun, ich sah sofort, welch ein Schwein er war, ein richtiges Schwein. Und dazu hübsch. Was man so hübsch nennt. Nun, Sie haben ja die Fotos gesehen. Er sagte „Na, Blümchen, was machen wir zwei denn jetzt?" Ich sagte kein Wort, wich ins Wohnzimmer zurück und er kam mir nach und sagte: „Was guckst du mich denn so entgeistert an, mein Blümelein – ich schlage vor, dass wir jetzt erst einmal bumsen." Nun, inzwischen war ich bei meiner Handtasche und er ging mir an die Kledage und ich dachte: „Bumsen, meinetwegen", und ich hab die Pistole rausgenommen und sofort auf ihn geschossen. Zweimal, dreimal, viermal. Ich weiß nicht mehr genau. Wie oft, das können Sie ja in dem Polizeibericht nachlesen. Ja, nun müssen Sie nicht glauben, dass es was Neues für mich war, dass ein Mann mir an die Kledage wollte – wenn Sie von Ihrem vierzehnten Lebensjahr an, und schon früher, in Haushalten arbeiten, sind Sie was gewohnt. Aber *dieser* Kerl – und dann „Bumsen", und ich dachte: Gut, jetzt bumst's. Natürlich hatte er damit nicht gerechnet und er guckte mich noch 'ne halbe Sekunde oder so erstaunt an, so wie im Kino, wenn einer plötzlich aus heiterem Himmel erschossen wird. Dann fiel er um und ich glaube, dass er tot war.

Katharina hat den Tathergang ihrem Verteidiger Blorna erzählt. Der versucht sie zu überreden, vor Gericht Aussagen zu ihren Gunsten zu machen.

Einmischung erwünscht: Der Schriftsteller Heinrich Böll

Blornas größte Sorge ist, Katharina so weit zu bringen, dass sie bei der Hauptverhandlung aussagen wird, sie habe erst am Sonntagmorgen den Entschluss gefasst, sich an Tötges zu rächen, keineswegs mit tödlicher, nur mit abschreckender Absicht. Sie habe zwar bereits am Samstag, als sie Tötges zu einem Interview einlud, die Absicht gehabt, ihm tüchtig die Meinung zu sagen und ihn darauf aufmerksam zu machen, was er in ihrem Leben und im Leben ihrer Mutter angerichtet habe, aber töten wollen habe sie ihn nicht einmal am Sonntag, nicht einmal nach Lektüre des Artikels in der SONNTAGSZEITUNG. Es soll der Eindruck vermieden werden, Katharina habe den Mord tagelang geplant und auch planmäßig ausgeführt. Er versucht ihr – die angibt, schon am Donnerstag nach der Lektüre des ersten Artikels *Mordgedanken* gehabt zu haben – klarzumachen, dass manch einer – auch er – gelegentlich Mordgedanken habe, dass man aber den Unterschied zwischen Mordgedanken und Mordplan herausarbeiten müsse. Was ihn außerdem beunruhigt: dass Katharina immer noch keine Reue empfindet, sie deshalb auch nicht vor Gericht wird zeigen können. Sie ist keineswegs deprimiert, sondern irgendwie glücklich, weil sie „unter denselben Bedingungen wie mein lieber Ludwig" lebt.

1 „Ein junges Leben wird zerstört." Mit diesen Worten beginnt Else Woltersheim ein Gespräch mit Hubert Blorna über die Situation Katharinas am Tag vor dem Mord an Werner Tötges. Verfasst dieses Gespräch.

2 Hubert Blorna entwirft eine Verteidigungsrede für Katharina. Schreibt diesen Text.

3 Der Erzähler in „Katharina Blum" wird „Berichterstatter" genannt. Wie geht er im Vergleich mit der ZEITUNG vor? Und welche Haltung nimmt er gegenüber dem dargestellten Geschehen ein?

Die Verfilmung der Erzählung

Bölls Erzählung wurde 1975 von Volker Schlöndorff und Margarethe von Trotta verfilmt. Beide führten nicht nur Regie, sondern schrieben auch – unter Mitarbeit Heinrich Bölls – das Drehbuch. Die Musik des Films komponierte Hans Werner Henze. Neben Angela Winkler in der Hauptrolle wirkten unter anderem mit: Dieter Laser als Reporter Werner Tötges, Mario Adorf als Kommissar Beizmenne, Jürgen Prochnow als Ludwig Götten.
Ungefähr ein Jahr nach der Erstaufführung am 9.10.1975 schrieb das „Filmecho": „Etwa 1,5 Millionen Bundesbürger sahen diesen Film im Kino."

Mittwoch:
Katharina ist bei einer Karnevalsparty in der Wohnung ihrer Patentante und lernt dort Ludwig Götten kennen. Ein als Scheich verkleideter Polizist beobachtet die beiden.
Halbnah

Donnerstag:
Vermummte Polizisten mit Karabinern im Anschlag dringen in Katharinas Wohnung ein.
Halbnah

Einmischung erwünscht: Der Schriftsteller Heinrich Böll

Donnerstag:
Die verhaftete Katharina verlässt das Wohngebäude. Sie ist umringt von Polizisten, von Kommissar Beizmenne sowie von Reportern, Kameraleuten und Schaulustigen.
Halbtotale

Donnerstag:
Katharina wird im Büro der Polizei von Beizmenne verhört.
Nah

Sonntag:
In der Wohnung ihrer Patentante liest Katharina die SONNTAGSZEITUNG.
Detail

Die Verfilmung der Erzählung

Sonntag:
Katharina wartet in ihrer Wohnung auf den Journalisten Tötges. Die Pistole hält sie in der Handtasche verborgen.
Halbtotale

Sonntag:
Tötges geht auf die sitzende Katharina zu, die sich wenig später erhebt und zur Pistole greift.
Halbnah

1. Die Szenenfotos lassen erkennen, welchen Formen von Gewalt Katharina ausgesetzt ist und wie die Kamera die Sympathien und Antipathien des Zuschauers lenkt. Wie werden Katharinas Gefühle in ihrem Gesicht und in ihrer Haltung sichtbar? Und in welchem Licht erscheinen die Täter?
2. Der Zuschauer nimmt Katharina und andere Personen oft aus großer oder relativ großer Nähe wahr. Was bringen Kameraeinstellungen wie Detail, Nah, Halbnah bei den ausgewählten Fotos zum Ausdruck? Und warum wird bei den übrigen Beispielen die Einstellungsgröße Halbtotale als filmisches Mittel eingesetzt?
3. Die Szenenfotos zeigen die handelnden Personen aus unterschiedlicher Perspektive: Der Blick der Kamera wechselt zwischen normalem, niedrigem und hohem Winkel. Wo wird Gleichrangigkeit signalisiert und wo Unterlegenheit oder Überlegenheit?

Einmischung erwünscht: Der Schriftsteller Heinrich Böll

Die Mordszene
in der Schnittfassung des Drehbuchs

WOHNUNG KATHARINAS; TÖTGES
Er legt die Post hin. Sieht sich im Zimmer um. Die Selbstverständlichkeit, mit der er zu gefallen glaubt, ist widerwärtig.
Siehst du, Blümelein, du bist berühmt geworden, so viel Post, sogar am Sonntag, das hast du alles mir zu verdanken, Eilboten, Telegramme, „per Bote". Warte nur
5 ab. Du kannst mit deinem Namen noch viel Geld machen. In der Story ist noch viel drin, nur müssen wir jetzt gleich was nachschießen; nachschießen, Mädchen, immer nachschießen, sonst vergessen die Leute dich. Erst einmal eine Exklusivstory für die Illustrierte. Jetzt bist du „in", jetzt musst du absahnen.
Er holt aus seiner Umhängetasche einen Haufen Scheine – Hunderter, Fünfhunderter
10 *und Tausender – alles auf den Tisch.*
Hier, für deine Story mit Sträubleder. Diese Schlüsselgeschichte. Den Sträubleder kaufen wir uns. Knüppel aus dem Sack. Du musst ein bisschen toleranter sein. Du machst mich doch nicht verantwortlich für die Aufmachung in der ZEITUNG. Sie haben dich ein bisschen hart angefasst. Du bist doch nicht etwa sauer auf
15 mich? Ich werde es überleben und du wirst es auch überleben. Was meinst du, wie ich mich manchmal über die in der Redaktion ärgere. Ich liefere denen prima Material und die machen so'n Dreck draus. Ich respektiere dich sehr, doch, was du gemacht hast. Hut ab! Politisch ist es natürlich naiv. Wir müssen uns erst mal privat ein bisschen näher kennen lernen. Das Interview heute ist erst der
20 Anfang. Ich schlage vor, dass wir jetzt erst mal ein bisschen bumsen.
Plötzlich zuckt er zusammen, starrt sie ungläubig an und kippt um.

1 Vergleicht Katharinas Schilderung des Tathergangs in der Erzählung mit der Mordszene im Film. Bezieht dabei die beiden letzten Fotos und den Auszug aus dem Drehbuch ein.
2 Gibt es andere Textauszüge, die man zum Verständnis der Szenenfotos heranziehen kann?

Die Verfilmung der Erzählung

Nachspiel: Schlussszene
in der Schnittfassung des Drehbuchs

FRIEDHOF

Reporter: Es ist ein ergreifender Augenblick hier auf dem Melatenfriedhof. Viele Bürger unserer Stadt geben dem kaltblütig erschossenen Journalisten Werner Tötges das letzte Geleit. Hier die Mutter. In der ersten Reihe der Trauergäste Professor Sträubleder mit Frau und der Verleger der ZEITUNG, Dr. h. c. Lüding, der auch die Traueransprache halten wird.
Am Rande steht und beobachtet die Szene das Ehepaar Blorna.
Dr. Lüding: Die Schüsse, die Werner Tötges getroffen haben, haben nicht nur ihn getroffen. Sie galten der Pressefreiheit, einem der kostbarsten Güter unserer jungen Demokratie. Und durch die Schüsse sind auch wir, die wir trauernd und entsetzt stehen, nicht nur betroffen, sondern getroffen. Wer spürt nicht die Wunde, wer spürt nicht den Schmerz, der weit übers Persönliche hinausgeht. Wer spürt nicht den Atem des Terrors und die Wildheit der Anarchie, wer spürt nicht die Gewalt, mit der hier an der freiheitlich-demokratischen Grundordnung gerüttelt wurde, die uns allen so kostbar ist. Hier wurde scheinbar private Motivation zum politischen Attentat und wieder einmal gilt: Wehret den Anfängen. Seid wachsam, denn mit der Pressefreiheit steht und fällt alles: Wohlstand, sozialer Fortschritt, Demokratie, Pluralismus, Meinungsvielfalt, und wer die ZEITUNG angreift, greift uns alle an.

1 Abweichend von der Erzählung endet der Film mit einer Beerdigungsszene. In welcher Absicht wenden sich der Reporter und der Redner an die Zuhörer? Und wie schätzt ihr die Wirkung der Szene auf das Publikum ein?
2 Das Ehepaar Blorna, das die Szene auf dem Friedhof beobachtet hat, kommt zu Hause auf die Traueransprache des Zeitungsverlegers Lüding zurück. Verfasst dieses Gespräch.
3 Nach der Premiere des Films erscheinen in Zeitungen Kritiken mit folgenden Titeln: „Chronik einer Zerstörung", „Katharina Blum – ein Symbol", „Reflexion einer brutalen Realität", „Böll-Story ohne Bölls Ironie", „Der lüsterne Meinungsterror", „Effektvoll inszenierte Anklage". Leiht euch eine Videokassette aus und seht den Film gemeinsam an. Zu welchem Urteil kommt ihr? Schreibt selbst eine Filmkritik.

Über die Macht der Medien

Die Wirklichkeit als Material

Literatur ist nach dem Verständnis Heinrich Bölls verwandelte Wirklichkeit. Was ein Autor erlebt und beobachtet, wird durch Auswahl und Gestaltung zum literarischen Werk.

Ich habe eine Zeit lang einen meiner gelegentlichen Mitarbeiter gebeten, die „Bild"-Zeitung und andere Boulevardblätter auf eklatante Verleumdungen von unbekannten und bekannten Personen durchzusehen. Sagen wir mal: Schauspielerin X hat gestern mit Regisseur Sowieso geschlafen, Ehemann hat sie er-
5 tappt, und so weiter. Die übelste Art also von Kolportage, meistens mit Namen oder Bild. Und da habe ich mir überlegt, was wird aus diesen Menschen. Irgendjemand steht in so einem Boulevardblättchen, wird plötzlich für ein, zwei Tage zur Sensation, und keiner weiß, was mit dem Leben dieser Menschen danach passiert. Diese Geschichte habe ich regelrecht studiert, Material gesammelt und
10 daraus schließlich die Geschichte einer völlig unbekannten und belanglosen Zeitgenossin gemacht, die plötzlich einer solchen Verleumdung ausgesetzt wird.

Ein Artikel und seine Folgen

Am 10. Januar 1972, zwei Jahre vor Erscheinen der „Katharina Blum", veröffentlichte das Wochenmagazin „Der Spiegel" Bölls Beitrag „Will Ulrike Meinhof Gnade oder freies Geleit?" Darin erhob der Autor schwere Vorwürfe gegen einen Artikel der „Bild"-Zeitung vom 23. Dezember 1971, dessen Schlagzeile „Baader-Meinhof-Bande mordet weiter" diese Gruppe mit einem bewaffneten Banküberfall in Verbindung brachte. Eine solche Vorverurteilung kritisierte Böll als Verletzung rechtsstaatlicher Grundsätze. Doch wollte er, wie er später betonte, die Terroranschläge der linksextremistischen Gruppe keineswegs verharmlosen. Genau dies aber wurde ihm von manchen Zeitungen vorgeworfen, ja, man machte ihn gar zum Sympathisanten und geistigen Mittäter der verurteilten Verbrechen. Heinrich Böll, der sich als Opfer der Boulevardpresse fühlte, sah in diesen Erfahrungen eine wichtige Voraussetzung für die Entstehung seiner Erzählung. Den vermutlich letzten Anstoß gab 1974 die Hausdurchsuchung bei seinem Sohn Raimund, den man verdächtigte, ein Komplize der Terroristen zu sein.

1 Erläutert mit Hilfe dieses Textes die Karikatur von Hicks (rechte Seite oben), in der Böll mit der Titelfigur seines Romans „Ansichten eines Clowns" gleichgesetzt wird.

Über die Macht der Medien

„Worte können töten"

Was Heinrich Böll Anfang der Siebzigerjahre am eigenen Leibe erfuhr, nahm er gedanklich in einer Rede vorweg, die er 1959 in Wuppertal hielt.

Der Spruch: „Wenn Worte töten könnten" ist längst aus dem Irrealis in den Indikativ geholt worden: Worte können töten und es ist einzig und allein eine Gewissensfrage, ob man die Sprache in Bereiche entgleiten lässt, wo sie mörderisch wird.

5 Es mag Ihnen merkwürdig erscheinen, dass einer, der sich als leidenschaftlicher Liebhaber der Sprache bekannt hat, hier eine Rede hält, die nur düstere politische Prognosen zu enthalten scheint, aus Vergangenheit und Gegenwart Worte auswählt, die tödlich gewirkt haben oder tödlich wirken können, die Zukunft aus Worten beschwört; aber der politische Akzent solcher Beschwörungen und Er-
10 innerungen, das Mahnende und Drohende, kommt aus dem Wissen, dass Politik mit Worten gemacht wird, dass es Worte sind, die den Menschen zum Gegenstand der Politik machen und ihn Geschichte erleiden lassen, Worte, die geredet, gedruckt werden, und es kommt aus dem Wissen, dass Meinungsbildung, Stimmungsmache sich immer des Wortes bedienen. Die Maschinen sind da: Presse,
15 Rundfunk, Fernsehen, von freien Menschen bedient, bieten sie uns Harmloses an, beschränken sich aufs Kommerzielle, Werbung, Unterhaltung – aber nur eine geringe Drehung am Schalter der Macht und wir würden erkennen, dass die Harmlosigkeit der Maschinen nur eine scheinbare ist.

1 „Racheakt eines Schriftstellers" – so überschrieb 1974 ein Kritiker seine Rezension von Bölls Erzählung. Teilt ihr diese Auffassung?
2 Heinrich Böll sprach 1972 in einem Interview von der „Gewalt der Schlagzeile". Sammelt Schlagzeilen aus der Boulevardpresse und überprüft diese Aussage.

WERKSTATT

Gnade für Katharina Blum

Katharina Blum wird wegen guter Führung vorzeitig aus der Haft entlassen. In einem Zeitungsbericht wird an die Vorgeschichte des Prozesses erinnert.

Endlich frei

Schildert in einem Text mit dieser Überschrift den ersten Tag nach Katharinas Entlassung.

Das Leben danach

Skizziert den weiteren Lebensweg Katharinas und vergleicht eure Entwürfe.

KURZREFERATE:
Geschichte der Bundesrepublik Deutschland in den Sechziger- und Siebzigerjahren

MÖGLICHE THEMEN:
- Veränderungen in der Innen- und Außenpolitik
- Die studentische Protestbewegung
- Der Terrorismus in Deutschland

Ohnmächtige Leser?

Informiert euch in einschlägigen Fachbüchern oder bei einer Zeitung über die Grundsätze des „Deutschen Presserats" und diskutiert darüber, wie man sich – anders als Katharina – gegen Presseverleumdungen zur Wehr setzen könnte.

Heinrich Böll und „Bild"

Über Bölls Auseinandersetzung mit der „Bild"-Zeitung könnt ihr nachlesen in der Dokumentation „Heinrich Böll: Freies Geleit für Ulrike Meinhof" (1972) und in Bölls Buch „Bild. Bonn. Boenisch" (1984), in dem er die Kommentare des Journalisten Peter Boenisch kritisch analysiert.

Wer informiert über Bölls Einstellung gegenüber der „Bild"-Zeitung?

„Lesen macht dumm und gewalttätig"

Sprecht über das Plakat von Klaus Staeck und schreibt einen satirischen Kommentar mit der obigen Überschrift.

Aus Sorge um die freiheitliche demokratische Grundordnung wurde ein Gesetz zum Schutz des Gemeinschaftsfriedens vorgelegt (Bundestagsdrucksache Nr. 7/3030, 2772.2864), das der kritischen Literatur endlich ein Ende bereiten soll (§ 130 a StGB). Der CDU-Fraktionsvorsitzende Carstens hat vielen Abgeordneten aus der Seele gesprochen, als er am 12.12.74 in Duisburg verkündete: „Ich fordere die ganze Bevölkerung auf, sich von der Terrortätigkeit zu distanzieren. Insbesondere auch den Dichter Heinrich Böll, der noch vor wenigen Monaten unter dem Pseudonym Katharina Blum ein Buch geschrieben hat, das eine Rechtfertigung von Gewalt darstellt."

Bürger dieses Landes

„Schreiben als Zeitgenossenschaft" – so verstand Böll seine Aufgabe als Schriftsteller. In Erzählungen und Romanen stellte er die Erfahrungen einer Generation dar, die das Dritte Reich, die Nachkriegsjahre und die ersten Jahrzehnte der Bundesrepublik erlebte. Böll war jedoch nicht nur ein literarischer Chronist, sondern zugleich auch ein Zeitkritiker. Seine Stimme fand in der Öffentlichkeit Gehör.

„Gewissen der Nation"

Versuchen wir zunächst, uns von dem dummen Klischee zu befreien, wir, Intellektuelle und Schriftsteller, wären die Moralisten oder das Gewissen der Nation. Wir sind nichts weiter als in diesem Land arbeitende und Steuer zahlende Staatsbürger, die sich möglicherweise [...] gelegentlich besser artikulieren als irgendein Staatsbürger, der ebenso das Gewissen der Nation verkörpert, sei er Arbeiter, Bankdirektor, Lehrer, Abgeordneter. Der Beichtspiegel der Nation, falls Sie Ihr Gewissen prüfen möchten, ist das Grundgesetz; und da Gesetze, Politik, Rechtsprechung zunächst aus Worten bestehen, kommt uns Autoren, die wir mit Worten einen gewissen Umgang pflegen, vielleicht die Rolle der Interpreten zwischen den verschiedenen Wortbereichen zu, die immer wieder aneinander geraten, wodurch Reibung und auch Gewalt entstehen.

Ich halte solche Titulierungen [...] für lebensgefährlich. Moral und Gewissen einer Nation finden ihren Ausdruck in Politikern, Publizisten, Journalisten, Juristen; sie ergeben sich aus der permanent notwendigen Reibung und Konfrontation zwischen der Verbalität ihrer Verfassungen und der Wirklichkeit ihres Rechts-, Straf- und Sozialvollzugs. – Wenn ein Schriftsteller gelegentlich tut, was jeder Politiker, Publizist, Kommentator gelegentlich ebenfalls tun muss: das „Gewissen der Nation aufrütteln", so könnte er das gar nicht mehr, wenn er selbst der Sitz dieses Gewissens wäre. Er müsste ja dann sich selbst „aufrütteln": eine peinliche Turnübung im stillen Kämmerlein, und ich hab nun mal was gegen 's stille Kämmerlein. Etwas, das so umfangreich ist, wie es das Gewissen einer Nation sein sollte, kann in der Brust eines Schriftstellers nicht untergebracht werden: Sie wäre zu klein – und zu unzuverlässig. Das Gewissen einer Nation muss aus sehr vielen einander korrigierenden Instrumenten bestehen, die gelegentlich in offenen Konflikt geraten können.

1 Christa Wolf nennt im ersten Teil ihres Geburtstagsbriefes (S. 147) Heinrich Böll eine Instanz, auf die man höre. Vergleicht diese Einschätzung mit Bölls Aussagen über seine Rolle als „Gewissen der Nation". Welcher Meinung seid ihr?

Einmischung erwünscht: Der Schriftsteller Heinrich Böll

Die Anfänge von Bölls politischem Engagement fallen in die Zeit nach dem Ende des Zweiten Weltkrieges. Zunächst hoffte er darauf, der Wiederaufbau Westdeutschlands ließe sich mit einer Art christlichem Sozialismus verbinden, doch nach der Gründung der beiden deutschen Staaten glaubte er an eine solche Entwicklung nicht mehr. In den Fünfziger- und frühen Sechzigerjahren machte er den von Adenauer geführten Regierungen den Vorwurf, ihre Politik sei einseitig an Sicherheit und Wohlstand ausgerichtet und zu eng an die Wertvorstellungen und die Interessenlage der katholischen Kirche gebunden. Als 1966 CDU/CSU und SPD die Große Koalition bildeten, gehörte Böll wiederum zu den Kritikern der Regierung. Er vermisste durchgreifende Reformen und sah in den 1966 verabschiedeten Notstandsgesetzen eine Gefahr für die Demokratie. Deshalb beteiligte er sich an der Kundgebung, die zum Abschluss eines Protestmarsches nach Bonn im Hofgarten stattfand, und hielt dort am 11. Mai 1968 eine Rede.

Böll stand damals der außerparlamentarischen Opposition nahe und sprach sich für gewaltfreie Demonstrationen als demokratisches Recht aus. Nach 1969 war er ein Anhänger der Kleinen Koalition zwischen SPD und FDP mit Willy Brandt als Bundeskanzler. Böll unterstützte die neue Ostpolitik, setzte sich für soziale Reformen ein und arbeitete auch in sozialdemokratischen Wählerinitiativen mit. In den letzten Jahren seines Lebens wandte Böll sich den Grünen und der Friedensbewegung zu. 1983, zwei Jahre vor seinem Tod, beteiligte er sich in Mutlangen an der Blockade einer amerikanischen Kaserne.

Bürger dieses Landes

„Die geborenen Einmischer"

Heinrich Böll wurde 1971 zum Präsidenten des PEN-Clubs gewählt. Seine Tätigkeit an der Spitze dieses internationalen Schriftstellerverbandes übte er mit großem Verantwortungsbewusstsein aus. Als nach der Verleihung des Nobelpreises sein Ansehen im In- und Ausland noch gestiegen war, nutzte er es, um sich für verfolgte Schriftsteller in Ost und West einzusetzen.
Nach dem Ende seiner dreijährigen Präsidentschaft kümmerte sich Böll auch privat um Autoren, die der Hilfe bedurften. So nahm er 1974 Alexander Solschenizyn und 1980 Lew Kopelew nach ihrer Ausweisung aus der Sowjetunion in seinem Landhaus in der Eifel auf. Im Jahre 1983 setzte sich Böll in einem Brief an den sowjetischen Staatschef dafür ein, die Verbannung des Atomphysikers und Nobelpreisträgers Sacharow aufzuheben – ein erfolgloser Versuch.

Schon nicht mehr nur monatlich, immer mehr wöchentlich gehen Amnesty International, dem Internationalen PEN, der Vereinigung Writers and Scholars Informationen über verhaftete, zensurierte, angeklagte Schriftsteller und Intellektuelle zu, von denen jede einzelne Information einen Protest notwendig machen würde.
Es fragt sich nur, ob diese Appelle und Resolutionen, die für Freiheiten plädieren, die als die konventionellen gelten und verfassungsmäßig in den meisten Ländern garantiert sind – ob diese Appelle und Resolutionen in ihrer Einsamkeit noch sinnvoll sind, wenn die Politiker diesen drei Organisationen und den zahl-

Heinrich Böll und Alexander Solschenizyn nach seiner Ausweisung im Jahre 1974 bei einem Spaziergang in Langenbroich

Einmischung erwünscht: Der Schriftsteller Heinrich Böll

Heinrich Böll und Lew Kopelew in Köln 1980

10 reichen anderen Gruppen und Kreisen, die sich mit Verfolgung und Unterdrückung auf dieser Erde beschäftigen, nicht an die Seite treten.
Immerhin repräsentieren diese Organisationen und Gruppen jene merkwürdig schwer zu definierende Instanz, die man das Gewissen zu nennen pflegt. Es besteht die Gefahr, dass dieses Gewissen zu einer abgestorbenen Blume im Knopf-
15 loch verschiedener Ideologien wird, wenn die Politiker nicht begreifen wollen, dass nur sie es sind, die den moralischen Druck in einen politischen verwandeln können, und wenn sie nicht endlich das heuchlerische Konzept der Nichteinmischung in die inneren Angelegenheiten anderer Staaten aufgeben. [...]
Wir Autoren sind die geborenen Einmischer, wir mischen uns ein in die Recht-
20 sprechung und Kulturpolitik der Sowjetunion, der ČSSR, Spaniens, Indonesiens, Brasiliens und Portugals, und wir mischen uns ein in die erschreckende Entwicklung in Jugoslawien, wo wieder einmal Sündenböcke gesucht werden und eine Hoffnung begraben werden soll. Wir werden uns auch in die Volksrepublik China einmischen, in Kuba und in Mexiko. Das kling idealistisch, ist es aber
25 nicht. Einmischung ist die einzige Möglichkeit, realistisch zu bleiben.

1 Warum ist nach Böll „Einmischung erwünscht"? Und wie beurteilt er die Chancen von Appellen?
2 Informiert euch über die Arbeit der Organisation „Amnesty International".

WERKSTATT

Hörfunksendung:
Literarische Chronisten der DDR

Ohnmacht oder Selbstbehauptung gegenüber dem Herrschaftsanspruch von Partei und Staat – das ist ein wichtiges Thema in der Literatur der DDR. Ihr könntet eine Rundfunksendung gestalten und darin literarische Figuren vorstellen, die in ihrem Leben solche Erfahrungen machen.

Wie bereitet ihr die Sendung vor?
Kurzporträts verfassen,
Auszüge zum Vorlesen aussuchen,
Sprecher festlegen ...

Titel zur Auswahl:
<u>Ulrich Plenzdorf,</u> Die neuen Leiden des jungen W. (1972)
<u>Volker Braun,</u> Unvollendete Geschichte (1975)
<u>Reiner Kunze,</u> Die wunderbaren Jahre (1976)
<u>Erich Loest,</u> Es geht seinen Gang oder die Mühen in unserer Ebene (1978)
<u>Christoph Hein,</u> Der Tangospieler (1989)
<u>Christa Wolf,</u> Was bleibt (1990)

Buchberichte:
Der Böll der frühen Jahre

Wer stellt eines der frühen Werke von Heinrich Böll vor?

Vorschläge für Buchberichte:
- „Und sagte kein einziges Wort" (1953)
- „Das Brot der frühen Jahre" (1955)
- „Der Engel schwieg" (1992 nach Bölls Tod erschienen)

Projekt:
Gleiche oder ungleiche Schwestern Katharinas?

Wie Frauen leben, wie sie ihre Rolle in der Gesellschaft verstehen, davon handeln viele Werke der erzählenden Literatur. In einem Gespräch in der Klasse solltet ihr euch darüber verständigen, worauf ihr den Schwerpunkt legen und wie ihr bei der Erarbeitung des Themas vorgehen wollt.

Hier einige Titel als Anregung:
- <u>Peter Härtling,</u> Eine Frau (1974)
- <u>Frauen in der DDR,</u> Zwanzig Erzählungen (1976)
- <u>Maxie Wander,</u> Guten Morgen, du Schöne (1977)
- <u>Ingeborg Drewitz,</u> Gestern war Heute. Hundert Jahre Gegenwart (1978)

Kurzreferat: Die „Gruppe 47"

Heinrich Böll erhielt 1951 den Preis der „Gruppe 47".
Wer informiert sich in einer Literaturgeschichte über die Gründung und ihre Rolle im literarischen Leben?

Lesetipps:
Schriftsteller der Generation Bölls als literarische Chronisten

Auch andere Autoren haben nach 1945 in ihren Werken deutsche Schicksale gestaltet.
Vorschläge:
<u>Günter Grass,</u> Katz und Maus (1961)
<u>Martin Walser,</u> Ehen in Philippsburg (1961)
<u>Siegfried Lenz,</u> Deutschstunde (1968)

8 In Herzensdingen

Die Königin des Tages

Margaret Mitchell

aus: Vom Winde verweht

Der 1936 erschienene Roman „Vom Winde verweht" der Amerikanerin Margaret Mitchell ist eines der meistverkauften Bücher aller Zeiten. Im Mittelpunkt der verzweigten Handlung, die zur Zeit des Sezessionskrieges zwischen den Nord- und Südstaaten ab 1861 spielt, steht die anfangs 16-jährige verwöhnte Scarlett O'Hara.

Scarlett saß auf einem hohen Liegestuhl aus Rosenholz im Schatten einer riesigen Eiche hinter dem Hause, umwogt von Falten und Rüschen, unter denen zwei Zoll ihrer grünen Maroquinschuhe[1] – das Äußerste, was eine Dame zeigen durfte – zum Vorschein kamen. Einen kaum berührten Teller hatte sie in der Hand
und sieben Kavaliere um sich herum. Das Gartenfest war auf seinem Höhepunkt angelangt. Gelächter und lustige Worte, das Geklirr von Silber und Porzellan und würzige Bratendüfte erfüllten die warme Luft. Wenn der leichte Wind sich drehte, zogen Rauchwolken von den Feuerstellen über die Gesellschaft hin und wurden von den Damen mit lustigem Schreckensgeschrei und heftigem Gewedel
ihrer Palmenfächer begrüßt.
Die meisten jungen Damen saßen mit ihren Herren auf den Bänken an den langen Tischen. Aber Scarlett hatte erkannt, dass ein Mädchen nur zwei Seiten und auf jeder nur Platz für einen einzigen Mann hat, und deshalb hatte sie vorgezogen, sich abseits zu setzen und so viel Männer wie möglich um sich zu versammeln.
Auf dem Rasen in der Laube saßen die verheirateten Damen, ehrbar in ihren dunklen Kleidern inmitten all der Lustigkeit und Buntheit ringsum. Wer verheiratet war, einerlei in welchem Alter, fand sich für immer von den helläugigen Mädchen, den Kavalieren und all ihrer Jugendlichkeit geschieden. Verheiratete
Frauen, die noch umworben wurden, gab es im Süden nicht. Von Großmama Fontaine, die von dem Vorrecht ihres Alters, aufzustoßen, unbekümmerten Gebrauch machte, bis zu der siebzehnjährigen Alice Munroe, die gegen die Übelkeit einer ersten Schwangerschaft ankämpfte, hatten sie zu endlosen genealogischen[2] und gynäkologischen[3] Gesprächen ihre Köpfe zusammengesteckt, was
solche Gesellschaften zu sehr willkommenen, unterhaltsamen Lehrkursen machte. Scarlett sah von oben auf sie herab und fand, sie sähen aus wie ein Schwarm fetter Krähen.
Verheiratete Frauen durften sich nie amüsieren. Dass sie selbst, wenn Ashley sie

---

1 **Maroquin:** Ziegenleder
2 **genealogisch:** die Genealogie betreffend; hier die verwandtschaftlichen Beziehungen
3 **gynäkologische Gespräche:** Unterhaltung über Frauenleiden

In Herzensdingen

heiratete, auch ohne weiteres in die Lauben und in die Salons verbannt würde, zu den gesetzten Matronen in glanzloser Seide, ausgeschlossen von Spaß und Spiel – der Gedanke kam Scarlett nicht. Ihre Fantasie trug sie, wie die meisten Mädchen, nur bis an den Altar und keinen Schritt darüber hinaus. Außerdem war sie jetzt zu unglücklich, um solchen Vorstellungen nachzuhängen.

Sie senkte die Augen auf den Teller und aß zierlich von einem angebrochenen Biskuit mit einer Eleganz und einem so völligen Mangel an Appetit, dass Mammy ihre Freude daran gehabt hätte. Bei allem Überfluss an Verehrern hatte sie sich noch nie im Leben so unglücklich gefühlt wie jetzt. Alle ihre Pläne

von gestern Abend waren gescheitert. Zu Dutzenden hatten sich die Kavaliere zu ihr gesellt, nur Ashley nicht, und all die Befürchtungen von gestern kamen wieder über sie. Ihr Herz schlug bald rasch, bald träge, ihre Wangen waren einmal flammend rot, dann wieder weiß. Ashley hatte keinerlei Anstalten gemacht, in ihren Bannkreis zu treten, und seit ihrer Ankunft hatte sie keinen Augenblick unter vier Augen mit ihm gehabt, ja, seit der ersten Begrüßung hatte sie überhaupt noch nicht mit ihm sprechen können. Als sie den Hintergarten betrat, war er auf sie zugekommen, aber mit Melanie am Arm, die ihm kaum bis zur Schulter reichte.

Melanie war ein zart gebautes, zierliches Mädchen, gleich einem Kind, das mit den viel zu großen Reifröcken der Mutter Verkleiden spielt, eine Vorstellung, die durch den scheuen, fast furchtsamen Blick ihrer großen Augen noch verstärkt wurde. Die Wolke ihres dunklen lockigen Haares war unter einem Netz streng gefasst, eine dunkle Masse, die auf der Stirn in eine Spitze wie eine Witwenhaube auslief und das herzförmige Gesichtchen noch herzförmiger erscheinen ließ. Mit den zu breiten Backenknochen und dem allzu spitzen Kinn war es ein süßes, schüchternes, aber keineswegs schönes Gesicht und Melanie verstand nicht durch weibliche Verführungskünste über seine Unscheinbarkeit hinwegzutäuschen. Sie sah aus, wie sie war, schlicht wie die Erde, gut wie das Brot, durchsichtig wie Quellwasser. Aber trotz dieser Unansehnlichkeit und der Kleinheit ihrer Gestalt lag in ihren Bewegungen eine gelassene Würde, die sie weit über ihre siebzehn Jahre hob und ihr etwas seltsam Eindrucksvolles verlieh. Ihr graues

Die Königin des Tages

Organdykleid[4] mit der kirschroten Atlasschärpe[5] verhüllte in Rüschen und duftigen Stoffwolken den kindlich unentwickelten Körper. Der gelbe Hut mit den langen kirschroten Bändern ließ ihre elfenbeinfarbene Haut erglühen. In ihren braunen Augen war etwas von dem stillen Glanz eines winterlichen Waldsees, aus dessen Tiefe die dunklen Gewächse durch das ruhige Wasser heraufschimmern.

Sie hatte Scarlett mit schüchterner Zuneigung angelächelt und ihr gesagt, wie hübsch ihr grünes Kleid sei, und es war Scarlett schwer gefallen, auch nur höflich zu antworten, so heftig war ihr Verlangen, mit Ashley allein zu sein. Seitdem hatte Ashley auf einem Hocker zu Melanies Füßen gesessen, fern von den anderen Gästen, hatte sich ruhig mit ihr unterhalten und dabei das leichte, versonnene Lächeln gezeigt, das Scarlett so sehr an ihm liebte. Unter seinem Lächeln war ein kleiner Funken in Melanies Augen aufgesprungen und das machte die Sache noch schlimmer, denn nun musste sogar Scarlett zugeben, dass sie beinahe hübsch aussah. Als Melanie zu Ashley aufblickte, war ihr Gesicht wie von innen erleuchtet. Hatte je ein liebendes Herz sich auf einem Antlitz gezeigt, so jetzt bei Melanie Hamilton.

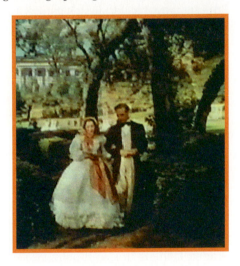

Scarlett gab sich Mühe, die Augen von den beiden abzuwenden, aber es gelang ihr nicht. Nach jedem Blick dorthin war sie mit ihren Kavalieren doppelt lustig. Sie lachte und sagte gewagte Dinge, neckte und warf den Kopf zurück, dass die Ohrringe klirrten. Wohl hundertmal sagte sie „Ach Unsinn, dummes Zeug!" und schwur, sie wolle nie etwas von all dem glauben, was Männer ihr sagten. Ashley aber bemerkte es nicht, er blickte nur zu Melanie hinauf und sprach weiter und Melanie sah zu ihm hinab mit einem Ausdruck, der strahlend bewies, dass sie sein war.

So kam es, dass Scarlett sich unglücklich fühlte. Wer nur das Äußere wahrnahm, mochte meinen, nie habe ein Mädchen weniger Grund dazu gehabt. Unbestritten war sie die Königin des Tages. Zu jeder anderen Zeit hätte ihr das Aufsehen, das sie bei den Männern erregte, zusammen mit dem Herzweh der anderen Mädchen ungeheures Vergnügen bereitet.

Charles Hamilton wich trotz der vereinten Bemühungen der Zwillinge Tarleton nicht von ihrer Seite. Er hielt ihren Fächer in der einen Hand und seinen un-

4 **Organdy:** durchsichtiges Baumwollgewebe
5 **Atlas:** Seidengewebe

In Herzensdingen

berührten Teller in der andern und vermied es hartnäckig, Honeys Blick zu begegnen, der die Tränen nahe waren. Cade hatte es sich zu ihrer Linken bequem gemacht und sah Stuart mit glimmenden Augen an. Schon schwelte die Glut zwischen ihm und den Zwillingen, schon waren gereizte Worte hin und her gegangen. Frank Kennedy scharwenzelte um Scarlett herum wie eine Henne um ein Küken und rannte zwischen den Eichen und den Tischen hin und her, um Scarlett mit Leckerbissen zu versorgen, als ob nicht schon ein Dutzend Diener zu diesem Zweck da wären. Suellens dumpfer Groll begann ihre vornehme Zurückhaltung zu durchbrechen und sie schoss feindselige Blicke auf Scarlett. Die kleine Carreen hätte weinen mögen. Trotz Scarletts ermutigenden Worten von heute Morgen hatte Brent nur „Hallo, Schwesterchen" zu ihr gesagt und sie am Haarband gezupft, ehe er seine volle Aufmerksamkeit Scarlett zuwandte. Gewöhnlich war er doch so nett zu ihr und behandelte sie mit einer heiteren Ehrerbietung, bei der sie sich ganz erwachsen vorkam; und Carreen träumte insgeheim von dem Tage, da sie ihr Haar aufstecken und einen langen Rock anziehen und ihn wirklich als Verehrer betrachten konnte. Aber nun sah es aus, als gehörte er Scarlett ganz und gar. Die Munroemädchen verbargen mühsam ihren Kummer über die Unaufmerksamkeit der beiden dunklen Fontaines, die mit im Kreise um Scarlett standen und sich an sie heranzuschlängeln suchten, sobald einer der andern Miene machte aufzustehen. Mit erhobenen Augenbrauen funkten sie ihre Missbilligung über Scarletts Benehmen zu Hetty Tarleton hinüber. „Schamlos" war das einzig richtige Wort dafür. Alle drei zugleich nahmen die jungen Damen ihre Spitzenschirmchen in die Hand, sagten, sie hätten nun genug gegessen, berührten mit leichtem Finger den Arm des zunächst stehenden Herrn und begehrten in holden Tönen den Rosengarten, den Brunnen und das Sommerhaus zu sehen. Dieser strategische Rückzug in guter Ordnung entging keiner der anwesenden Damen und jedem der anwesenden Männer.
Scarlett kicherte in sich hinein, als sie drei Männer ihren Zauberkreis verlassen sah, um den Damen Dinge zu zeigen, die ihnen von Kindheit auf vertraut waren, und warf einen scharfen Blick auf Ashley, um zu sehen, ob er es bemerkt habe. Der aber spielte mit den Enden von Melanies Schärpe und lächelte zu ihr hinauf. Scarletts Herz zog sich vor Weh zusammen. Sie hätte Melanies Elfenbeinhaut bis aufs Blut zerkratzen mögen.
Als ihre Blicke weiterschweiften, begegneten ihre Augen denen Rhett Butlers, der abseits mit John Wilkes sprach. Er hatte sie beobachtet und jetzt lachte er sie an. Scarlett hatte das unbehagliche Gefühl, dass unter allen Anwesenden nur dieser Mann, mit dem man nicht verkehrte, ihre wilde Lustigkeit durchschaute und sein hämisches Vergnügen daran fand. Auch ihn hätte sie mit Wonne zerkratzen mögen. „Wenn ich nur dieses Fest bis heute Mittag überstehe", dachte sie, „dann gehen alle Mädels zu einem Schläfchen hinauf und ich bleibe hier und komme endlich dazu, mit Ashley zu reden. Er muss doch bemerkt haben, wie begehrt ich bin." Noch mit einer anderen Hoffnung suchte sie ihr Herz zu trösten: „Natürlich

muss er gegen Melanie aufmerksam sein, denn schließlich ist sie seine Kusine, und so unbeliebt, wie sie ist, wäre sie ohne ihn ein Mauerblümchen."

Sie schöpfte wieder Mut und verdoppelte ihre Bemühungen um Charles, dessen glühende braune Augen nicht von ihr abließen. Es war ein wundervoller Tag, ein Traumtag für ihn. Er hatte sich in Scarlett verliebt. Vor diesem neuen Gefühl wich Honey wie in einen dichten Nebel zurück. Honey war ein laut zwitschernder Spatz, Scarlett ein schillernder Kolibri. Sie zog ihn vor, stellte Fragen an ihn und gab selbst Antworten darauf, sodass er gescheit wirkte, ohne selbst ein Sterbenswörtchen zu erfinden. Die anderen ärgerten sich und wussten nicht, was sie dazu sagen sollten. Sie mussten sich ernstlich anstrengen, um höflich zu bleiben und die wachsende Wut hinunterzuschlucken. Überall glomm es unter der Asche, und wäre Ashley nicht gewesen, Scarlett hätte einen richtigen Triumph gefeiert.

Als der letzte Bissen aufgegessen war, hoffte Scarlett, India werde nun aufstehen und den Damen vorschlagen, sich ins Haus zurückzuziehen. Es war zwei Uhr und die Sonne schien warm, aber India war nach den dreitägigen Vorbereitungen so müde, dass sie froh war, sitzen zu dürfen und dabei einem tauben alten Herrn aus Fayetteville ihre Bemerkungen ins Ohr schreien zu können.

Eine träge Schläfrigkeit legte sich über die Gesellschaft. Die Neger gingen herum und deckten die langen Tische, an denen man gespeist hatte, ab. Gelächter und Gespräch wurden stiller, alle warteten darauf, dass die Gastgeberin das Zeichen zum Ende der Festlichkeit geben möge. Palmenfächer wedelten auf und ab und einige alte Herren waren vor Hitze und Sattheit eingenickt. In dieser Pause zwischen der Geselligkeit des Morgens und dem abendlichen Ball machten sie alle den Eindruck von gemessenen, friedlichen Leuten. Nur die jungen Männer hatten immer noch etwas von der ruhelosen Kraft, die bis vor kurzem die ganze Gesellschaft belebt hatte. Unter der Schlaffheit des Mittags lauerten Leidenschaften, die jeden Augenblick tödlich aufflammen und ebenso schnell ausbrennen konnten. Die Unterhaltung wollte eben völlig einschlafen, als plötzlich alles durch Geralds zornig erhobene Stimme aus dem Halbschlummer geschreckt wurde. Er stand in einiger Entfernung von den Speisetischen und war auf dem Höhepunkt eines Streites mit John Wilkes angelangt.

„Heiliger Strohsack, Mann! Für friedliche Einigung mit den Yankees[6] beten? Nachdem wir die Schufte aus Fort Sumter hinausgefeuert haben? Friedlich? Die Südstaaten sollten mit den Waffen in der Hand zeigen, dass sie sich nicht beleidigen lassen und dass sie sich nicht mit gütiger Erlaubnis der Union von ihr trennen, sondern aus eigener Kraft befreien!"

„Mein Gott", dachte Scarlett, „nun können wir alle bis Mitternacht hier sitzen bleiben." Im Handumdrehen hatte sich alle Schläfrigkeit verflüchtigt. Die Männer sprangen von Bänken und Stühlen auf, die Stimmen begannen einander zu

---

6 **Yankee:** im Sezessionskrieg Bezeichnung für einen Bürger der Nordstaaten

überschreien. Den ganzen Morgen hatte auf Mr Wilkes' Bitte, die Damen nicht zu langweilen, niemand von Politik und Kriegsgefahr gesprochen. Aber nun hatte Gerald das Eis gebrochen und alle anwesenden Männer vergaßen die Ermahnung.

„Natürlich wollen wir kämpfen …" – „Diese verfluchten Yankees, diese Spitzbuben …" – „Wir verhauen sie in einem einzigen Monat …" – „Einer von uns prügelt zwanzig von ihnen windelweich …" – „Friedlich? … Sie lassen uns ja nicht in Frieden!" – „Wie Mr Lincoln unsere Unterhändler beleidigt hat … Wochenlang hat er sie warten lassen und versprochen, Fort Sumter zu räumen!" – „Sie wollen den Krieg, nun, er soll ihnen bald zum Halse  heraushängen!" Lauter als alle anderen donnerte Gerald. Scarlett hörte ihn brüllen: „Die Rechte der Südstaaten, Teufel noch mal!" Er eiferte sich gewaltig und kam endlich auf seine Kosten, seine Tochter aber durchaus nicht. All dies Gerede war ihr gründlich verhasst, weil sich die Männer nun stundenlang damit beschäftigen und sie vorläufig keine Gelegenheit mehr finden würde, Ashley unter vier Augen zu sprechen. Natürlich gab es keinen Krieg, das wussten die Männer alle. Sie redeten nur gern und hörten sich so gern reden. […]

Scarlett stand auf dem Treppenabsatz und lugte vorsichtig über das Geländer nach unten in die Halle. Sie war leer. Aus den Schlafzimmern im oberen Flur kam das endlose Summen leiser Stimmen. Es schwoll an und schwoll wieder ab und zwischenhinein erscholl Gelächter. Auf den Betten und Diwans der sechs großen Schlafzimmer ruhten die Mädchen sich aus. Das Kleid hatten sie abgelegt, das Korsett gelockert, die Haare flossen geöffnet über den Rücken herab. Ein Nachmittagsschlummer war auf dem Lande Sitte und selten war es so nötig wie auf solchen Gesellschaften, die den ganzen Tag dauerten, frühmorgens begannen und in einem Ball ihren Höhepunkt fanden. Eine halbe Stunde schwatzten und lachten noch die Mädchen miteinander, dann schlossen die Kammerjungfern die Fensterläden und in dem warmen Halbdunkel verlor sich das Gespräch im Flüstern und schließlich ganz im Schweigen, das nur durch sanfte, regelmäßige Atemzüge belebt ward.

Scarlett hatte sich davon überzeugt, dass Melanie mit Honey und Hetty Tarleton auf dem Bett lag, dann schlich sie auf den Flur und ging die Treppe hinunter. Aus dem Treppenfenster konnte sie die Gruppe der Männer unter den Bäumen sitzen sehen, wie sie aus hohen Gläsern tranken. Dort blieben sie nun bis zum späten Nachmittag. Sie suchte die Schar mit den Augen ab, aber Ashley war nicht darunter. Dann horchte sie und vernahm seine Stimme, er nahm noch vorn in der Einfahrt Abschied von davonfahrenden Frauen und Kindern.

Das Herz schlug ihr bis zum Halse, geschwind lief sie die Treppe hinunter. Wenn sie nun Mr Wilkes traf? Wie sollte sie sich dafür entschuldigen, im Hause herumzustöbern, während alle anderen Mädchen schliefen? Nun, sie musste es darauf ankommen lassen. Als sie die untersten Stufen erreicht hatte, hörte sie die Dienstboten im Speisezimmer hin und her gehen und nach den Anweisungen des ersten Dieners Tisch und Stühle hinaustragen und das Zimmer für den Tanz vorbereiten. Auf der andern Seite der Halle stand die Tür der Bibliothek offen, lautlos lief sie hinüber. Dort konnte sie warten, bis Ashley mit Abschiednehmen fertig war, und ihn dann anrufen, wenn er hereinkam. Die Bibliothek lag im Halbdunkel da, die Vorhänge waren zum Schutz gegen die Sonne geschlossen. Der dämmerige Raum mit seinen hohen Wänden, bis obenhin voller Bücher, bedrückte sie. Für eine Zusammenkunft, wie sie sie erhoffte, hätte sie sich diesen Ort sicher nicht ausgesucht. Große Büchermengen bedrückten sie immer, ebenso wie die Leute, die viele Bücher lasen ... Alle solche Leute mit einer einzigen Ausnahme: Ashley. Schwere Möbel standen vor ihr im Halbdunkel, hochlehnige Stühle mit tiefen Sitzen und breiten Armlehnen für die großen Wilkesschen Männer, niedrige weiche Samtsessel und Schemel für die Mädchen. Ganz am anderen Ende des langen Raumes ragte vor dem Kamin das mächtige Sofa, Ashleys Lieblingsplatz, wie ein schlafendes Riesentier.

Sie schloss die Tür bis auf einen schmalen Spalt und versuchte den raschen Schlag ihres Herzens zu beruhigen. Sie suchte sich genau auf das zu besinnen, was sie sich gestern Abend vorgenommen hatte, Ashley zu sagen, aber es war ihr völlig entschwunden. Hatte sie sich überhaupt etwas ausgedacht und wieder vergessen? Oder hatte nach ihrem Plan Ashley etwas zu ihr sagen sollen? Sie konnte sich nicht erinnern, ein plötzlicher kalter Schauder überkam sie. Wenn nur ihr Herz aufhören wollte, ihr in den Ohren zu dröhnen, vielleicht fiel ihr dann etwas ein. Aber sein Pochen wurde nur noch schneller, als sie hörte, wie Ashley zur Haustür hereinkam.

Ihr fiel nichts anderes ein, als dass sie ihn liebte – alles an ihm, vom stolz emporgetragenen Haupt bis zu den schlanken dunklen Schuhen. Sie liebte sein Lachen, auch wenn sie es nicht verstand, liebte sein beunruhigendes Verstummen im Gespräch. Ach, käme er doch jetzt herein und nähme sie in die Arme, dann brauchte sie gar nichts mehr zu sagen. Er musste sie doch lieben ... „Vielleicht, wenn ich bete?" Sie kniff die Augen fest zusammen und leierte vor sich hin: „Ave Maria, Gnadenvolle ..."

„Nun, Scarlett?" Ashleys Stimme drang durch das Dröhnen in ihren Ohren und stürzte sie in äußerste Verwirrung. Er stand in der Halle und schaute durch den

In Herzensdingen

Türspalt zu ihr herein, ein belustigtes Lächeln auf den Lippen. „Vor wem versteckst du dich? Vor Charles oder vor den Tarletons?"

Sie schluckte. Er hatte also bemerkt, wie die Männer sie umschwärmt hatten! Wie unaussprechlich lieb stand er da mit seinen lächelnden Augen; wie aufgeregt sie war! Sie konnte nicht sprechen, sie streckte nur die Hand aus und zog ihn herein. Er trat ein, erstaunt, aber voller Neugierde. In ihrer Erscheinung lag etwas Gespanntes, in ihren Augen eine Glut, wie er sie nie an ihr gesehen hatte, und sogar in dem gedämpften Licht war die Röte ihrer Wangen sichtbar. Unwillkürlich schloss er die Tür hinter sich und fasste ihre Hand.

„Was ist?", fragte er fast flüsternd.

Als seine Hand sie berührte, erbebte sie. Jetzt würde es geschehen, genau, wie sie es sich erträumt hatte. Tausend zusammenhanglose Gedanken schossen ihr

durch den Sinn, nicht einen davon konnte sie fassen und in Worte kleiden. Sie konnte nur bebend zu ihm aufblicken. Warum sagte er nichts?

„Was ist?", wiederholte er. „Willst du mir ein Geheimnis sagen?"

Plötzlich hatte sie ihre Sprache wieder gefunden und ebenso plötzlich fiel Ellens jahrelange Erziehung von ihr ab und Geralds irisches Blut brach ohne Hemmung aus ihr hervor.

„Ja ... ein Geheimnis. Ich liebe dich."

Einen Augenblick war es so überwältigend still zwischen ihnen, als hätten beide aufgehört zu atmen. Dann kam ihr zitterndes Wesen zur Ruhe und Glück und Stolz erfüllten sie ganz. Warum hatte sie das nicht eher getan? Wie viel einfacher war dies als all die damenhaften Winkelzüge, die man sie gelehrt hatte. Und nun suchten ihre Augen die seinen.

Seine Augen waren bestürzt, ungläubig und ... was noch? So hatte Gerald geblickt an dem Tage, da sein Lieblingspferd sich das Bein gebrochen hatte und er es erschießen musste. Warum kam ihr das jetzt in den Sinn? Ein dummer Gedanke! Warum sah Ashley so sonderbar aus und sagte nichts? Dann fiel etwas wie eine Maske über sein Gesicht. Er lächelte galant.

„Genügt es dir denn nicht, jedes andern Mannes Herz heute gewonnen zu haben?", sagte er in dem alten, zärtlichen Neckton. „Nun, mein Herz hat dir immer gehört, das weißt du. Du hast dir die Zähne daran gewetzt."

Da ging etwas verkehrt … ganz verkehrt! So war es nicht geplant. Aus dem tollen Gedankensturm in ihrem Hirn begann eine Vorstellung Gestalt zu gewinnen. Irgendwie … aus irgendeinem Grunde … handelte Ashley so, als dächte er, sie wollte nur mit ihm spielen. Dabei wusste er, dass das nicht der Fall war. Darüber täuschte sie sich nicht.

„Ashley … Ashley … sag mir … du musst … ah, neck mich jetzt nicht! Gehört mir dein Herz? Ach Liebster, ich liebe …"

Rasch fuhr er ihr mit der Hand über die Lippen, die Maske war verschwunden.

„So etwas darfst du nicht sagen! Nein, das darfst du nicht, Scarlett! Du meinst es auch gar nicht so. Du wirst dir nie verzeihen, dass du es gesagt hast, und mir nicht, dass ich es gehört habe."

Heftig zuckte sie mit dem Kopf zurück. Ein heißer Strom jagte durch sie hin.

„Dir habe ich nie etwas zu verzeihen. Ich sage dir, ich liebe dich, und ich weiß, auch du musst mich gern haben, weil …" Sie hielt inne. Nie vorher hatte sie solches Elend in einem Gesicht gesehen. „Ashley, du hast mich lieb … ja, nicht wahr?"

„Ja", sagte er dumpf, „ich habe dich lieb."

Hätte er gesagt, er hasse sie, sie hätte sich nicht mehr erschrecken können. Wortlos zupfte sie ihn am Ärmel.

„Scarlett", sagte er, „lass uns hinausgehen und vergessen, dass wir je so etwas zueinander gesprochen haben."

„Nein", flüsterte sie, „ich kann nicht. Was meinst du damit? Willst du mich denn nicht … heiraten?"

Er erwiderte: „Ich heirate Melanie."

Die besten Zeiten ihres Lebens

Isabel Allende

aus: Das Geisterhaus

In der chilenischen Familiensaga „Das Geisterhaus" wächst Blanca Trueba zwischen der Großstadt und der Hacienda „Drei Marien" ihres Vaters auf. Die Tochter des Gutsbesitzers verliebt sich in Pedro Tercero, den Sohn des Anführers der Landarbeiter.

In diesem Jahr kündigte sich der Sommer früh mit einer erstickenden, trockenen Hitze an, die der Stadt die Ausstrahlung eines Albtraums verlieh,
5 weshalb die Reise zu den Drei Marien um ein paar Wochen vorverlegt wurde. Wie alle Jahre erwartete Blanca den Moment, in dem sie Pedro Tercero sehen würde, und wie alle Jahre war das
10 Erste, nachdem sie ausgestiegen war, ihn mit den Augen zu suchen. Sie entdeckte seinen Schatten auf der Schwelle der Tür, sprang vom Wagen und lief ihm entgegen mit dem Verlangen so vieler Monate, in denen sie von ihm geträumt hatte, sah aber überrascht, dass der Junge kehrtmachte und davonlief.
Den ganzen Nachmittag suchte Blanca einen nach dem andern die Orte auf, an
15 denen sie sich gewöhnlich trafen, sie fragte nach ihm, rief ihn, suchte ihn im Haus von Pedro Garcia dem Alten und ging, als es Nacht wurde, zu Bett, ohne gegessen zu haben. Traurig und verstört in ihrem riesigen Messingbett, grub sie das Gesicht in die Kissen und weinte untröstlich. Die Nana, die ihr ein Glas Milch mit Honig brachte, erriet sofort ihren Kummer.
20 „Froh bin ich", sagte sie mit einem schiefen Lächeln. „Du bist zu alt, um noch mit diesem verlausten Rotzbengel zu spielen."
Als eine halbe Stunde später ihre Mutter kam, um sie zu küssen, traf sie ihre Tochter bei den letzten Schluchzern eines melodramatischen Weinens an. Für einen Augenblick hörte Clara auf, ein zerstreuter Engel zu sein, und ließ sich he-
25 rab auf die Ebene der gewöhnlichen Sterblichen, die mit vierzehn Jahren ihren ersten Liebeskummer haben. Sie wollte den Grund wissen, aber Blanca, zu stolz oder schon zu sehr Frau, gab ihr keine Erklärung, sodass Clara nur eine Weile auf ihrem Bett sitzen blieb und sie streichelte, bis sie sich beruhigt hatte.

»Barrabas kam auf dem Seeweg in die Familie«, trug die kleine Clara in ihrer zarten Schönschrift ein. Sie hatte schon damals die Gewohnheit, alles Wichtige aufzuschreiben, und später, als sie stumm wurde, notierte sie auch die Belanglosigkeiten, nicht ahnend, daß fünfzig Jahre später diese Hefte mir dazu dienen würden, das Gedächtnis der Vergangenheit wiederzufinden und mein eigenes Entsetzen zu überleben.

Die besten Zeiten ihres Lebens

[...]
Blanca kam an den Fluss und sah ihren Freund an ebender Stelle sitzen, an der sie sich so oft getroffen hatten. Pedro Tercero war in diesem letzten Jahr nicht, wie sie, gewachsen, er war noch dasselbe magere, braunhäutige Kind mit dem aufgeblähten Bauch und dem altersweisen Ausdruck seiner schwarzen Augen. Er stand auf, als er sie sah, und sie merkte, dass sie mindestens einen halben Kopf größer war als er. Sie sahen sich an, erschrocken zum ersten Mal in dem Gefühl, dass sie sich beinahe Fremde geworden waren. Für eine Zeit, die ihnen unendlich erschien, blieben sie regungslos stehen, sich eingewöhnend in die Veränderungen und neuen Distanzen, aber dann zwitscherte ein Spatz und alles war wieder wie im Sommer zuvor. Sie waren wieder zwei Kinder, die rannten, sich umarmten und lachten, auf den Boden fielen, sich auf den Kieselsteinen wälzten, während sie unermüdlich ihre Namen murmelten, glücklich, wieder zusammen zu sein. Endlich beruhigten sie sich. Blanca hatte das Haar voll trockener Blätter, die er ihr abnahm, eins ums andere.

„Komm, ich zeig dir was", sagte Pedro Tercero.

Er nahm sie an der Hand. So gingen sie, diesen Tagesanbruch der Welt genießend, plantschend im Matsch, frische Triebe pflückend, um ihren Saft zu saugen, sich ansehend, lächelnd, ohne zu sprechen, bis sie an eine weit entfernte Weide kamen. Die Sonne stand schon über dem Vulkan, aber der Tag hatte sich noch nicht vollends eingerichtet und die Erde gähnte. Pedro machte ihr ein Zeichen, sich hinzulegen und still zu sein. Sie robbten auf eine Hecke zu, krochen unter den Büschen durch und Blanca sah es: Es war eine schöne Fuchsstute, allein auf dem Hang, beim Fohlen. Regungslos, darauf bedacht, dass nicht einmal ihr Atem zu hören war, sahen sie, wie sie keuchte und presste, bis der Kopf und ziemlich lange danach der restliche Körper des Fohlens erschien. Das Junge plumpste auf die Erde und die Mutter begann es zu lecken, bis es sauber und glänzend war wie gewachstes Holz, und stupste es mit dem Maul, um es zum Aufstehen zu ermuntern. Das Fohlen versuchte aufzukommen, aber die schwachen Beine knickten ein, sodass es liegen blieb, hilflos die Mutter anblickend, die wiehernd die Sonne und den Morgen begrüßte. Blanca spürte ein Glücksgefühl, das ihr fast die Brust sprengte.

„Wenn ich groß bin, heiraten wir und leben hier auf den Drei Marien", sagte sie flüsternd.

Pedro sah sie mit seinen altersweisen Augen traurig an und schüttelte den Kopf. Obwohl noch viel kindlicher als sie, kannte er doch schon seinen Platz auf der Welt. Er wusste aber auch, dass er dieses Mädchen immer lieben würde, dass dieser Tagesanbruch in seiner

In Herzensdingen

Erinnerung fortleben und das Letzte sein würde, was er sehen würde, wenn er starb.

Diesen Sommer verbrachten sie auf der Grenze zwischen der Kindheit, die sie noch nicht losließ, und ihrem Erwachen als Mann und Frau. Manchmal liefen sie wie kleine Kinder herum, scheuchten die Hennen vom Nest und jagten Kühe, tranken frisch gemolkene Milch, bis sie nicht mehr konnten und Schaumschnurrbärte hatten, stahlen Brot frisch aus dem Backofen, kletterten Bäume hinauf, um sich Baumhäuschen zu bauen. Andere Male versteckten sie sich im Wald an den verborgensten und dichtesten Stellen, machten sich Betten aus Laub und spielten, sich liebkosend bis zur Erschöpfung, Mann und Frau. Sie waren noch unschuldig genug, sich ohne Neugier auszuziehen und nackt im Fluss zu baden, wie sie es immer getan hatten, strampelnd im kalten Wasser und sich von der Strömung über die auf dem Grund glänzenden Steine treiben lassend.
[...]
Ihre Liebe hatte sich in diesen drei Monaten zu jener unterschwelligen Leidenschaft entwickelt, die ihnen für den Rest ihres Lebens die Ruhe raubte. Mit der Zeit wurde diese Liebe weniger verwundbar und dauerhafter, doch hatte sie schon damals die gleiche Tiefe und Sicherheit wie in späteren Jahren. Auf einem Haufen Getreide, den aromatischen Staub der Scheune einatmend im diffusen, goldenen Licht des Morgens, das zwischen den Brettern hereinfiel, küssten sie sich, leckten, bissen, lutschten sich, schluchzten und tranken ihre Tränen, schworen sich Ewigkeit und verabredeten einen Geheimkode, der ihnen helfen sollte, sich während der Monate der Trennung zu verständigen.
[...]
Während der Monate, die sie getrennt waren, tauschten Blanca und Pedro Tercero per Post flammende Botschaften, die er mit einem Frauennamen unterschrieb und die sie versteckte, sobald sie kamen. Einen oder zwei fing die Nana ab, aber sie konnte nicht lesen, und hätte sie es gekonnt, hätte der Geheimkode sie daran gehindert, den Inhalt zu verstehen, glücklicherweise, denn ihr wäre das Herz gebrochen. Blanca verbrachte den Winter strickend an einem Pullover aus schottischer Wolle, in Gedanken an die Maße Pedro Terceros. Nachts schlief sie mit dem Strickzeug in ihren Armen ein, den Geruch der Wolle atmend, träumend, er schliefe in ihrem Bett. Pedro Tercero brachte den Winter damit zu, Lieder zur Gitarre zu schreiben, die er Blanca vorsingen würde, und in jedes Stück Holz, das ihm unter die Hände kam, ihr Bild zu schnitzen, und konnte den Gedanken an das engelhafte Mädchen, das Blanca in seiner Erinnerung war, nicht trennen von den Gewitterstürmen, die sein Blut aufwühlten, seine Knochen weich machten, seine Stimme brachen und Haare an seinem Kinn wachsen ließen. Unruhig zappelte er zwischen den Bedürfnissen seines Körpers, der sich in den eines Mannes verwandelte, und der Zartheit eines Gefühls, das noch geprägt war von den unschuldigen Kinderspielen. Beide warteten sie in schmerzhafter Ungeduld auf den Sommer, und als er gekommen war und sie sich wieder

sahen, passte Pedro Tercero nicht in den Pullover, den Blanca gestrickt hatte, weil er in diesen Monaten die Kindheit abgestreift und die Maße eines erwachsenen Mannes erreicht hatte, und sie fand die zärtlichen Lieder über Blumen und Sonnenaufgänge, die er für sie komponiert hatte, lächerlich, weil sie äußerlich und in ihren Bedürfnissen eine Frau geworden war.

Pedro Tercero war noch immer der magere Junge mit dem drahtigen Haar und den traurigen Augen, aber seine Stimme hatte den rauen, leidenschaftlichen Klang angenommen, der ihn später, als er die Revolution besang, berühmt machen sollte. Er sprach wenig, war rau und ungeschliffen im Umgang, aber zart und feinfühlig mit seinen Händen, den langen Künstlerfingern, mit denen er ebenso mühelos schnitzte, Gitarre spielte und zeichnete, wie er beim Reiten das Pferd zügelte, beim Holzhacken die Axt schwang oder den Pflug führte. Er war der Einzige auf den Drei Marien, der dem Patron die Stirn bot. Sein Vater, Pedro Segundo Garcia, sagte ihm tausendmal, er dürfe dem Patron nicht in die Augen sehen, ihm nicht widersprechen, sich nicht mit ihm anlegen, und in dem Wunsch, ihn zu schützen, gab er ihm tüchtige Prügel, um ihm den Vorwitz auszutreiben. Aber sein Sohn war rebellisch. Mit zehn Jahren wusste er so viel wie die Lehrerin in der Schule auf den Drei Marien, mit zwölf bestand er darauf, die Oberschule zu besuchen, und legte jeden Morgen zu Fuß oder zu Pferd, es mochte donnern oder regnen, den langen Weg ins Dorf zurück. Unzählige Male las er die magischen Bücher aus den verwunschenen Koffern des Onkels Marcos und andere Bücher, die ihm die Gewerkschafter in der Bar von San Lucas liehen oder Pater José Dulce Maria, der ihn auch anhielt, seine natürliche Begabung zum Verseschreiben zu pflegen und seine Ideen in Lieder umzusetzen.

„Die heilige Mutter Kirche, mein Sohn, steht rechts, aber Jesus Christus stand immer links", sagte er rätselhaft zwischen dem einen und dem anderen Schluck von dem Messwein, mit dem er die Besuche Pedro Terceros feierte.

So geschah es, dass Esteban Trueba ihn eines Tages, als er nach dem Essen auf der Terrasse ruhte, von ein paar Hennen singen hörte, die sich zusammenschlossen, um den Fuchs zu schlagen, und ihn besiegten. Er rief ihn zu sich.

„Lass hören, was du da singst", befahl er.

Pedro Tercero griff liebevoll nach seiner Gitarre, stellte den einen Fuß auf einen Stuhl und griff in die Saiten. Sein Blick war fest auf den Patron gerichtet, während seine samtige Stimme sich leidenschaftlich über die schläfrige Mittagsstunde erhob. Esteban Trueba war nicht dumm, er verstand die Herausforderung.

„Aha! Ich sehe, dass man in Liedern auch das Dümmste sagen kann", knurrte er. „Sieh lieber zu, dass du Liebeslieder singen lernst!"

„Mir gefällt dieses Lied, Patron. Einigkeit macht stark, das sagt auch Pater José Maria Dulce. Wenn die Hennen gegen den Fuchs Front machen können, warum nicht auch die Menschen?"

Und er nahm seine Gitarre und ging, die Füße nachziehend, davon, ohne dass dem andern eine passende Antwort einfiel, obwohl ihm die Wut schon auf den

In Herzensdingen

Lippen lag und sein Blutdruck stieg. Von diesem Tag an behielt ihn Esteban Trueba im Auge, beobachtete ihn, misstraute ihm. Er suchte zu verhindern, dass er zur Schule ging, indem er ihm schwere Männerarbeit auferlegte, aber der Junge stand noch zeitiger auf und legte sich später schlafen, um sie auszuführen. In diesem Jahr war es, dass Esteban ihn vor seinem Vater auspeitschte, weil er den Landarbeitern die neuen Ideen zutrug, die unter den Gewerkschaftern im Dorf zirkulierten, Ideen von einem freien Sonntag, von Mindestlohn, von Altersversicherung und medizinischer Betreuung, von Mutterschaftsurlaub für schwangere Frauen, von Wahlen ohne Pression und, das Schlimmste, die Idee von einem Bauernverband, der gegen den Gutsherrn Front machen könnte.

Als Blanca in diesem Sommer auf die Drei Marien kam, hätte sie ihn kaum wiedererkannt: Er war fünfzehn Zentimeter gewachsen und hatte den dickbäuchigen Jungen, mit dem sie alle Sommer ihrer Kindheit verbracht hatte, weit hinter sich gelassen. Sie stieg vom Wagen, strich sich den Rock glatt, aber statt ihm entgegenzulaufen und ihn zu umarmen, grüßte sie ihn diesmal nur mit einem leichten Kopfnicken, obwohl ihre Augen ihm sagten, was die anderen nicht hören sollten und was sie ihm in ihren schamlosen verschlüsselten Briefen längst gesagt hatte. Die Nana beobachtete die Szene aus den Augenwinkeln und lächelte spöttisch. Als sie an Pedro Tercero vorbeiging, schnitt sie ihm eine Grimasse.

„Lern endlich, unter deinesgleichen zu bleiben, du Rotznase, und nicht mit Fräuleins zu gehen", zischelte sie hämisch.

In dieser Nacht aß Blanca mit der ganzen Familie im Esszimmer den Hühnertopf, mit dem sie jedes Jahr auf den Drei Marien empfangen wurden. Auch nach Tisch, als ihr Vater beim Kognak des Längeren über importierte Kühe und Goldminen sprach, war ihr keine Unruhe anzumerken. Sie wartete, bis ihre Mutter die Tafel aufhob, dann stand sie geruhsam auf, wünschte ihren Eltern eine gute Nacht und ging in ihr Zimmer. Zum ersten Mal in ihrem Leben verriegelte sie ihre Tür. Ohne sich auszuziehen, setzte sie sich auf ihr Bett und wartete in der Dunkelheit, bis die Stimmen der im Zimmer nebenan tobenden Zwillinge, die Schritte der Dienstboten, die Geräusche von Türen und Riegeln verstummt waren und das Haus in Schlaf fiel. Dann öffnete sie das Fenster und sprang hinaus, mitten in die vor Jahren von ihrer Tante Férula gepflanzten Hortensien. Die Nacht war hell, Grillen und Frösche waren zu hören. Sie atmete tief, und die Luft wehte ihr den süßen Geruch der Pfirsiche zu, die im Hof zum Trocknen lagen. Sie wartete, bis sich ihre Augen an die Dunkelheit gewöhnt hatten, dann begann sie zu gehen, hielt aber gleich wieder an, weil sie das wütende Gebell der Wachhunde hörte, die nachts freigelassen wurden. Es waren vier Bulldoggen, an der Kette aufgewachsen und tagsüber eingesperrt, die sie nie von nahe gesehen hatten, die sie also auch, wie sie wusste, nicht erkennen würden. Sekundenlang fühlte sie, wie sie in panischer Angst den Kopf verlor und nahe daran war aufzuschreien, bis ihr Pedro Garcia der Alte einfiel, der ihr gesagt hatte, dass Diebe nackt gingen, um nicht von Hunden angefallen zu werden. Sie zögerte nicht. So rasch ihre Auf-

regung es zuließ, warf sie die Kleider ab, nahm sie unter den Arm und ging ruhig
weiter, betend, dass die Hunde ihre Angst nicht rochen. Sie sah, wie sie laut bellend heranstürmten, und setzte ihren Weg fort, ohne die Gangart zu ändern. Die Hunde näherten sich, ratlos knurrend, aber sie blieb nicht stehen. Einer, mutiger als die anderen, kam und beroch sie. Sie spürte einen Schwall heißen Atems im Rücken, reagierte aber nicht. Eine Zeit lang knurrten und bellten die Hunde weiter, liefen noch ein Stück neben ihr her und kehrten zuletzt gelangweilt um. Blanca seufzte erleichtert auf und merkte, dass sie zitterte und mit Schweiß bedeckt war. Sie musste sich an einen Baum lehnen und warten, bis das Schwächegefühl, das ihre Knie weich machte, vorüber war. Dann schlüpfte sie rasch in ihre Kleider und rannte zum Fluss.

Pedro Tercero erwartete sie an der Stelle, an der sie sich vergangenen Sommer immer getroffen hatten. [...]

Blanca wurde über und über rot, als sie Pedro sah. Während der Monate der Trennung hatte er sich bei der harten Aufgabe, ein Mann zu werden, gestählt, während sie, eingeschlossen im Elternhaus und im Nonnenkloster, abgeschirmt gegen jede Berührung mit dem Leben, über Stricknadeln und schottischer Wolle geträumt hatte, und ihre Traumbilder stimmten nicht überein mit diesem hoch gewachsenen jungen Mann, der nun, leise ihren Namen rufend, auf sie zuging. Pedro Tercero streckte die Hand aus und berührte ihren Hals unter dem Ohr. Blanca fühlte etwas Heißes ihre Knochen durchströmen und ihre Beine schlaff machen, sie schloss die Augen und ließ sich los. Er zog sie sanft an sich und umschlang sie mit seinen Armen. Sie grub die Nase in die Brust dieses Mannes, den sie nicht kannte, der so verschieden war von dem mageren Kind, mit dem sie noch vor Monaten Liebkosungen getauscht hatte bis zur Erschöpfung. Sie roch seinen neuen Geruch, rieb sich an seiner rauen Haut, befühlte diesen trockenen, starken Körper und spürte, ganz im Gegensatz zu der Erregung, die sich Pedros bemächtigte, einen grandiosen, vollkommenen inneren Frieden. Sie suchten sich mit den Zungen, wie sie es früher getan hatten, und es schien ihnen, als sei es eine eben erst erfundene Liebkosung, sie fielen auf die Knie, wild sich küssend, und rollten dann über das weiche Bett der feuchten Erde. Sie entdeckten sich

In Herzensdingen

225 zum ersten Mal und hatten sich nichts zu sagen. Der Mond zog seine Bahn, aber sie sahen ihn nicht. Sie waren damit beschäftigt, ihre tiefste Intimität zu erkunden und unersättlich einer in
230 die Haut des anderen zu schlüpfen.
Seit dieser Nacht traf Blanca Pedro Tercero immer zur gleichen Stunde an derselben Stelle. Tagsüber stickte sie, malte nahe am Haus fade Aquarelle,
235 unter dem glücklichen Blick der Nana, die endlich ruhig schlafen konnte. Clara hingegen fühlte, dass etwas Neues sich anbahnte, sie sah eine neue Farbe in der Aura[1] ihrer Tochter und
240 glaubte den Grund zu erraten. Pedro Tercero verrichtete seine üblichen Arbeiten auf dem Feld und hörte auch nicht auf, zu seinen Freunden ins Dorf zu gehen. Wenn es Nacht wurde, war
245 er todmüde, aber die Aussicht, Blanca zu treffen, gab ihm seine Kräfte zurück. Er war nicht umsonst fünfzehn. So verbrachten sie den ganzen Sommer und viele Jahre später erinner-
250 ten sie sich dieser leidenschaftlichen Nächte als der besten Zeit ihres Lebens.

Aus einer Rezension:

„Ein Stück ‚Vom Winde verweht', erkannte die Frankfurter Allgemeine Zeitung, als sich der Welterfolg von Isabel Allendes erstem Roman abzeichnete. Und in der Tat ist die Wirkung dieser mitreißenden südamerikanischen Familiensaga nur mit jenem anderen unverwüstlichen Lesestoff zu vergleichen. Die Verfilmung des Romans mit Jeremy Irons, Meryl Streep, Glenn Close, Winona Ryder, Vanessa Redgrave, Armin Mueller-Stahl u.v.a. besiegelt nun mit einem großen Kinoereignis das außergewöhnliche Leseerlebnis.
Isabel Allendes Geschichte um das Haus Trueba ist einer jener Romane, zu denen man immer wieder zurückkehren kann.

1 **Aura:** besondere Ausstrahlung

Briefe der Sehnsucht

Gabriel García Márquez

aus: Die Liebe in den Zeiten der Cholera

Der 18-jährige Telegrafist Florentino Ariza verliebt sich in das Schulmädchen Fermina Daza und versucht auf verschiedene Weisen Kontakt zu Fermina zu bekommen.

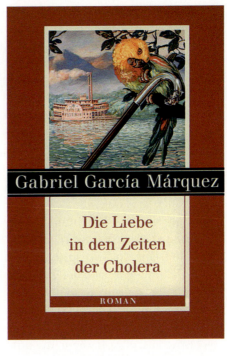

Florentino Ariza hingegen hatte nicht einen Augenblick aufgehört, an Fermina Daza zu denken, seit sie ihn nach einer langen und angefeindeten Liebe endgültig abgewiesen hatte. Das war vor einundfünfzig Jahren, neun Monaten und vier Tagen gewesen. Er hatte nicht täglich eine Kerbe in die Kerkermauer ritzen müssen, um über das Vergessen Buch zu führen, denn kein Tag verging, an dem nicht irgendetwas geschah, was ihn an sie erinnert hätte. Zur Zeit des Bruchs lebte er zusammen mit seiner Mutter, Tránsito Ariza, in einer gemieteten Haushälfte der Calle de las Ventanas, wo diese schon seit ihren jungen Jahren ein Kurzwarengeschäft betrieb und nebenher Hemden und alte Lumpen aufzupfte, um sie dann als Watte für die Kriegsverletzten zu verkaufen. Er war ihr einziger Sohn, den sie aus einer Liebesaffäre mit dem bekannten Reeder Don Pio Quinto Loayza hatte, einem jener drei Brüder, die die Karibische Flussschiffahrtskompanie gegründet und damit der Dampfschifffahrt auf dem Magdalena neuen Auftrieb gegeben hatten.

Don Pio Quinto Loayza starb, als der Sohn zehn Jahre alt war. Obwohl er sich insgeheim immer um dessen Unterhalt gekümmert hatte, erkannte er ihn vor dem Gesetz nie an und sorgte auch nicht für seine Zukunft vor, sodass Florentino Ariza nur der Nachname der Mutter blieb, wenngleich seine tatsächliche Herkunft allgemein bekannt war. Nach dem Tod seines Vaters musste Florentino Ariza von der Schule abgehen und eine Stelle als Lehrling bei der Post annehmen, wo er die Aufgabe hatte, Postsäcke zu öffnen, Briefe zu sortieren und die Bevölkerung von der Ankunft der Postschiffe zu unterrichten, indem er am Eingang des Postamts die Fahne des Herkunftslandes hisste.

In Herzensdingen

[...]

Genau genommen wusste Fermina Daza von diesem wortkargen Freier, der wie eine Winterschwalbe in ihrem Leben aufgetaucht war, nur sehr wenig. Ohne die Unterschrift unter dem Brief hätte sie nicht einmal seinen Namen gekannt. Inzwischen hatte sie ausgekundschaftet, dass er der vaterlose Sohn einer Ledigen war, die als ernsthaft und arbeitsam galt, jedoch hoffnungslos vom Brandmal einer einzigen Jugendsünde gezeichnet war. Fermina Daza hatte erfahren, dass er kein Telegrammbote, sondern ein qualifizierter Telegrafenassistent mit einer hoffnungsvollen Zukunft war, und sie glaubte, das Telegramm für ihren Vater sei nur ein Vorwand gewesen, um sie zu sehen. Diese Vermutung rührte sie. Sie wusste auch, dass er einer der Musiker im Chor war, und obwohl sie nie gewagt hatte, dies mit eigenen Augen während der Messe zu überprüfen, hatte sie eines Sonntags die Offenbarung, dass die Instrumente für alle spielten, mit Ausnahme der Geige, die wurde nur für sie gestrichen. Er war nicht der Typ Mann, den sie sich ausgesucht hätte. Seine Findelkindbrille, sein klerikaler[1] Aufzug, sein geheimnistuerisches Gehabe hatten in ihr eine Neugier geweckt, der schwer zu widerstehen war, aber sie hätte nie vermutet, dass auch die Neugier eine der ach so vielen Fallen der Liebe war.

Sie konnte sich selbst nicht erklären, warum sie den Brief angenommen hatte. Nicht dass sie es sich vorwarf, aber die als immer drängender empfundene Verpflichtung, eine Antwort zu geben, behinderte sie regelrecht in ihrem Leben. Jedes Wort ihres Vaters, jeder zufällige Blick, seine gewöhnlichsten Gesten erschienen ihr wie Fallstricke, um ihr das Geheimnis zu entlocken. Sie lebte in einem Zustand gespannter Wachsamkeit und vermied sogar, bei Tisch zu reden, aus Angst, eine unbedachte Äußerung könne sie verraten. Sie wich selbst Tante Escolástica aus, obwohl diese ihre unterdrückte Unruhe teilte, als sei es die eigene. Zu jeder Tageszeit schloss sich das Mädchen ohne Notwendigkeit im Bad ein und las wieder und wieder den Brief, versuchte einen Geheimkode zu entdecken, eine magische Formel, die in irgendeinem der dreihundertvierzehn Buchstaben der achtundfünfzig Worte verborgen gewesen wären, in der Hoffnung, dass diese mehr aussagten, als sie sagten. Doch sie fand nichts, was über das damals beim ersten Lesen Verstandene hinausging, als sie mit tollem Herzen ins Bad gerannt war, sich eingeschlossen, den Umschlag in der Hoffnung auf einen üppigen, fiebrigen Brief aufgerissen, dann aber nur ein parfümiertes Billett vorgefunden hatte, dessen Entschiedenheit sie erschreckte.

Zunächst hatte sie nicht im Ernst daran gedacht, dass sie zu einer Antwort verpflichtet wäre, doch der Brief war so eindeutig, dass es keine Möglichkeit gab, ihn einfach zu übergehen. Währenddessen ertappte sie sich im Sturm der Zweifel dabei, dass sie häufiger und angelegentlicher an Florentino Ariza dachte, als sie es sich selbst zugestehen mochte, sie fragte sich sogar bekümmert, warum er nicht

---

[1] klerikal: priesterlich

zur gewohnten Uhrzeit auf seiner Bank saß, ohne daran zu denken, dass sie selbst ihn ja darum gebeten hatte, nicht wiederzukommen, bis sie sich eine Antwort überlegt hätte. Sie hatte nie für möglich gehalten, dass man so an jemanden denken könnte, wie sie schließlich an ihn dachte, sie spürte ihn, wo er nicht war, wünschte sich ihn dort, wo er nicht sein konnte, wachte plötzlich mit dem lebhaften Gefühl auf, dass er sie in der Dunkelheit im Schlaf betrachtete. Daher fiel es ihr an jenem Nachmittag, als sie seine entschlossenen Schritte auf der Flut gelber Blätter im Park hörte, schwer, ihn nicht für ein weiteres Trugbild ihrer Fantasie zu halten. Als er jedoch herrisch, wie es gar nicht zu seiner schmachtenden Art passte, eine Antwort von ihr forderte, gelang es ihr, das Entsetzen zu überwinden und in die Wahrheit zu flüchten: Sie wisse eben nicht, was sie ihm antworten solle. Florentino Ariza aber hatte nicht den einen Abgrund überwunden, um vor dem nächsten zurückzuschrecken.

„Wenn Sie den Brief angenommen haben, ist es unhöflich, ihn nicht zu beantworten", sagte er.

Das war der Ausweg aus dem Labyrinth. Fermina Daza fand ihre Fassung wieder, entschuldigte sich für die Verzögerung und gab ihm förmlich ihr Wort, dass er vor Ende der Ferien eine Antwort haben würde. Sie löste es ein. Am letzten Freitag im Februar, drei Tage vor Wiederbeginn der Schulen, kam die Tante Escolástica ins Telegrafenamt und fragte, wie viel ein Telegramm nach Piedras de Moler koste, ein Dorf, das nicht einmal auf der Liste der Dienststellen aufgeführt war. Sie ließ sich von Florentino Ariza bedienen, als ob sie ihm noch nie begegnet wäre, beim Hinausgehen vergaß sie dann aber mit aller Absicht ein in Eidechsenleder gebundenes Gebetbuch, in dem ein Leinenumschlag mit Goldvignetten steckte. Fassungslos vor Seligkeit verbrachte Florentino Ariza den Rest des Nachmittags damit, Rosen zu essen und den Brief zu lesen, er ging ihn ein ums andere Mal Buchstabe für Buchstabe durch, und je länger er las, desto mehr Rosen aß er. Um Mitternacht hatte er ihn so oft gelesen und so viele Rosen verspeist, dass seine Mutter ihm wie einem Kalb gewaltsam eine Schale Rizinusöl einflößen musste.

Es war das Jahr der erbitterten Verliebtheit. Keiner von beiden lebte für sonst noch irgendetwas, sie dachten nur aneinander, träumten voneinander und warteten ebenso sehnsüchtig auf Briefe, wie sie selbst welche schrieben. Weder in jenem trunkenen Frühling noch im folgenden Jahr hatten sie je Gelegenheit, miteinander zu sprechen. Mehr noch: Seitdem sie sich zum ersten Mal gesehen hatten bis zu dem Tag, dass er ihr ein halbes Jahrhundert später seine Entscheidung bekräftigte, hatten sie nie eine Gelegenheit, sich allein zu sehen und von ihrer Liebe zu sprechen. Dafür verging in den ersten drei Monaten kein einziger Tag, ohne dass sie sich geschrieben hätten, in einer bestimmten Phase schrieben sie sich sogar zweimal täglich, bis die Tante Escolástica über die Gier des Feuers, das sie selbst mit entzündet hatte, erschrak.

[...]

Ohne Erbarmen mit sich selbst schrieb Florentino Ariza jede Nacht im Hinter-

In Herzensdingen

zimmer des Kurzwarengeschäfts, er vergiftete sich Buchstabe für Buchstabe am Rauch der Steinnussöllampen, und je mehr er sich bemühte, seine Lieblingsdichter aus der Biblioteca Popular, die damals schon an die achtzig Bände umfasste, zu imitieren, desto umfangreicher und mondsüchtiger wurden seine Briefe. Seine Mutter, die ihn mit so viel Eifer angehalten hatte, seine Qualen zu genießen, begann sich nun um seine Gesundheit zu sorgen: „Du schreibst dir das Hirn wund", rief sie ihm aus dem Schlafzimmer zu, wenn sie die ersten Hähne krähen hörte. „Die Frau, die das wert ist, gibt es nicht." Sie konnte sich nämlich nicht erinnern, jemals jemanden in einem solchen Zustand der Verlorenheit erlebt zu haben. Er aber hörte nicht auf sie. Manchmal ging er, ohne geschlafen zu haben, das Haar von Liebe aufgewühlt, ins Amt, nachdem er den Brief in das vorgesehene Versteck gelegt hatte, damit Fermina Daza ihn auf dem Weg zur Schule finden könne. Sie hingegen, die der Wachsamkeit ihres Vaters und der lasterhaften Neugier der Nonnen ausgesetzt war, schaffte es kaum, eine halbe Seite aus einem Schulheft zu füllen, wenn sie sich ins Bad einschloss oder vorgab, beim Unterricht Notizen zu machen. Nicht nur die Hast und die ständigen Störungen, auch ihr Charakter war der Grund dafür, dass ihre Briefe jede Gefühlsklippe umschifften und sich auf Begebenheiten aus ihrem täglichen Leben beschränkten, die im amtlichen Ton eines Logbuchs erzählt wurden. Tatsächlich waren es Hinhaltebriefe, dazu bestimmt, die Glut wach zu halten, ohne dabei die Hand ins Feuer legen zu müssen, während Florentino Ariza in jeder seiner Zeilen verglühte. Begierig, sie mit dem eigenen Wahnsinn anzustecken, schickte er ihr Verse, die Miniaturisten mit Nadeln in die Blütenblätter von Kamelien gestochen hatten. Er und nicht sie hatte die Kühnheit, eine Haarsträhne von sich in einen Brief zu legen. Doch die ersehnte Antwort blieb aus, und zwar ein Haar in ganzer

Briefe der Sehnsucht

Länge aus Fermina Dazas Zopf. Immerhin erreichte er, dass sie einen Schritt weiter ging. Sie begann ihm Blattgerippe zu schicken, die sie in Lexika gepresst hatte. Schmetterlingsflügel, Federn von Zaubervögeln und als Geburtstagsgeschenk einen Quadratzentimeter vom Gewand des heiligen Pedro Claver, das in jenen Tagen zu einem für ein Schulmädchen unerschwinglichen Preis unter der Hand gehandelt wurde.

[…]

Im August dieses Jahres drohte sich ein weiterer jener vielen Bürgerkriege, die seit über einem halben Jahrhundert das Land verwüsteten, auszubreiten. Die Regierung rief in den Provinzen der Karibikküste das Standrecht[2] aus und verordnete die Sperrstunde für sechs Uhr abends. Obwohl es schon einige Unruhen gegeben und das Heer sich bei Vergeltungsaktionen allerlei Übergriffe erlaubt hatte, lebte Florentino Ariza auch weiter vom Zustand der Welt unberührt und ließ sich eines frühen Morgens von einer Militärpatrouille dabei überraschen, wie er mit seinen musikalischen Ausschweifungen die Keuschheit der Toten störte. Nur durch ein Wunder entging er einer sofortigen Exekution, hielt man ihn doch für einen Spion, der in G-Dur verschlüsselte Botschaften an die liberalen Schiffe übermittelte, die in den nahen Gewässern kreuzten.

„Was, zum Teufel, heißt hier Spion", sagte Florentino Ariza, „ich bin nur ein armer Verliebter."

Er schlief drei Nächte mit Ketten an den Knöcheln in der Ortsgarnison. Als sie ihn dann aber laufen ließen, fühlte er sich um eine längere Haft betrogen, und noch im Alter, als sich in seiner Erinnerung so viele andere Kriege vermengten,

2 **Standrecht:** Kriegsstrafrecht

In Herzensdingen

glaubte er der einzige Mann in der Stadt, vielleicht im ganzen Land zu sein, der wegen einer Liebesangelegenheit fünf Pfund schwere Fußketten hatte schleppen müssen.

Zwei Jahre eines exaltierten³ Briefwechsels vollendeten sich, als Florentino Ariza in einem nur einen Absatz langen Brief Fermina Daza seinen förmlichen Heiratsantrag machte. In den sechs vorangegangenen Monaten hatte er ihr mehrmals eine weiße Kamelie geschickt, doch die hatte sie jeweils ihrem Antwortbrief wieder beigelegt: Er sollte nicht an ihrer Bereitschaft, ihm weiterhin zu schreiben, zweifeln, aber sie wollte es nicht unter dem gewichtigen Vorzeichen einer Verlobung tun. In Wahrheit hatte sie das Kommen und Gehen der Kamelien für Liebesgeplänkel gehalten und es war ihr nie in den Sinn gekommen, darin einen Kreuzweg ihres Schicksals zu sehen. Als aber der förmliche Antrag kam, spürte sie zum ersten Mal die Krallen des Todes. Von Panik ergriffen, erzählte sie es der Tante Escolástica, und diese beriet sie mit dem Mut und der Klarsicht, die ihr selbst im Alter von zwanzig gefehlt hatten, als sie gezwungen gewesen war, über ihr eigenes Glück zu entscheiden.

„Antworte mit Ja", riet sie ihr. „Selbst wenn du vor Angst stirbst, selbst wenn du es später bereuen solltest, denn du wirst es auf jeden Fall dein ganzes Leben lang bereuen, wenn du ihm mit Nein antwortest."

Fermina Daza war jedoch so verwirrt, dass sie sich eine Bedenkfrist ausbat. Sie bat erst um einen Monat, dann um noch einen, und als der vierte Monat ohne Antwort verstrichen war, bekam sie wieder eine Kamelie geschickt, doch diesmal nicht, wie bei den anderen Malen, allein in einem Umschlag, sondern mit der endgültigen Mitteilung, dass dies die letzte sei: jetzt oder nie. Nun war es Florentino Ariza, der noch am gleichen Nachmittag dem Tod ins Auge sah, als er in einem Umschlag einen aus einem Schulheft gerissenen Papierstreifen erhielt, und darauf stand mit Bleistift geschrieben eine einzige Zeile: *Gut, ich heirate Sie, wenn Sie mir versprechen, dass Sie mich nie zwingen werden, Auberginen zu essen.*

---

3 **exaltiert:** überspannt

Eine Liebesgeschichte aus der Steppe

Tschingis Aitmatow

aus: Dshamilja

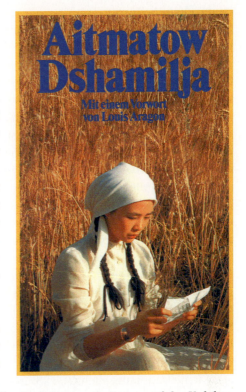

Ein Aul (Dorf) in Kirgisien während des Zweiten Weltkrieges: Die Männer sind alle an der Front und die Jugendlichen und die Frauen müssen die harte Feldarbeit verrichten. Das Mädchen Dshamilja ist gerade mit Sadyk, dem älteren Stiefbruder des 15-jährigen Erzählers, verheiratet worden. Sadyk muss kurz nach der Heirat in den Krieg ziehen. Im Roman wird der jugendliche Erzähler Zeuge der Liebe zwischen Dshamilja und dem verwundet aus dem Krieg heimkehrenden Jungen Danijar.

Es war in meiner frühen Jugend, im dritten Jahr des Krieges. Unsere Väter und Brüder standen irgendwo bei Kursk und Orel an der Front und wir,
5 damals noch Buben von fünfzehn, sechzehn Jahren, arbeiteten auf der Kolchose[1]. Die tägliche harte Feldarbeit lastete schwer auf unseren schwachen Schultern. Besonders während der Erntezeit ging es heiß her. Wochenlang kamen wir nicht mehr nach Hause, Tag und Nacht waren wir draußen auf dem Feld, auf dem Dreschplatz oder auf dem Weg zur Bahnstation, wohin wir unser Getreide
10 fuhren.
An einem jener drückend heißen Tage, wenn die Sicheln beim Kornschneiden zu glühen scheinen, kam ich mit meinem leeren Erntewagen von der Bahnstation zurück und beschloss, zu Hause vorbeizufahren.
Neben der Furt, auf dem kleinen, flachen Hügel, wo die Straße endet, liegen zwei
15 von einer dicken Ziegelmauer umschlossene Gehöfte. Rings um das kleine Gut stehen hohe Pappeln. Das sind unsere Häuser, in denen unsere beiden Familien wohnen. Ich selbst stamme aus dem Großen Haus. Ich habe zwei Brüder. Beide sind älter als ich, beide unverheiratet, beide an der Front. Wir haben schon ziemlich lange keine Nachricht mehr von ihnen.
20 Mein Vater ist Zimmermann. Bei Tagesanbruch verrichtet er das vorgeschriebe-

---

1 **Kolchose:** landwirtschaftliche Produktionsgenossenschaft in der ehemaligen Sowjetunion

ne Morgengebet, dann geht er auf den Zimmerplatz in unserem Hof und kommt erst spätabends von der Arbeit zurück. Im Haus bleiben nur meine Mutter und meine kleine Schwester.

Im Nachbargehöft oder im Kleinen Haus, wie es im Aul genannt wird, wohnen unsere nächsten Verwandten. Unsere Urgroßväter oder unsere Großväter sind zwar keine leiblichen Brüder gewesen, aber ich nenne sie deshalb unsere nächsten Verwandten, weil wir wie eine einzige Familie lebten. So war es schon, bevor wir sesshaft wurden, als unsere Großväter noch gemeinsam ihre Jurten[2] aufschlugen und gemeinsam ihr Vieh hüteten. Diese Tradition haben wir bewahrt: Als die Kollektivierung kam, siedelten sich unsere Väter nebeneinander an, und nicht nur unsere Familien, sondern alle Bewohner der Aralstraße, die sich am Aul entlang bis zu einem Streifen Land zwischen zwei Flüssen hinzieht, sind Stammesgenossen. Alle sind aus ein und demselben Geschlecht hervorgegangen.

Bald nach der Kollektivierung starb das Familienoberhaupt des Kleinen Hauses und ließ eine Frau und zwei kleine Söhne zurück. Nach unseren Gesetzen, die damals im Aul noch streng beachtet wurden, durfte man eine Witwe mit zwei Söhnen nicht in die Fremde gehen lassen, und deshalb verheirateten unsere Stammesgenossen meinen Vater mit ihr. Mein Vater musste sie zur Frau nehmen, das war seine Pflicht vor den Geistern seiner Ahnen, denn er war der nächste Verwandte des Verstorbenen.

So bekamen wir eine zweite Familie. Das Kleine Haus galt als selbstständiges Gehöft mit eigenem Land und eigenem Vieh, aber in Wirklichkeit lebten unsere beiden Familien zusammen.

Das Kleine Haus hatte auch zwei Söhne an der Front. Sadyk, der älteste, war kurz nach seiner Verheiratung eingezogen worden. Von ihm und seinem Bruder bekamen wir Briefe, wenn auch in großen Abständen.

Im Kleinen Haus wohnte Sadyks Frau mit ihrer Schwiegermutter, die ich „Kitschi-apa" – jüngere Mutter – nannte. Beide arbeiteten von früh bis spät auf der Kolchose. Die jüngere Mutter, eine tüchtige und sanfte Frau ohne jede Bosheit, blieb bei der Arbeit nicht hinter den jungen Leuten zurück, weder beim Graben von Bewässerungskanälen noch beim Bewässern der Maisfelder. Wie zur Belohnung für ihren Fleiß hatte ihr das Schicksal eine arbeitsame Schwiegertochter gegeben. Dshamilja stand ihrer Schwiegermutter in nichts nach, sie war unermüdlich und flink, aber von anderer Wesensart.

Ich liebte Dshamilja glühend und sie liebte mich auch. Wir waren die besten Freunde, aber einander mit Vornamen anzureden wagten wir nicht. Wären wir aus verschiedenen Familien gewesen, so hätte ich sie natürlich Dshamilja genannt. So aber nannte ich sie „Dshene" – das bedeutet: „Frau des älteren Bruders" – und sie sagte „Kitschine bala", kleiner Junge, zu mir, obwohl ich gar nicht mehr klein und nur ein paar Jahre jünger war als sie. So ist es nun einmal Brauch

2 **Jurte:** Kirgisenzelt

in den Auls: Eine junge Frau nennt den jüngeren Bruder ihres Mannes „Kitschine bala" oder „Kajini".
[...]
Ich wartete immer darauf, dass sie mir etwas Wichtiges sagen, dass sie mir erklären würde, was sie so beunruhigte. Aber sie sagte nichts. Sie bettete schweigend meinen Kopf auf ihre Knie, blickte in die Ferne, wühlte in meinen stachligen Haaren und streichelte mit zitternden, heißen Fingern mein Gesicht. Ich sah sie von unten an, betrachtete dieses erregte, traurige Gesicht, und mir war, als würde ich in ihr mich selber erkennen. Auch sie war bedrückt, in ihrer Seele staute sich irgendetwas an und reifte und drängte nach außen. Und sie hatte Angst davor. Sie hatte Angst, sich einzugestehen, dass sie verliebt war, ebenso wie ich Angst davor hatte, dass sie Danijar liebte, obwohl ich es im Stillen wünschte. Aber sie war ja die Schwiegertochter meiner Eltern und die Frau meines Bruders!

Solche Gedanken kamen mir jedoch immer nur für einen Augenblick. Ich verjagte sie. Es war ein wahrer Genuss für mich, ihre halb geöffneten, bebenden Lippen und ihre von Tränen verdunkelten Augen zu sehen. Wie schön sie war! Welche Leidenschaft sprach aus ihrem Gesicht! Damals sah ich das alles nur wie im Traum, ich verstand es noch nicht ganz. Selbst heute noch stelle ich mir oft die Frage, ob die Liebe nicht eine Inspiration ist wie die Inspiration des Malers, des Dichters. Wenn ich Dshamilja ansah, war mir, als müsste ich in die Steppe hinauslaufen und mit lautem Schrei Himmel und Erde fragen, was ich tun sollte, wie ich diese unbegreifliche Unruhe und diese unbegreifliche Freude in mir bezwingen sollte. Und eines Tages fand ich die Antwort darauf.

Wir fuhren von der Bahnstation nach Hause. Die Nacht senkte sich auf die Erde herab, ganze Schwärme von Sternen funkelten am Himmel, die Steppe schlief und nur Danijars Lied störte die Stille und verhallte in der weichen, dunklen Weite.

Aber was war nur heute mit Danijar? Aus seinem Lied klang so viel zärtliche, ergreifende Trauer und Einsamkeit, dass sich mir vor Mitleid die Kehle zusammenschnürte.

Dshamilja ging mit gesenktem Kopf neben dem Wagen her und hielt sich an der Seitenstange fest. Und als Danijars Stimme von neuem aufklang, warf sie den Kopf zurück, sprang auf den fahrenden Wagen und setzte sich neben ihn. Sie saß wie versteinert da, die Hände über der Brust gefaltet. Ich ging ein paar Schritte voraus und betrachtete die beiden verstohlen. Danijar sang und schien nicht zu merken, dass Dshamilja neben ihm saß. Ich sah, wie ihre Hände kraftlos herabsanken und wie sie sich zu Danijar neigte und den Kopf an seine Schulter lehnte. Seine Stimme zitterte und klang einen Augenblick unsicher wie der Schritt eines mit der Peitsche angetriebenen Passgängers – und dann ertönte sie mit neuer Kraft. Er sang von Liebe!

Ich war erschüttert. Die ganze Steppe schien zu erblühen, zu wogen, die Dun-

In Herzensdingen

kelheit wich und in der unendlichen Weite sah ich die Liebenden. Sie bemerkten mich nicht, sie hatten alles auf der Welt vergessen und wiegten sich im Takt des Liedes. Ich erkannte sie nicht wieder. Und dennoch: Das war Danijar in seinem offenen, abgewetzten Uniformhemd, aber seine Augen schienen in der Dunkelheit zu leuchten. Und das war meine Dshamilja, die sich an ihn lehnte, aber sie war so still und scheu und an ihren Wimpern blitzten Tränen. Das waren zwei neue, unendlich glückliche Menschen. Und war das denn nicht das Glück? Danijars Lieder galten nur ihr, er sang für sie, er sang von ihr.

Da erfasste mich wieder jene geheimnisvolle Erregung, die mich immer bei Danijars Liedern überkam, und mit einem Mal wurde mir klar, was ich wollte: Ich wollte die beiden malen.

Ich erschrak vor meinen eigenen Gedanken. Aber mein Wunsch war stärker als meine Angst. ‚Ich werde sie so malen, wie sie jetzt sind, so glücklich!', dachte ich. ‚Ob mir das gelingen wird?' Mir stockte der Atem vor Angst und vor Freude, ich ging wie berauscht den Steppenweg entlang. Auch ich war glücklich, denn ich wusste noch nicht, wie viele Schwierigkeiten mir mein kühner Wunsch einmal bereiten werde. Ich sagte mir, dass ich die Erde so sehen müsste, wie Danijar sie sah, ich wollte sein Lied in Farben wiedergeben und wie er von Bergen, Steppen, Menschen, Gräsern, Wolken und Flüssen erzählen. ‚Aber wo soll ich die Farben hernehmen?', dachte ich. ‚In der Schule bekomme ich keine, die brauchen sie selber!' Als ob das die Hauptsache gewesen wäre!

Danijars Lied brach plötzlich ab: Dshamilja umarmte ihn stürmisch, fuhr aber gleich wieder zurück, erstarrte, wandte sich brüsk zur Seite und sprang vom Wagen. Danijar zog unschlüssig die Zügel an und die Pferde blieben stehen. Dshamilja stand mitten auf dem Weg, mit dem Rücken zu ihm. Dann warf sie den Kopf in den Nacken, sah ihn über die Schulter an und sagte, mühsam die Tränen unterdrückend: „Was schaust du mich so an?" und fügte nach einer kurzen Pause hart hinzu: „Starr mich nicht so an, fahr weiter!" und ging zu ihrem Wagen. „Und du, was hast du denn zu gaffen?", fuhr sie mich an. „Steig ein, nimm die Zügel! Ach, mit euch ist man wirklich gestraft!"

[...]

Als Danijar kam, schlief ich noch nicht. Er wanderte ziellos auf der Tenne hin und her und schaute immer wieder auf den Weg hinaus. Dann legte er sich hinter dem Heuschober neben mich ins Stroh. ‚Er wird fortgehen, irgendwohin, jetzt wird er nicht mehr im Aul bleiben! Aber wo soll er denn hin? Er ist ja ganz allein, er hat weder Haus noch Hof, niemand braucht ihn', dachte ich. Im Einschlafen hörte ich das Rattern eines näher kommenden Wagens. Das war wohl Dshamilja …

Ich weiß nicht, wie lange ich geschlafen hatte – plötzlich hörte ich dicht an meinem Ohr Schritte. Das Stroh raschelte leise, und mir war, als hätte ein nasser Flügel meine Schulter gestreift. Ich öffnete die Augen: Es war Dshamilja. Sie hatte im Fluss gebadet, ihre Kleider waren noch nass. Sie blieb eine Weile stehen, schaute sich unruhig nach allen Seiten um und setzte sich dann neben Danijar.

„Danijar, ich bin gekommen, ich bin von selbst gekommen", sagte sie leise.
Ringsum war es totenstill, lautlos glitten die Blitze zur Erde.
„Bist du gekränkt? Sehr gekränkt, ja?"
Dann war alles wieder still, nur ein Erdklumpen fiel klatschend ins Wasser.
„Ich kann doch nichts dafür … Und du kannst auch nichts dafür …", flüsterte Dshamilja.
Über den fernen Bergen donnerte es leise. Ein Blitz beleuchtete Dshamiljas Profil. Sie sah sich um und warf sich Danijar an die Brust. Ihre Schultern zuckten krampfhaft unter seinen Händen. Dann streckte sie sich neben ihm im Stroh aus.
Aus der Steppe kam ein glühend heißer Wind, warf das Stroh durcheinander, rüttelte an der wackligen Jurte am Rand der Tenne und wirbelte wie ein Kreisel den Weg entlang. Und wieder flammten blaue Lichter in den Wolken auf und mit trockenem Krachen entlud sich das Gewitter. Mir war bang und froh zu Mute: Das Gewitter war da, das letzte Sommergewitter.

„Hast du wirklich gedacht, dass ich dich gegen ihn eintauschen würde?", flüsterte Dshamilja. „Nicht um die Welt! Er hat mich nie geliebt, sogar den Gruß an mich hat er immer ganz zuletzt geschrieben. Ich brauche ihn nicht mit seiner verspäteten Liebe, mögen die Leute sagen, was sie wollen! Ich gebe dich nicht her, Liebster, niemandem gebe ich dich! Ich liebe dich schon so lange. Noch bevor ich dich kannte, habe ich dich geliebt und auf dich gewartet, und du bist gekommen, als hättest du gewusst, dass ich auf dich warte!"
Ein gezackter Blitz nach dem anderen fuhr hinter der Böschung in den Fluss. Kalte Regentropfen prasselten auf das Stroh.

„Dshamilja! Dshamaltaj!", flüsterte Danijar und nannte sie mit den zärtlichsten kasachischen und kirgisischen Namen. „Dreh dich um, lass mich deine Augen sehen!"
Der Sturm riss die Filzdecke von der Jurte, sie flatterte wie ein angeschossener Vogel; windgepeitscht, gleichsam die Erde küssend, strömte der Regen herab. Wie eine mächtige Lawine rollte der Donner über den ganzen Himmel, über den Bergen flammten Blitze auf, rot wie die Tulpen im Frühjahr, zwischen den steilen Ufern des Flusses heulte der Wind.
Es goss in Strömen. Ich hatte mich tief ins Stroh eingegraben und fühlte, wie mein Herz unter meiner Hand pochte. Ich war glücklich. Ich hatte ein Gefühl, als sei ich nach langer Krankheit zum ersten Mal wieder ins Freie gegangen, um die Sonne zu sehen. Der Regen und der Widerschein der Blitze drangen durchs Stroh, aber das störte mich nicht, ich schlief lächelnd ein und konnte nicht unterscheiden, ob Dshamilja und Danijar miteinander flüsterten oder ob der nachlassende Regen im Stroh raschelte.
Die Regenzeit hatte begonnen, es ging auf den Herbst zu. In der Luft spürte man

In Herzensdingen

schon den herbstlich-dumpfen Geruch von Wermut und nassem Stroh. Was würde uns der Herbst wohl bringen?

WERKSTATT

Die hier vorgestellten Romanauszüge stammen aus Nord- und Südamerika sowie aus Zentralasien.

Stellt Romane einer fremden Region (eines Landes, eines Kontinents) **vor** und erläutert, wie ihr eure Auswahl getroffen habt.

Übertragt die Ergebnisse in eine oder mehrere **„literarische Landkarten"** (z. B. auf farbige Pappe an der Wand).

Stellt in einer Broschüre eure Lieblingsschmöker mit Klappentexten oder in kurzen Bewertungen vor. (Schmökern bedeutet laut Wahrigs Wörterbuch: gern und viel Unterhaltungsliteratur lesen oder behaglich in Büchern blättern.)

In diesem Kapitel findet ihr Romanauszüge mit dem Obertitel ♥ „IN HERZENSDINGEN". Erkundigt euch über Neuerscheinungen zum Thema 💙 „LIEBE" ♥ und gebt der Klasse Leseempfehlungen, indem ihr Leseproben auswählt und vorstellt.

9 Verzerrte Gespräche

Wir hören die Schreie

Als die Nationalsozialisten am 30. Januar 1933 die Macht übernahmen, hatte sich der „Stückeschreiber" und Regisseur Bertolt Brecht (1898–1956) in Deutschland längst einen Namen gemacht. Die Berliner Uraufführung seiner „Dreigroschenoper" war 1928 als großes Theaterereignis gefeiert worden. Brecht galt als Verfasser provozierender Theaterstücke und als respektloser Neuerer auf der Bühne. Zudem bekannte er sich öffentlich zum Marxismus. Am 28. Februar 1933, einen Tag nach dem Reichstagsbrand, floh er mit Familie und Freunden nach Prag. Am 10. Mai 1933 verbrannte man in Deutschland seine Bücher.

Über Österreich, die Schweiz und Frankreich gelangte Brecht nach Dänemark, wo er in Svendborg ein Bauernhaus am Strand bewohnte. Dort schrieb er das Gedicht „Über die Bezeichnung Emigranten", aus dem diese Verse stammen:

Unruhig sitzen wir so, möglichst nahe den Grenzen
Wartend des Tages der Rückkehr, jede kleinste Veränderung
Jenseits der Grenze beobachtend, jeden Ankömmling
Eifrig befragend, nichts vergessend und nichts aufgebend
5 Und auch verzeihend nichts, was geschah, nichts verzeihend.
Ach, die Stille der Sunde täuscht uns nicht! Wir hören die Schreie
Aus ihren Lagern bis hierher. Sind wir doch selber
Fast wie Gerüchte von Untaten, die da entkamen
Über die Grenzen. Jeder von uns
10 Der mit zerrissenen Schuhn durch die Menge geht
Zeugt von der Schande, die jetzt unser Land befleckt.

Auf Berichten und Nachrichten aus Deutschland fußend, entstand in der Svendborger Zeit die Szenenfolge „Furcht und Elend des Dritten Reiches". Sie wurde erstmals 1937 in Paris aufgeführt, Brecht selbst war der Regisseur. Er wollte die Weltöffentlichkeit auf die Zustände in Deutschland aufmerksam machen. Die Szenen zeigen, wie sich Zwangsherrschaft und Gewalt auf die Gespräche der Menschen untereinander auswirken. Denn wo Gewalt herrscht, leidet das Gespräch.

◂ *Max Beckmann:* Les Artistes mit Gemüse (1943)

Gespräche ohne Worte

Was geht in einem Gespräch vor sich? Oft kann man es schon am äußeren Verhalten der Gesprächspartner erkennen. Ihr könnt es mit Hilfe der folgenden Aufzählung von Gesprächsformen selbst überprüfen: Aussprache – Beichte – Belehrung – Interview – Streitgespräch – Verhandlung – Verhör – Zurechtweisung.

1 Ein Spielvorschlag: Jeweils zwei von euch stellen in einer Pantomime eine dieser Gesprächsformen dar. Die Klasse muss herausbekommen, um welche es sich handelt. Versucht hinterher, die Erkennungsmerkmale zu bestimmen.

2 Welchen Gesprächsformen lassen sich die Bilder zuordnen? Überlegt, was das Sitzen oder Stehen der Gesprächspartner jeweils über die Rollenverteilung im Gespräch aussagt.

3 Es gibt Gespräche, in denen beide Partner die gleiche oder eine ähnliche Rolle spielen, und andere, in denen verschiedene Gesprächsrollen einander ergänzen. Darüber hinaus ist es ein Unterschied, ob ein Gesprächspartner seine Rolle freiwillig wählt oder ob sie ihm aufgezwungen wird.
Wie sieht es damit in den verschiedenen Gesprächsformen aus?

Ein Interview – oder was sonst?

Eine der Szenen aus „Furcht und Elend des Dritten Reiches" hat äußerlich die Form eines Interviews. Ihr könnt sie noch besser beurteilen, wenn ihr zuvor noch einige Überlegungen über das Wesen dieser Gesprächsform anstellt.

1. Vergleicht die Gesprächsformen Interview und Verhör. Was haben sie gemeinsam, worin unterscheiden sie sich?
2. Führt im Stegreifspiel verschiedene Interviews auf, z. B.
   - mit einem Sportler oder Trainer nach einem wichtigen Spiel,
   - mit einem Politiker nach einer Wahl.

   Besprecht die Vorführungen. Gibt es typische Verhaltensweisen, typische Gesten, typische Bewegungen des Befragers und des Befragten?
3. Habt ihr etwas beobachtet, was ihr als „Regelverstoß" empfindet? Versucht Regeln für den Befrager und den Befragten zu formulieren.

Die Stunde des Arbeiters

Es kommen die Goebbelsorgane
Und drücken die Membrane
Dem Volk in die schwielige Hand.
Doch weil sie dem Volk nicht trauen
Halten sie ihre Klauen
Zwischen Lipp' und Kelchesrand.

Leipzig, 1934. Büro des Werkmeisters in einer Fabrik. Ein Radioansager mit einem Mikrophon unterhält sich mit einem Arbeiter in mittleren Jahren, einem alten Arbeiter und einer Arbeiterin. Im Hintergrund ein Herr vom Büro und ein vierschrötiger Mensch in SA-Uniform.

DER ANSAGER: Wir stehen mitten im Getriebe der Schwungräder und Treibriemen, umgeben von emsig und unverdrossen arbeitenden Volksgenossen, die das Ihrige dazu beitragen, dass unser liebes Vaterland mit all dem versehen wird, was es braucht. Wir sind heute vormittag in der Spinnerei Fuchs AG. Und wie-
5 wohl die Arbeit schwer ist und jeden Muskel anspannt, sehen wir doch um uns nur lauter fröhliche und zufriedene Gesichter. Aber wir wollen unsere Volksgenossen selber sprechen lassen. *Zu dem alten Arbeiter:* Sie sind einundzwanzig Jahre im Betrieb, Herr ...
DER ALTE ARBEITER: Sedelmaier.
10 DER ANSAGER: Herr Sedelmaier. Nun, Herr Sedelmaier, wie kommt es, daß wir hier lauter so freudige und unverdrossene Gesichter sehen?
DER ALTE ARBEITER *nach einigem Nachdenken:* Die machen ja immer Witze.

Verzerrte Gespräche

DER ANSAGER: So. Ja und so geht unter munteren Scherzworten die Arbeit leicht von der Hand, wie? Der Nationalsozialismus kennt keinen lebensfeindlichen Pessimismus, meinen Sie. Früher war das anders, wie?
DER ALTE ARBEITER: Ja, ja.
DER ANSAGER: In der Systemzeit gab's für die Arbeiter nichts zu lachen, meinen Sie. Da hieß es: wofür arbeiten wir?
DER ALTE ARBEITER: Ja, da gibt's schon einige, die das sagen.
DER ANSAGER: Wie meinen? Ach so, Sie deuten auf die Meckerer hin, die es immer mal zwischendurch gibt, wenn sie auch immer weniger werden, weil sie einsehen, daß alles nicht hilft, sondern alles aufwärts geht im Dritten Reich, seit wieder eine starke Hand da ist. Das wollen Sie – *zur Arbeiterin* – doch auch sagen, Fräulein ...
DIE ARBEITERIN: Schmidt.
DER ANSAGER: Fräulein Schmidt. An welchem unserer stählernen Maschinengiganten arbeiten denn Sie?
DIE ARBEITERIN *auswendig:* Und da ist ja auch die Arbeit bei der Ausschmückung des Arbeitsraums, die uns viel Freude bereitet. Das Führerbild ist auf Grund einer freiwilligen Spende zustande gekommen, und sind wir sehr stolz darauf. Wie auch auf die Geranienstöcke, die eine Farbe in das Grau des Arbeitsraums hineinzaubern, eine Anregung von Fräulein Kinze.
DER ANSAGER: Da schmücken Sie also die Arbeitsstätte mit Blumen, den lieblichen Kindern des Feldes? Und sonst ist wohl auch allerhand anders geworden im Betrieb, seit sich Deutschlands Geschick gewendet hat?
DER HERR VOM BÜRO *sagt ein:* Waschräume.
DIE ARBEITERIN: Die Waschräume sind ein Gedanke des Herrn Direktors Bäuschle persönlich, wofür wir herzlichen Dank abstatten möchten. Wer will, kann sich in den schönen Waschräumen waschen, wenn es nicht zu viel sind und Gedränge.
DER ANSAGER: Ja, da will wohl jeder zuerst ran, wie? Da ist immer ein lustiges Gebalge?
DIE ARBEITERIN: Es sind nur sechs Hähne für fünfhundertzweiundfünfzig. Da ist immer ein Krakeel. Manche sind unverschämt.
DER ANSAGER: Aber alles geht in bestem Einvernehmen vor sich. Und jetzt will uns noch Herr, wie ist doch gleich der Name, etwas sagen.
DER ARBEITER: Mahn.
DER ANSAGER: Mahn also. Herr Mahn. Wie ist das nun, Herr Mahn, haben die vielen Neueinstellungen in der Fabrik sich auf den Geist der Arbeitskollegen ausgewirkt?
DER ARBEITER: Wie meinen Sie das?
DER ANSAGER: Nun, freut ihr euch, daß wieder alle Räder sich drehen und alle Hände Arbeit haben?
DER ARBEITER: Jawohl.

55 DER ANSAGER: Und daß jeder wieder am Ende der Woche seine Lohntüte nach Hause nehmen kann, das wollen wir doch auch nicht vergessen.
DER ARBEITER: Nein.
60 DER ANSAGER: Das war ja nicht immer so. In der Systemzeit mußte so mancher Volksgenosse den bittern Gang zur Wohlfahrt antreten. Und sich mit einem Almosen abfinden.
65 DER ARBEITER: Achtzehn Mark fünfzig. Abzüge keine.
DER ANSAGER *lacht künstlich:* Hahaha! Famoser Witz! Da war nicht viel abzuziehen.
70 DER ARBEITER: Nein, jetzt ist 's mehr.
Der Herr vom Büro tritt nervös vor, ebenso der Vierschrötige in SA-Uniform.
DER ANSAGER: Ja, so sind alle wieder zu Arbeit und Brot gekommen im
75 Dritten Reich, Sie haben ganz recht, Herr, wie war doch der Name? Kein Rad steht mehr still, kein Arm braucht mehr zu rosten im Deutschland Adolf Hitlers. *Er schiebt den Arbeiter brutal vom Mikrophon.* In freudiger Zusammenarbeit gehen der Arbeiter der Stirn und der Arbeiter der Faust an den Wiederaufbau unseres lieben deutschen Vater-
80 landes. Heil Hitler! [R]

„… und auch hier freudig arbeitende Menschen, helle Räume – Blumen an den Fenstern – Schönheit der Arbeit!"

1 Welche Regelverstöße fallen euch auf?
2 Angenommen, ihr wollt das Gespräch inszenieren. Mit welchen typischen Verhaltensweisen, typischen Bewegungen, typischen Gesten lassen sich der Befrager und die einzelnen Befragten kennzeichnen?
3 Bereitet mit einer Stellprobe eine szenische Lesung vor. Wie verteilen sich die Personen im Raum? Soll der Befrager auf die Befragten zugehen oder umgekehrt?
4 Wie würdet ihr die Gesprächsform bezeichnen, die sich hinter der Fassade dieses „Interviews" verbirgt? Eine Belehrung, ein Verhör, eine Zurechtweisung? Oder was sonst?
5 Die Szene hat zweierlei „Publikum": die wirklichen Zuschauer, die der Aufführung beiwohnen, und die gedachten Zuhörer, für die das Rundfunkinterview bestimmt ist. Worin unterscheiden sich ihre Wahrnehmungen? Wie wirkt die Szene auf den Zuschauer?

Ein Unterrichtsgespräch?

Hier geht es um die Belehrung eines Hitlerjungen durch seinen Scharführer.

Das Mahnwort

Sie holen die Jungen und gerben
Das Für-die-Reichen-Sterben
Wie das Einmaleins ihnen ein.
Das Sterben ist wohl schwerer.
Doch sie sehen die Fäuste der Lehrer
Und fürchten sich, furchtsam zu sein.

Chemnitz, 1937. Ein Raum der Hitlerjugend. Ein Haufen Jungens, die meisten haben Gasmasken umgehängt. Eine kleine Gruppe sieht zu einem Jungen ohne Maske hin, der auf einer Bank allein sitzt und rastlos die Lippen bewegt, als lerne er.

DER ERSTE JUNGE: Er hat immer noch keine.
DER ZWEITE JUNGE: Seine Alte kauft ihm keine.
DER ERSTE JUNGE: Aber sie muß doch wissen, daß er da geschunden wird.
DER DRITTE JUNGE: Wenn sie den Zaster nicht hat ...
5 DER ERSTE JUNGE: Wo ihn der Dicke so schon auf dem Strich hat!
DER ZWEITE JUNGE: Er lernt wieder. Das Mahnwort.
DER VIERTE JUNGE: Jetzt lernt er es seit fünf Wochen, und es sind nur zwei Strophen.
DER DRITTE JUNGE: Er kann es doch schon lang.

Ein Unterrichtsgespräch?

Der zweite Junge: Er bleibt doch nur stecken, weil er Furcht hat.
Der vierte Junge: Das ist immer scheußlich komisch, nicht?
Der erste Junge: Zum Platzen. *Er ruft hinüber:* Kannst du's, Pschierer?
Der fünfte Junge blickt gestört auf, versteht und nickt dann. Darauf lernt er weiter.
Der zweite Junge: Der Dicke schleift ihn nur, weil er keine Gasmaske hat. [...]
Der erste Junge: Obacht, der Dicke!
Die Jungens stellen sich stramm in zwei Reihen auf. Herein kommt ein dicklicher Scharführer. Hitlergruß.
Der Scharführer: Abzählen! – *Es wird abgezählt.*
Der Scharführer: GM – auf! – *Die Jungens setzen die Gasmasken auf. Einige haben jedoch keine. Sie machen nur die einexerzierten Bewegungen mit.*
Der Scharführer: Zuerst das Mahnwort. Wer sagt uns denn das auf? *Er blickt sich um, als sei er unschlüssig, dann plötzlich:* Pschierer! Du kannst es so schön.
Der fünfte Junge tritt vor und stellt sich vor der Reihe auf. Er ist sehr blaß.
Der Scharführer: Kannst du es, du Hauptkünstler?
Der fünfte Junge: Jawohl, Herr Scharführer!
Der Scharführer: Dann loslegen! Erste Strophe!
Der fünfte Junge:
    Lern dem Tod ins Auge blicken
    Ist das Mahnwort unsrer Zeit.
    Wird man dich ins Feld einst schicken
    Bist du gegen jede Furcht gefeit.
Der Scharführer: Pisch dir nur nicht in die Hose! Weiter! Zweite Strophe!

Verzerrte Gespräche

DER FÜNFTE JUNGE:
Und dann schieße, steche, schlage!
Das erfordert unser …

Er bleibt stecken und wiederholt die Worte. Einige Jungens halten mühsam das Losprusten zurück.

DER SCHARFÜHRER: Du hast also wieder nicht gelernt?
DER FÜNFTE JUNGE: Jawohl, Herr Scharführer!
DER SCHARFÜHRER: Du lernst wohl was andres zu Haus, wie? – *Brüllend:* Weitermachen!
DER FÜNFTE JUNGE:
Das erfordert unser … Sieg.
Sei ein Deutscher … ohne Klage … ohne Klage
Sei ein Deutscher, ohne Klage
Dafür stirb … dafür stirb und dafür gib.
DER SCHARFÜHRER: Als ob das schwer wäre! R

---

1 Wie beurteilt ihr das Klima innerhalb der HJ-Gruppe und die „pädagogischen" Methoden des Scharführers?
2 Formuliert Anweisungen für den Schauspieler, der die Rolle des „Dicken" spielt. Sammelt dazu zunächst die Fragen, die ihr beantworten wollt, z. B.: Wie soll er hereinkommen? An wen wendet er sich zunächst? Wann nimmt er Kenntnis von Pschierer? Was spricht er laut, was leise? Wie nahe geht er an Pschierer heran? usw.
3 Die Gasmasken sind in dieser Szene ein wichtiges Requisit. Welche Bedeutung haben sie für die Figuren auf der Bühne? Wie wirken sie auf den Zuschauer?
4 Die letzten Worte des „Dicken" werden vom Publikum anders verstanden, als sie vom Scharführer gemeint sind. Beschreibt den Unterschied. Wie müssen diese Worte eurer Meinung nach gesprochen werden? An wen sind sie zu richten?

Seelsorge?

Wie sehr im Dritten Reich auch das privateste Gespräch von den politischen Verhältnissen betroffen war, zeigt Brecht in der Szene „Die Bergpredigt". Sie handelt von der Seelsorge um einen Sterbenden.

Die Bergpredigt

Es müssen die Christen mit Schrecken
Ihre zehn Gebote verstecken
Sonst hagelt es Prügel und Spott.
Sie können nicht Christen bleiben.
Neue Götter vertreiben
Ihren jüdischen Friedensgott.

Lübeck, 1937, Wohnküche eines Fischers. Der Fischer liegt im Sterben. An seinem Lager seine Frau und, in SA-Uniform, sein Sohn. Der Pfarrer ist da.

DER STERBENDE: Sagen Sie, gibt es wirklich was danach?
DER PFARRER: Quälen Sie sich denn mit Zweifeln?
DIE FRAU: In den letzten Tagen hat er immer gesagt, es wird soviel geredet und versprochen, was soll man da glauben. Sie dürfen es ihm nicht übelnehmen, Herr
5   Pfarrer.
DER PFARRER: Danach gibt es das ewige Leben.
DER STERBENDE: Und das ist besser?
DER PFARRER: Ja.
DER STERBENDE: Das muß es auch sein.
10 DIE FRAU: Er hat sich so gefrettet, wissen Sie.
DER PFARRER: Glauben Sie mir, Gott weiß das.
DER STERBENDE: Meinen Sie? *Nach einer Pause:* Da oben kann man dann vielleicht wieder das Maul aufmachen, wie?
DER PFARRER *etwas verwirrt:* Es steht geschrieben: Der Glaube versetzt Berge. Sie
15 müssen glauben. Es wird Ihnen leichter dann.
DIE FRAU: Sie dürfen nicht meinen, Herr Pfarrer, daß es ihm am Glauben fehlt. Er hat immer das Abendmahl genommen. *Zu ihrem Mann, dringlich:* Der Herr Pfarrer meint, du glaubst gar nicht. Aber du glaubst doch, nicht?
DER STERBENDE: Ja … – *Stille.*
20 DER STERBENDE: Da ist doch sonst nichts.
DER PFARRER: Was meinen Sie damit? Da ist doch sonst nichts?
DER STERBENDE: Na, da ist doch sonst nichts. Nicht? Ich meine, wenn es irgendwas gegeben hätte …
DER PFARRER: Aber was hätte es denn geben sollen?
25 DER STERBENDE: Irgendwas.
DER PFARRER: Aber Sie haben doch Ihre liebe Frau und Ihren Sohn gehabt.

Verzerrte Gespräche

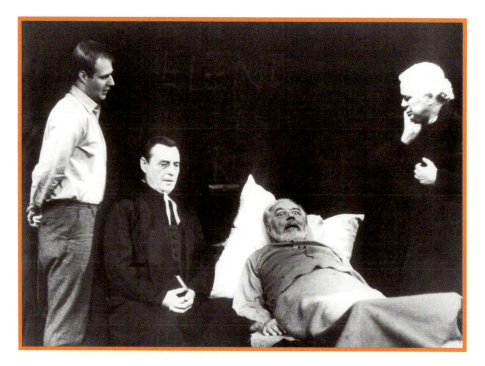

DIE FRAU: Uns hast du doch gehabt, nicht?
DER STERBENDE: Ja... – *Stille.*
DER STERBENDE: Ich meine, wenn irgendwas los gewesen wäre im Leben ...
30 DER PFARRER: Ich verstehe Sie vielleicht nicht ganz. Sie meinen doch nicht, daß Sie nur glauben, weil Ihr Leben Mühsal und Arbeit gewesen ist?
DER STERBENDE *blickt sich suchend um, bis er seinen Sohn sieht:*
Und wird es jetzt besser für die?
DER PFARRER: Sie meinen für die Jugend? Ja, das hoffen wir.
35 DER STERBENDE: Wenn wir einen Motorkutter hätten ...
DIE FRAU: Aber mach dir doch nicht noch Sorgen!
DER PFARRER: Sie sollten jetzt nicht an solche Dinge denken.
DER STERBENDE: Ich muß.
DIE FRAU: Wir kommen doch durch.
40 DER STERBENDE: Aber vielleicht gibt's Krieg?
DIE FRAU: Red doch jetzt nicht davon. *Zum Pfarrer:* In der letzten Zeit hat er immer mit dem Jungen über den Krieg geredet. Sie sind aneinandergeraten darüber.
Der Pfarrer blickt auf den Sohn.
45 DER SOHN: Er glaubt nicht an den Aufstieg.
DER STERBENDE: Sagen Sie, will der da oben denn, daß es Krieg gibt?
DER PFARRER *zögernd:* Es heißt, selig sind die Friedfertigen.
DER STERBENDE: Aber wenn es Krieg gibt ...

Seelsorge?

DER SOHN: Der Führer will keinen Krieg!
Der Sterbende macht eine große Bewegung mit der Hand, die das wegschiebt.
DER STERBENDE: Wenn es also Krieg gibt …
Der Sohn will etwas sagen.
DIE FRAU: Sei still jetzt.
DER STERBENDE *zum Pfarrer, auf seinen Sohn zeigend:* Sagen Sie dem das von den Friedfertigen!
DER PFARRER: Wir stehen alle in Gottes Hand, vergessen Sie das nicht.
DER STERBENDE: Sagen Sie es ihm?
DIE FRAU: Aber der Herr Pfarrer kann doch nichts gegen den Krieg machen, sei doch vernünftig! Darüber soll man gar nicht reden in diesen Zeiten, nicht, Herr Pfarrer?
DER STERBENDE: Sie wissen doch, es sind alles Schwindler. Ich kann für mein Boot keinen Motor kaufen. In ihre Flugzeuge bauen sie Motoren ein. Für den Krieg, für die Schlächterei. Und ich kann bei Unwetter nicht hereinkommen, weil ich keinen Motor habe. Diese Schwindler! Krieg machen sie! *Er sinkt erschöpft zurück.*
DIE FRAU *holt erschrocken eine Schüssel mit Wasser und wischt ihm mit einem Tuch den Schweiß ab:* Das müssen Sie nicht hören. Er weiß nicht mehr, was er sagt.
DER PFARRER: Beruhigen Sie sich doch, Herr Claasen.
DER STERBENDE: Sagen Sie ihm das von den Friedfertigen?
DER PFARRER *nach einer Pause:* Er kann es selber lesen. Es steht in der Bergpredigt.
DER STERBENDE: Er sagt, das ist alles von einem Juden und gilt nicht.
DIE FRAU: Fang doch nicht wieder damit an! Er meint es doch nicht so. Das hört er eben bei seinen Kameraden!
DER STERBENDE: Ja. *Zum Pfarrer:* Gilt es nicht?
DIE FRAU *mit einem ängstlichen Blick auf ihren Sohn:* Bring den Herrn Pfarrer nicht ins Unglück, Hannes. Du sollst ihn das nicht fragen.
DER SOHN: Warum soll er ihn nicht fragen?
DER STERBENDE: Gilt es oder nicht?
Der Pfarrer nach einer langen Pause, gequält: In der Schrift steht auch: Gebt Gott, was Gottes ist, und dem Kaiser, was des Kaisers ist.
Der Sterbende sinkt zurück. Die Frau legt ihm das nasse Tuch auf die Stirn. R

1 Versetzt euch in die Figur des Pfarrers und versucht zu irgendeiner Partie im Text seine unausgesprochenen Gedanken und Gefühle auszudrücken.
2 Vergleicht eure eigenen Ausarbeitungen mit den folgenden Lösungsbeispielen. Sie setzen in dem Augenblick ein, als der Pfarrer in den Konflikt zwischen Vater und Sohn hineingezogen wird (Regieanweisung: *Der Pfarrer blickt auf den Sohn*).

Verzerrte Gespräche

Patrick schreibt:

Der Pfarrer sagt:	Der Pfarrer denkt:
– Frage des Sterbenden –	Ob er das will? Glaube kaum, aber irgendwas muss ich jetzt sagen, auch wenn es falsch ist.
Es heißt, selig sind die Friedfertigen. – Der Sohn –	Momentan könnte das ja auch noch so sein, doch irgendwie ist mir schon klar, dass ich mich hier mit diesem Regime anlege … Lächerlich, der Führer will keinen Krieg … Mensch, der Sohn hält aber schwer zu denen, Vorsicht ist geboten … Dem was von Friedfertigkeit zu erzählen hieße dem Tod in die Arme laufen.
Wir stehen alle in Gottes Hand, vergessen Sie das nicht.	Ah, auf den Spruch kann man alles abwimmeln, an dem gibt's nichts zu rütteln. Aber hoffentlich hört der endlich auf seine Frau. Mein Leben ist mir schon was wert und der Fischer bringt mich noch in Verlegenheit. Der Sohn spuckt's aus und ich bin fällig, und es reicht doch, wenn der Fischer stirbt, oder?
– Sterbender redet vom Motor –	Jetzt fängt der noch eine offene Hetzkampagne an, das kann er, er stirbt sowieso. Ganz ruhig bleiben, vielleicht lässt er davon ab.
Beruhigen Sie sich doch, Herr Claasen.	Ich kann ihm nichts erzählen, da geht mein Wohl vor dieser Art von Glaubensverkündigung. Und jetzt fragt er schon wieder. Nein, ich gebe keine Antwort, nein!! Aber Pfarrer, du schwitzt ja schon! Ich brauche jetzt eine ausweichende Antwort.
Er kann es selbst lesen. Es steht in der Bergpredigt.	Jetzt auch noch Juden. Schließlich sind dies auch Menschen. Und somit schon die nächste Falle. Ruhig bleiben, Mensch. Du zitterst ja am ganzen Leib. Warum muss mir das passieren? Jedes falsche Wort bedeutet deinen Untergang … Gott sei Dank, die gute Frau versucht mir zu helfen. Wenigstens ein Lichtblick …
– Sohn: Warum soll er ihn nicht fragen? –	Der Kerl regt mich auf … der scheint mein Ende herbeizusehnen. Jagt ihn raus, der macht mich fertig. Wie will man da noch klar denken?
	Hinaus, du Satan, versuche mich nicht, und du da oben, steh mir bloß bei. Bis jetzt hast du mir in diesem Gespräch auch nicht geholfen, und was bring ich dir als Toter? Der Alte fragt noch einmal. Jetzt muss ich es sagen … Ende … aus. Jetzt setzt der Panther schon zum Sprung an … Luft, hier ist furchtbare Luft … Tod … Panther … Gott … Friedfertigkeit … Tod … Hitler.

Seelsorge?

40	Kaiser ... Kaiser? Das ist es, Kaiser, dann ist wenigstens etwas gesagt. Los. Stimme, erhebe dich!
In der Schrift steht auch: Gebt Gott ...	Es lässt nach, der Druck verschwindet. Jetzt noch einmal tief Luft holen und dann weg hier, alles vergessen ... vergessen ... v-e-r-g-e-s-s-e-n!

Und so lautet Julias Entwurf:

	Der Pfarrer sagt:	*Der Pfarrer denkt:*
		So, ich eigentlich auch nicht. Aber das kann man solchen wie dir ja gar nicht klarmachen. Dein Vater hat schon Recht. Wenn du nicht ganz so fanatisch wärest, könntest du das auch begreifen. Aber euch Jungen hat man ja die Augen verdreht.
5		
		Nein, natürlich nicht. Als ob Gott so was wollte. Nur, was sage ich jetzt bloß, dass ich nicht in die Klemme komme? Ach ja, ein Bibelwort wäre vielleicht das Beste. Das steht ja drin! Darauf kann mich keiner festnageln.
10		
	Es heißt, selig sind die Friedfertigen.	Hoffentlich fragt er nicht weiter. Ja, der Alte hat berechtigte Zweifel. Ganz schön hitzig, der Junge. Da heißt es aufgepasst, sonst sitze ich bald selbst in der Falle. Ein Glück, dass die Frau da ist. Wenigstens eine vernünftige Seele! Was kann ich dem schon sagen? Der Alte begreift einfach nicht, in welche Gefahr er mich bringt mit seinen Forderungen. Dem Sohn das zu erklären ist zu heikel. Da sage ich lieber etwas Neutrales. Stimmen tut es ja auch und vielleicht hilft es dem Alten.
15		
20	Wir stehen alle in Gottes Hand, vergessen sie das nicht.	Ja, das sollte ich selbst eigentlich auch nicht vergessen.
	Sterbender: Sagen Sie es ihm?	Ach, er hat immer noch nicht begriffen. Das kann ich nicht wagen. Ich darf nicht. Bitte versteh doch, es geht wirklich nicht! Aber ehrlich gesagt, ich würde es deinem Jungen gerne einmal erklären. Nein, es geht nicht, das kannst du doch nicht wagen. Die Zeiten sind nicht dazu geschaffen.
25		
	Frau: Darüber soll man gar nicht	Recht hat sie. Man „soll" nicht darüber reden. Obwohl es bitter nötig ist. Mensch, pass auf! Der Junge beobachtet dich ja wie ein Luchs. Wehe dir, wenn der deine Gedanken errät. Alles Schwindler, der hat gut reden, wo er so oder so bald
30		

Verzerrte Gespräche

	stirbt. Da kann er einmal nur, ohne Angst, die Wahrheit sagen. O Frau, das weiß er nur zu gut. Aber weghören kann ich auch nicht einfach, so wie der verstockte „Herr Sohn". Dass der so erhaben über alles weggehen kann! Armer Mann, du bist ja schon ganz erhitzt, das tut dir wirklich nicht gut. Ich muss dich doch wenigstens zur Ruhe bringen.
Beruhigen sie sich doch, Herr Claasen.	Was, immer noch die gleiche Frage? Begreif doch endlich, es geht nicht, wirklich nicht. Und außerdem:
Er kann es selber lesen. Es steht in der Bergpredigt.	Stimmt ja auch. Nur schade, dass er gar so verstockt ist. Als ob der sich überhaupt dafür interessieren würde. So sieht er nun wirklich nicht aus. Ach, so was sagt er auch noch? Na, daran muss man sich gewöhnen. Von der Sorte gibt es genug! So was lernt er bei seinen Kameraden, nichts Gescheites!
Sterbender: Gilt er nicht?	Was? Die Schrift? Aber selbstverständlich gilt sie. Nur, so offen darf man das heute nicht mehr sagen. Die Frau hat schon Recht, der bringt mich noch ins Unglück, wenn er so weitermacht. Da siehst du es. Der Sohn wartet ja nur auf den günstigen Augenblick, dich hinter Schloss und Riegel zu bringen. Oder sogar ins KZ, wo schon so viele Pfarrer sitzen. Aber da will ich nicht hin. Da sage ich dem Sohn lieber mal was, was ihm passt. Sonst bin ich wirklich dran. Aber damit betrüge ich den Alten. Auf, entscheide dich, KZ, ja oder nein? Nein, lieber nicht, bitte verzeih, ich kann nicht anders.
In der Schrift steht auch: Gebt Gott ...	Du Schuft, jetzt hast du ihm das letzte bisschen Hoffnung geraubt. Wie kannst du nur so ausweichend antworten! Stehst du überhaupt noch hinter deinem Glauben, wenn du so betrügst? Aber es geht nicht anders. Ich war gezwungen. Schade, jetzt ist er fertig, restlos erledigt. Wie konntest du nur so feig sein!

3 Worin unterscheiden sich die beiden Entwürfe? Welcher überzeugt euch mehr?

4 Formuliert zu jedem Entwurf die passenden Anweisungen für den Darsteller des Pfarrers. Ihr könnt dabei auch Vorgänge mit einbeziehen, die unmittelbar vor oder nach der Szene zu denken sind: Wie z. B. kommt der Pfarrer herein, wie begrüßt er die Anwesenden, wie verabschiedet er sich, wie geht er hinaus?

5 Brecht hat die einzelnen Szenen jeweils mit einem gereimten Vorspruch versehen. Manche Regisseure lassen ihn bei der Aufführung einfach weg, andere suchen nach Möglichkeiten, ihn mit einzubeziehen. Wie würdet ihr verfahren?

Die Verabredung einer Reise?

In der Szene „Die jüdische Frau" führt uns Brecht das Schicksal einer deutschen Jüdin vor Augen, die mit einem „arischen" Arzt verheiratet ist.

Die jüdische Frau

Und dort sehn wir jene kommen
Denen er ihre Weiber genommen
Jetzt werden sie arisch gepaart.
Da hilft kein Fluchen und Klagen
Sie sind aus der Art geschlagen
Er schlägt sie zurück in die Art.

Frankfurt, 1935. Es ist Abend. Eine Frau packt Koffer. Sie wählt aus, was sie mitnehmen will. Mitunter nimmt sie wieder etwas aus dem Koffer und gibt es an seinen Platz im Zimmer zurück, um etwas anderes einpacken zu können. Lange schwankt sie, ob sie eine große Photographie ihres Mannes, die auf der Kommode steht, mitnehmen soll. Dann läßt sie das Bild stehen. Sie wird müde vom Packen und sitzt eine Weile auf einem Koffer, den Kopf in die Hand gestützt. Dann steht sie auf und telefoniert.

DIE FRAU: Hier Judith Keith. Doktor, sind Sie es? – Guten Abend. Ich wollte nur eben mal anrufen und sagen, daß ihr euch jetzt doch nach einem neuen Bridgepartner umsehen müßt, ich verreise nämlich. – Nein, nicht für so sehr lange, aber ein paar Wochen werden es schon werden. – Ich will nach
5 Amsterdam. – Ja, das Frühjahr soll dort ganz schön sein. – Ich habe Freunde dort. – Nein, im Plural, wenn Sie es auch nicht glauben. – Wie ihr da Bridge spielen sollt? – Aber wir spielen doch schon seit zwei Wochen nicht. – Natürlich, Fritz war auch erkältet. Wenn es so kalt ist, kann man eben nicht mehr Bridge spielen, das sagte ich auch! – Aber nein, Doktor, wie sollte ich? –
10 Thekla hatte doch auch ihre Mutter zu Besuch. – Ich weiß. – Warum sollte ich so was denken? – Nein, so plötzlich kam es gar nicht, ich habe nur immer verschoben, aber jetzt muß ich ... Ja, aus unserm Kinobesuch wird jetzt auch nichts mehr, grüßen Sie Thekla. – Vielleicht rufen Sie ihn sonntags mal an? – Also, auf Wiedersehen! – Ja, sicher, gern! – Adieu!
15 *Sie hängt ein und ruft eine andere Nummer an.*
Hier Judith Keith. Ich möchte Frau Schöck sprechen. – Lotte? – Ich wollte rasch Adieu sagen, ich verreise auf einige Zeit. – Nein, mir fehlt nichts, nur um mal ein paar neue Gesichter zu sehen. – Ja, was ich sagen wollte, Fritz hat nächsten Dienstag den Professor hier zu Abend, da könntet ihr vielleicht auch kommen,
20 ich fahre, wie gesagt, heute nacht. – Ja, Dienstag. – Nein, ich wollte nur sagen, ich fahre heute nacht, es hat gar nichts zu tun damit, ich dachte, ihr könntet dann auch kommen. – Nun, sagen wir also: obwohl ich nicht da bin, nicht? – Das weiß ich doch, daß ihr nicht so seid, und wenn, das sind doch unruhige

Verzerrte Gespräche

Zeiten, und alle Leute passen so auf, ihr kommt also? – Wenn Max kann? Er wird schon können, der Professor ist auch da, sag's ihm. – Ich muß jetzt abhängen. Also, Adieu!
Sie hängt ein und ruft eine andere Nummer an.
Bist du es, Gertrud? Hier Judith. Entschuldige, daß ich dich störe. – Danke. Ich wollte dich fragen, ob du nach Fritz sehen kannst, ich verreise für ein paar Monate. – Ich denke, du, als seine Schwester … Warum möchtest du nicht? – So wird es aber doch nicht aussehen, bestimmt nicht für Fritz. – Natürlich weiß er, daß wir nicht so – gut standen, aber … Dann wird er eben dich anrufen, wenn du willst. – Ja, das will ich ihm sagen. – Es ist alles ziemlich in Ordnung, die Wohnung ist ja ein bißchen zu groß. – Was in seinem Arbeitszimmer gemacht werden soll, weiß Ida, laß sie da nur machen. – Ich finde sie ganz intelligent, und er ist gewöhnt an sie. – Und noch was, ich bitte dich, das nicht falsch aufzunehmen, aber er spricht nicht gern vor dem Essen, könntest du daran denken? Ich hielt mich da immer zurück. – Ich möchte nicht gern darüber diskutieren jetzt, mein Zug geht bald, ich habe noch nicht fertig gepackt, weißt du. – Sieh auf seine Anzüge und erinnere ihn, daß er zum Schneider gehen muß, er hat einen Mantel bestellt, und sorg, daß in seinem Schlafzimmer noch geheizt wird, er schläft immer bei offenem Fenster, und das ist zu kalt. – Nein, ich glaube nicht, daß er sich abhärten soll, aber jetzt muß ich Schluß machen. – Ich danke dir sehr, Gertrud, und wir schreiben uns ja immer mal wieder. – Adieu.
Sie hängt ein und ruft eine andere Nummer an.
Anna? Hier ist Judith, du, ich fahre jetzt. – Nein, es muß schon sein, es wird zu schwierig. – Zu schwierig! – Ja, nein, Fritz will es nicht, er weiß noch gar nichts, ich habe einfach gepackt. – Ich glaube nicht. – Ich glaube nicht, daß er viel sagen wird. Es ist einfach zu schwierig für ihn, rein äußerlich. – Darüber haben wir nichts verabredet. – Wir sprachen doch überhaupt nie darüber, nie! – Nein, er war nicht anders, im Gegenteil. – Ich wollte, daß ihr euch seiner ein wenig annehmt, die erste Zeit. – Ja, sonntags besonders, und redet ihm zu, daß er umzieht. – Die Wohnung ist zu groß für ihn. – Ich hätte dir gern noch Adieu gesagt, aber du weißt ja, der Portier! – Also, Adieu, nein, komm nicht auf die Bahn, auf keinen Fall! – Adieu, ich schreib mal. – Sicher.
Sie hängt ein und ruft keine andere Nummer mehr an. Sie hat geraucht. Jetzt zündet sie das Büchlein an, in dem sie die Telefonnummern nachgeschlagen hat. Ein paarmal geht sie auf und ab. Dann beginnt sie zu sprechen. Sie probt die kleine Rede ein, die sie ihrem Mann halten will. Man sieht, er sitzt in einem bestimmten Stuhl.
Ja, ich fahre jetzt also, Fritz. Ich bin vielleicht schon zu lange geblieben, das mußt du entschuldigen, aber …
Sie bleibt stehen und besinnt sich, fängt anders an.
Fritz, du solltest mich nicht mehr halten, du kannst es nicht … Es ist klar, daß ich dich zugrunde richten werde, ich weiß, du bist nicht feig, die Polizei fürch-

test du nicht, aber es gibt Schlimmeres. Sie werden dich nicht ins Lager bringen, aber sie werden dich nicht mehr in die Klinik lassen, morgen oder übermorgen, du wirst nichts sagen dann, aber du wirst krank werden. Ich will dich nicht hier herumsitzen sehen, Zeitschriften blätternd, es ist reiner Egoismus von mir, wenn ich gehe, sonst nichts. Sage nichts ...
Sie hält wieder inne. Sie beginnt wieder von vorn.
Sage nicht, du bist unverändert, du bist es nicht! Vorige Woche hast du ganz objektiv gefunden, der Prozentsatz der jüdischen Wissenschaftler sei gar nicht so groß. Mit der Objektivität fängt es immer an, und warum sagst du mir jetzt fortwährend, ich sei nie so nationalistisch jüdisch gewesen wie jetzt. Natürlich bin ich das. Das steckt ja so an. Oh, Fritz, was ist mit uns geschehen!
Sie hält wieder inne. Sie beginnt wieder von vorn.
Ich habe es dir nicht gesagt, daß ich fort will, seit langem fort will, weil ich nicht reden kann, wenn ich dich ansehe, Fritz. Es kommt mir dann so nutzlos vor, zu reden. Es ist doch alles schon bestimmt. Was ist eigentlich in sie gefahren? Was wollen sie in Wirklichkeit? Was tue ich ihnen? Ich habe mich doch nie in die Politik gemischt. War ich für Thälmann? Ich bin doch eines von diesen Bourgeoisweibern, die Dienstboten halten usw., und plötzlich sollen nur noch die Blonden das sein dürfen? In der letzten Zeit habe ich oft daran gedacht, wie du mir vor Jahren sagtest, es gäbe wertvolle Menschen und weniger wertvolle, und die einen bekämen Insulin, wenn sie Zucker haben, und die andern bekämen keins. Und das habe ich eingesehen, ich Dummkopf! Jetzt haben sie eine neue Einteilung dieser Art gemacht, und jetzt gehöre ich zu den Wertloseren. Das geschieht mir recht.
Sie hält wieder inne. Sie beginnt wieder von vorn.
Ja, ich packe. Du mußt nicht tun, als ob du das nicht gemerkt hättest die letzten Tage. Fritz, alles geht, nur eines nicht: daß wir in der letzten Stunde, die uns bleibt, einander nicht in die Augen sehen. Das dürfen sie nicht erreichen, die Lügner, die alle zum Lügen zwingen. Vor zehn Jahren, als jemand meinte, das sieht man nicht, daß ich eine Jüdin bin, sagtest du schnell: doch, das sieht man. Und das freut einen. Das war Klarheit. Warum jetzt um das Ding herumgehen? Ich packe, weil sie dir sonst die Oberarztstelle wegnehmen. Und weil sie dich schon nicht mehr grüßen in deiner Klinik und weil du nachts schon nicht mehr schlafen kannst. Ich will nicht, daß du mir sagst, ich soll nicht gehen. Ich beeile mich, weil ich dich nicht noch sagen hören will, ich soll gehen. Das ist eine Frage der Zeit. Charakter, das ist eine Zeitfrage. Er hält soundso lange, genau wie ein Handschuh. Es gibt gute, die halten lange. Aber sie halten nicht ewig. Ich bin übrigens nicht böse. Doch, ich bin's. Warum soll ich alles einsehen? Was ist schlecht an der Form meiner Nase und der Farbe meines Haares? Ich soll weg von der Stadt, wo ich geboren bin, damit sie keine Butter zu geben brauchen. Was seid ihr für Menschen, ja, auch du! Ihr erfindet die Quantentheorie und den Trendelenburg und laßt euch von Halb-

Verzerrte Gespräche

wilden kommandieren, daß ihr die Welt erobern sollt, aber nicht die Frau haben dürft, die ihr haben wollt. Künstliche Atmung und jeder Schuß ein Ruß! Ihr seid Ungeheuer oder Speichellecker von Ungeheuern! Ja, das ist unvernünftig von mir, aber was hilft in einer solchen Welt die Vernunft? Du sitzt da und siehst deine Frau packen und sagst nichts. Die Wände haben Ohren, wie? Aber ihr sagt ja nichts! Die einen horchen, und die andern schweigen. Pfui Teufel. Ich sollte auch schweigen. Wenn ich dich liebte, schwiege ich. Ich liebe dich wirklich. Gib mir die Wäsche dort. Das ist Reizwäsche. Ich werde sie brauchen. Ich bin sechsunddreißig, das ist nicht zu alt, aber viel experimentieren kann ich nicht mehr. Mit dem nächsten Land, in das ich komme, darf es nicht mehr so gehen. Der nächste Mann, den ich kriege, muß mich behalten dürfen. Und sage nicht, du wirst Geld schicken, du weißt, das kannst du nicht. Und du sollst auch nicht tun, als wäre es nur für vier Wochen. Das hier dauert nicht nur vier Wochen. Du weißt es, und ich weiß es auch. Sage also nicht: es sind schließlich nur ein paar Wochen, während du mir den Pelzmantel gibst, den ich doch erst im Winter brauchen werde. Und reden wir nicht von Unglück. Reden wir von Schande. O Fritz!

Sie hält inne. Eine Tür geht. Sie macht sich hastig zurecht. Ihr Mann tritt ein.

DER MANN: Was machst du denn? Räumst du?

DIE FRAU: Nein.

DER MANN: Warum packen?

DIE FRAU: Ich möchte weg.

DER MANN: Was heißt das?

DIE FRAU: Wir haben doch gesprochen, gelegentlich, daß ich für einige Zeit weggehe. Es ist doch nicht mehr sehr schön hier.

DER MANN: Das ist doch Unsinn.

DIE FRAU: Soll ich denn bleiben?

DER MANN: Wohin willst du denn?

DIE FRAU: Nach Amsterdam. Eben weg.

DER MANN: Aber dort hast du doch niemanden.

DIE FRAU: Nein.

DER MANN: Warum willst du denn nicht hierbleiben? Meinetwegen mußt du bestimmt nicht gehen.

DIE FRAU: Nein.

DER MANN: Du weißt, daß ich unverändert bin, weißt du das, Judith?

DIE FRAU: Ja.

Er umarmt sie. Sie stehen stumm zwischen den Koffern.

Die Verabredung einer Reise?

150 DER MANN: Und es ist nichts sonst, was dich weggehen macht?
DIE FRAU: Das weißt du.
DER MANN: Vielleicht ist es nicht so dumm. Du brauchst ein Aufschnaufen. Hier erstickt man. Ich hole dich. Wenn ich nur zwei Tage jenseits der Grenze bin, wird mir schon besser sein.
155 DIE FRAU: Ja, das solltest du.
DER MANN: Allzulang geht das hier überhaupt nicht mehr. Von irgendwoher kommt der Umschwung. Das klingt alles wieder ab wie eine Entzündung. – Es ist wirklich ein Unglück.
DIE FRAU: Sicher. Hast du Schöck getroffen?
160 DER MANN: Ja, das heißt, nur auf der Treppe. Ich glaube, er bedauert schon wieder, daß sie uns geschnitten haben. Er war direkt verlegen. Auf die Dauer können sie uns Intellektbestien doch nicht so ganz niederhalten. Mit völlig rückgratlosen Wracks können sie auch nicht Krieg führen. Die Leute sind nicht mal so ablehnend, wenn man ihnen fest gegenübertritt. Wann willst du denn
165 fahren?
DIE FRAU: Neun Uhr fünfzehn.
DER MANN: Und wohin soll ich das Geld schicken?
DIE FRAU: Vielleicht hauptpostlagernd Amsterdam.
DER MANN: Ich werde mir eine Sondererlaubnis geben lassen. Zum Teufel, ich
170 kann doch nicht meine Frau mit zehn Mark im Monat wegschicken! Schweinerei, das Ganze. Mir ist scheußlich zumute.
DIE FRAU: Wenn du mich abholen kommst, das wird dir guttun.
DER MANN: Einmal eine Zeitung lesen, wo was drin steht.
DIE FRAU: Gertrud habe ich angerufen. Sie wird nach dir sehen.
175 DER MANN: Höchst überflüssig. Wegen der paar Wochen.
DIE FRAU *die wieder zu packen begonnen hat:* Jetzt gib mir den Pelzmantel herüber, willst du?
DER MANN *gibt ihn ihr:* Schließlich sind es nur ein paar Wochen.   R

---

1 Die jüdische Frau führt eine Reihe von Telefonaten. Entwerft die fehlenden Gesprächsbeiträge der jeweiligen Partner. In welcher Beziehung stehen diese Partner zu Judith Keith?
2 Vergleicht die Abfolge der Telefonate mit der Reihe der „Probegespräche", die Judith mit ihrem Mann führt. Was ist beiden Abläufen gemeinsam?
3 Die Probegespräche bilden ein „Spiel im Spiel". Wie kann die Darstellerin der Judith dem Publikum deutlich machen, dass Judith diese Gespräche lediglich „spielt"?
4 Nehmen wir an, ein Regisseur käme auf die Idee, das Spiel im Spiel aus dieser Szene herauszustreichen. Was würde sich für das Publikum ändern?

WERKSTATT

Eine kurze Szene aus Brechts „Furcht und Elend des Dritten Reiches" handelt von einer „Denunziation", dem Verrat eines Nachbarn durch einen Nachbarn.

Der Verrat

Breslau, 1933. Kleinbürgerwohnung. Eine Frau und ein Mann stehen an der Tür und horchen. Sie sind sehr blaß.

DIE FRAU: Jetzt sind sie drunten.
DER MANN: Noch nicht.
DIE FRAU: Sie haben das Geländer zerbrochen. Er war schon bewußtlos, wie sie ihn aus der Wohnung geschleppt haben.
DER MANN: Ich habe doch nur gesagt, daß das Radio mit den Auslandssendungen nicht von hier kam.
DIE FRAU: Du hast doch nicht nur das gesagt.
DER MANN: Ich habe nichts sonst gesagt.
DIE FRAU: Schau mich nicht so an. Wenn du nichts sonst gesagt hast, dann hast du eben nichts sonst gesagt.
DER MANN: Das meine ich auch.
DIE FRAU: Warum gehst du nicht hin auf die Wache und sagst aus, daß sie keinen Besuch hatten am Samstag.
Pause.
DER MANN: Ich geh nicht auf die Wache. Das sind Tiere, wie sie mit ihm umgegangen sind.
DIE FRAU: Es geschieht ihm recht. Warum mischt er sich in die Politik.
DER MANN: Aber sie hätten ihm nicht die Jacke zu zerreißen brauchen. So dick hat es unsereiner nicht.
DIE FRAU: Auf die Jacke kommt es doch nicht an.
DER MANN: Sie hätten sie ihm nicht zerreißen brauchen. R

Zu diesem Text könnt ihr vielerlei Zusatztexte entwerfen, z. B.

- die Vorgeschichte: das Gespräch zwischen dem Mann und den Gestapoleuten,
- einen „Vortext": den Dialog zwischen Mann und Frau, der der Szene unmittelbar vorausgegangen sein könnte,
- einen „Nachtext": die Erwiderung der Frau auf die letzten Worte des Mannes und was der Mann darauf sagt,
- „Untertexte" für die Frau und den Mann: Was geht in ihnen während der „Pause" vor?
- „Angaben zur Person" für die Frau und den Mann: Wie sehen sie aus? Wie sind sie gekleidet? Wie alt sind sie? Welche Berufe haben sie? Was für eine Ehe führen sie? Wie sind ihre Lebensumstände?

Spielvorschläge zu dieser Szene:

- Formt „Standbilder": Momentaufnahmen, die Frau und Mann in einer typischen Haltung zeigen.
- Spielt eine Kurzfassung. Sucht dazu für die Frau und den Mann je einen Gesprächsbeitrag aus, der die Figur und ihr Verhalten charakterisiert.
- Verteilt die Rollen und improvisiert ein Spiel. Jede Person bestreitet das Spiel mit ihrem Kurztext, wiederholt ihn beliebig oft, verändert dabei Tonart, Lautstärke, Mimik und Gestik.
- Denkt euch für Stegreifspiele Szenen aus, in denen das Ehepaar mit dem „Verrat" konfrontiert wird: Die Frau des verschleppten Nachbarn kommt aufgelöst und erzählt, was geschehen ist. – Das Ehepaar trifft nach dem Krieg zufällig wieder mit dem Verschleppten zusammen … usw.

WERKSTATT

Furcht und Elend des Dritten Reiches – noch ein Fall von Denunziation

Brecht hat den Stoff für seine Szenenfolge Berichten und Nachrichten entnommen, die ihn aus Nazideutschland erreichten. Die folgenden Vorgänge, die sich 1937 in einer süddeutschen Kleinstadt ereigneten, sind ihm nicht zur Kenntnis gelangt – sie kamen erst lange nach dem Krieg ans Licht. Vielleicht regen sie euch zu eigenen Szenen-Entwürfen an.

In der Belegschaft eines örtlichen Industriebetriebs gab es einen jungen Mann, den die Arbeitskollegen nicht besonders mochten. Er stammte aus einem Nachbardorf und hatte in einem katholischen Internat verspätet sein Abitur gemacht – seine Eltern hatten ihn für den Beruf eines Geistlichen bestimmt. Er selbst wäre gerne Mediziner geworden, wurde aber nach dem Abitur zum „Reichsarbeitsdienst" eingezogen und in der genannten Fabrik dienstverpflichtet. Gegenüber seinen Arbeitskollegen hat dieser junge Mann nie einen Hehl aus seiner kritischen Einstellung gegenüber dem Nationalsozialismus gemacht – einer von ihnen will ihn ausdrücklich gewarnt und zur Vorsicht gemahnt haben. Nach Zeugenaussagen hat sich dann Folgendes ereignet: Man saß im Gasthaus „Schlachthof" zusammen und geriet ins Politisieren. Dabei riskierte der junge Mann die Bemerkung, der Titel von Hitlers Buch *Mein Kampf* enthalte einen Druckfehler, es müsste eigentlich *Mein Krampf* heißen. Daraufhin fordert ihn ein Tischgenosse auf, zwanzig Reichsmark zu bezahlen, die man dann ja gemeinsam versaufen könne. Wenn nicht, werde er Anzeige erstatten. Der junge Mann weigert sich und wird tatsächlich angezeigt. Die Gestapo findet, vermutlich von einem Arbeitskollegen darauf verwiesen, in der Werkschublade am Arbeitsplatz des jungen Mannes ein Tagebuch, in dem der Schreiber rückhaltlose Kritik am Regime übt. Er wird am Arbeitsplatz verhaftet und später vom Sondergericht Stuttgart wegen „Vergehens gegen das Heimtückegesetz" verurteilt. Zwei Jahre später kommt er im KZ Mauthausen ums Leben.

10 Sansibar oder der letzte Grund:
Die Verfilmung einer Romanszene

Der Roman

Der 1957 erschienene Roman „Sansibar oder der letzte Grund" von Alfred Andersch galt lange Zeit als „unverfilmbar" auf Grund der vom Autor verwendeten Montagetechnik mit schnellen Szenen- und Perspektivenwechseln. Eine Fernsehproduktion von 1961 geriet zum Misserfolg. Der Regisseur Bernhard Wicki wagte sich viele Jahre später erneut an den Stoff. Aus seinem Film von 1987 stellen wir in diesem Kapitel eine kurze Szene vor und setzen sie in Bezug zur Romanvorlage. Worum geht es in Anderschs Roman?

Zeit, Ort, Personen und Handlung

Die Romanhandlung umfasst keine 24 Stunden: vom Mittag bis zum Morgen des folgenden Tages. Fünf ganz unterschiedliche Personen treten an einem Oktobertag des Jahres 1937 in der Kleinstadt Rerik an der Ostsee für kurze Zeit miteinander in Beziehung. Was sie verbindet, ist die Ablehnung der in Deutschland regierenden Nationalsozialisten (die im Roman „die anderen" genannt werden). Zwei der fünf Personen sind unmittelbar an Leib und Leben bedroht und müssen fliehen.

Der Fischer KNUDSEN ist Kommunist. Alle seine Parteifreunde aus Rerik sind verhaftet worden. Knudsen muss seine behinderte Frau Bertha vor der Verfolgung durch die Nationalsozialisten schützen und verhält sich daher möglichst unauffällig.

Der JUNGE (sein Name wird nicht genannt) lebt in Rerik und wird von Knudsen als Küstenfischer ausgebildet. Der Fünfzehnjährige träumt davon, zur See zu fahren oder ähnlich wie sein Vorbild Huckleberry Finn in die Wildnis zu gehen.

Der KP-Funktionär GREGOR hat den Auftrag erhalten, Knudsen für die Aktivitäten der Partei zurückzugewinnen. Zudem soll er (in der Filmhandlung) Geld der deutschen Kommunisten nach Schweden bringen. Gregor steht der kommunistischen Partei mittlerweile skeptisch gegenüber und möchte Deutschland verlassen.

JUDITH, ein jüdisches Bürgermädchen aus Hamburg, will von Rerik aus nach Schweden fliehen. Judiths Mutter hat am Abreisetag in Hamburg Selbstmord begangen, um der Tochter während des riskanten Fluchtversuchs nicht zur Last zu fallen.

HELANDER ist der Pfarrer der Kirche St. Georgen zu Rerik. Die Nationalsozialisten wollen die Holzfigur Ernst Barlachs „Der lesende Klosterschüler" als Werk der „entarteten Kunst" aus Helanders Kirche holen. Der Pfarrer will Knudsen dazu bewegen, die Holzplastik über die Ostsee in die Kirche eines befreundeten schwedischen Pfarrers zu schmuggeln.

◀ Szene aus dem Film „Sansibar oder der letzte Grund"

Sansibar oder der letzte Grund: Die Verfilmung einer Romanszene

Andersch hat seinen Roman in 37 Szenen eingeteilt. Wie in einem Drama werden die Namen der jeweils auftretenden Personen der Szene vorangestellt. Einige Kritiker haben den Roman in fünf Abschnitte unterteilt und diese mit der Struktur des klassischen Dramas beschrieben (Exposition, Verwicklung, Höhepunkt, Umschwung, Lösung).
Der folgende für das Lesebuch ausgewählte Textteil umfasst die Szenen 19 und 20 (zweiter inhaltlicher Teil) des Romans:

Der Junge

Er ging wieder zum Hafen runter. Ich krieg keine Heuer in Hamburg oder sonstwo, wenn ich nicht eine Genehmigung von meiner Mutter mitbringe, dachte er. Mit sechzehn krieg ich gar nichts ohne
5 *ein Papier von meiner Mutter. Ins Ausland kann ich auch nicht, weil ich keinen Paß kriege, wenn Mutter nicht ihre Einwilligung gibt. Ob man ohne Paß ins Ausland kommt? Aber die schicken einen zurück, einen Jugendlichen schicken sie bestimmt zurück. Überall brauchte man Papiere, und die*
10 *Papiere bekam man nicht ohne die Einwilligung der Erwachsenen. Das hatten die Erwachsenen schon prima eingerichtet, dachte der Junge. Huckleberry Finn, der brauchte keine Papiere. Aber das war damals, und Amerika war so groß, daß man nicht auf die Idee kam, man müsse ins Ausland, wenn man was sehen wollte.*
15 *Amerika war auch nicht so langweilig – Grund eins, warum man weg mußte – wie Rerik. Huck Finn, der floh nicht, weil es irgendwo langweilig war. Er floh, weil er verfolgt wurde. In Rerik, dachte der Junge, gab es keine Verfolgungsjagden. In Rerik war überhaupt nichts los. Man mußte irgendwohin, wo etwas los war. Nach Amerika zum Beispiel.* ®

1 Was geht in dem Jungen vor?
   Stellt Vermutungen an, warum der Filmregisseur diese Szene nicht verfilmt hat.

Helander – Knudsen – Gregor

Himmel, Arsch und Zwirn, sagte Knudsen zu Gregor, als der Küster gegangen war, jetzt weißt du auch noch meinen Namen. Bitter fügte er hinzu: Fischer Heinrich Knudsen, wenn du es ganz genau wissen willst. Mein Kutter heißt ‚Pauline'. ‚Pauline' oder ‚Rerik 17'. Präg es dir ein!

Ich werde keinen Gebrauch davon machen, sagte Gregor.

Ich habe Sie vorhin in die Kirche hineingehen sehen, Knudsen, sagte Helander, und als es einige Zeit dauerte und Sie nicht herauskamen, da entschloß ich mich nachzusehen.

[...]

Natürlich habe ich nicht angenommen, ich würde Sie im Gebet versunken antreffen, sagte Helander. Aber das ist doch die Höhe! Er bellte plötzlich los: Das Gotteshaus ist kein Ort, in dem ihr die Geschäfte eurer Partei abwickeln könnt!

‚Geschäfte' ist ein sehr schlechtes Wort für das, was wir abwickeln, sagte Gregor ruhig. Er setzte hinzu: Wir sind keine Wechsler und Händler, Herr Pfarrer, uns brauchen Sie nicht aus dem Tempel zu verjagen.

Sie, wer sind Sie denn? Der Pfarrer sah Gregor an.

Er sah nicht mehr, als was Knudsen gesehen hatte: einen jungen Mann, eher klein als groß, glatte schwarze Haare über einem mageren Gesicht, einen grauen Anzug, Fahrradklammern an den Hosen. Sie haben wenigstens noch junge Männer, dachte er.

Ich habe keinen Namen. Aber Sie können mich Gregor nennen.

So, du bist Gregor! sagte Knudsen. Ich habe von dir gehört. Von dir hätte ich nicht gedacht ... Gregor schnitt ihm das Wort ab. Du denkst überhaupt zu wenig, sagte er.

Sie sind einer von denen, die sich an ein Stück Bibel erinnern, wenn sie es brauchen können, sagte Helander.

Ja, sagte Gregor. Einer von denen bin ich. Aber es ist nicht meine Schuld. Warum bringen Sie uns die Bibel bei?

Hören Sie nicht auf ihn, Herr Pfarrer, sagte Knudsen. Er dreht Ihnen das Wort im Mund herum.

Sie standen die ganze Zeit, während sie miteinander sprachen, neben der Figur. Eigentlich sind wir zu viert, dachte Gregor. Der Bursche, der dort sitzt und liest, dreht sicherlich auch das Wort im Mund herum. Er dreht es herum und befühlt es von der anderen Seite.

Sie sollten eigentlich stolz darauf sein, daß wir Ihre Kirche benützen, um uns zu treffen, Herr Pfarrer, sagte Gregor.

Die Kirche ist kein Treffpunkt für Menschen, die nicht an Gott glauben.

Gott oder nicht, sagte Gregor, es kommt nur darauf an, ob es Menschen sind, die sich treffen. Es wird bald keine Plätze mehr geben, an denen sich Menschen treffen können. Es gibt fast nur noch Plätze für die Anderen.

Sie argumentieren nicht schlecht, sagte der Pfarrer.

Ja, sagte Knudsen, reden – das kann er. Das ist seine Stärke.

Es war inzwischen so dunkel geworden in der Kirche, daß das Weiß ihrer Wände sich in ein vollkommen mattes Grau verwandelt hatte. Vielleicht hätte dieses Grau begonnen zu leuchten, wenn es draußen schon Nacht geworden wäre, aber durch die hohen Fenster der Querschiffe konnte man sehen, daß draußen noch Frühabendlicht hing, Dämmerungshelle.

In dem diffusen Licht fragte der Pfarrer: Wie ist es, Knudsen, haben Sie es sich noch einmal überlegt? Deswegen bin ich ihm nachgegangen, dachte Helander, nicht aus Neugier.

Nein, erwiderte Knudsen, ich habe es mir nicht noch einmal überlegt.

Schade, sagte Helander. Ich dachte, es ließe sich vielleicht ein Geschäft mit Ihnen machen. Ich stelle meine Kirche eurer Partei zur Verfügung, und ihr bringt mir dafür die Figur weg!

Er hat die Kirche nicht der Partei zur Verfügung gestellt, dachte Knudsen. Er hat sie zwei Deserteuren zur Verfügung gestellt.

Sie riskieren gar nichts, Herr Pfarrer, wenn Sie uns in Ihre Kirche kommen lassen, sagte er. Aber ich riskiere mein Leben, wenn ich versuche, Ihre Figur nach Schweden zu bringen.

Ich setze auch mein Leben aufs Spiel, dachte der Pfarrer, wenn ich die Figur wegbringen lasse. Aber er sprach es nicht aus. Es war ein Argument, das nichts genutzt hätte. Was wird hier gespielt? fragte Gregor. Von was für einer Figur sprichst du, Knudsen?

Weiß nicht, antwortete Knudsen, er will, ich soll irgend so einen Götzen nach Schweden bringen.

Halten Sie den Mund, Knudsen, sagte der Pfarrer. Ich verbiete Ihnen, hier und in meiner Anwesenheit von Götzen zu sprechen!

Es war nicht so gemeint, sagte Knudsen.

Es war so gemeint. Der Pfarrer hielt unruhig inne. Ist Gott denn ein Götze, dachte er, nur weil er sich nicht mehr um uns zu kümmern scheint? Weil er keine Gebete mehr hört? Keine Gebete gegen die aufbrechende Wunde eines Beinstumpfes, keine Gebete um Hilfe gegen die Anderen?

Es handelt sich um diese Figur hier, sagte er zu Gregor. Sie darf nicht mehr gezeigt werden. Sie wollen sie mir morgen früh aus der Kirche holen.

Gregor folgte der deutenden Bewegung Helanders. Natürlich, dachte er, nur um diese Figur konnte es sich handeln. Gregor konnte sehr gut verstehen, warum die Anderen den jungen Mann nicht mehr sitzen und lesen lassen wollten. Einer, der so las wie der da, war eine Gefahr. Auch Knudsen blickte auf die Figur. Das Ding da? fragte er verwundert. Was soll denn das darstellen?

Die Figur heißt ‚Lesender Klosterschüler‘, erklärte Helander.

Also noch nicht mal ein Heiliger, sagte Knudsen. Und wegen dem soll ich nach Skillinge?

Es war nicht festzustellen, ob der junge Mann nun zuhörte, dachte Gregor. Er behielt immer den gleichen Ausdruck von Gelassenheit. Er las weiter: ruhig und aufmerksam. Ebenso ruhig und aufmerksam würde er sein Buch zuklappen und aufstehen, wenn man zu ihm sagen würde: Komm mit, du mußt eine Seereise machen.

Du wirst es nicht glauben, sagte Gregor zu Knudsen, aber du wirst das Ding nach Schweden bringen.

Ach, sagte Knudsen, was du nicht sagst! Und wer sollte mich dazu zwingen? Du vielleicht?

Die Partei, erwiderte Gregor. Es ist Parteibefehl.

Knudsens höhnisches Lachen stieß sich einen Augenblick lang an den Gewölben. Parteibefehl, sagte er, von dir soll ich einen Parteibefehl annehmen?

Nichts stimmt zwischen diesen beiden, dachte der Pfarrer. Knudsen haßt diesen Mann, den ihm seine Partei gesandt hat. Vor zwei Stunden hat Knudsen sich bei mir darüber beklagt, daß er nichts mehr für die Partei tun könne, daß die Partei tot sei. Warum freut er sich nicht, wenn ein Bote der Partei zu ihm kommt und ihm Aufträge gibt? Er scheint den Boten zu verachten, diesen Mann, der sich Gregor nennt.

Hör mal zu, Knudsen, sagte Gregor, du kennst die neue Taktik der Partei nicht! Wir arbeiten jetzt mit allen zusammen: mit der Kirche, mit den Bürgern, sogar mit den Leuten von der Armee. Mit allen, die gegen die Anderen sind. – Er deutete auf die Figur: Wenn wir ihn wegbringen, liefern wir ein Beispiel für diese Taktik.

Taktik, dachte der Pfarrer, es ist alles nur Taktik bei ihnen.

Ich will nicht mit den Bürgern zusammenarbeiten, hörte er Knudsen sagen. Wenn wir rechtzeitig geschossen hätten, könnten wir uns jetzt solche Fisimatenten sparen.

Mach Schluß, sagte Gregor, wir haben jetzt keine Zeit für Diskussionen. Du wirst die Figur nach Schweden bringen!

Knudsen sah ihn an. Er hatte nun beide Hände in den Taschen. Damit du eine Gelegenheit hast, nach drüben zu kommen, sagte er langsam.

Ach so, dachte der Pfarrer, darum handelte es sich also. Das war es, was zwischen den beiden spielte: ein kleines Drama aus Angst, aus Depression, aus Zersetzung. Es war also nicht so, daß diese Partei nur aus Eisernen bestand. Sie bestand aus Menschen, die Angst oder Mut hatten. Die beiden hatten Angst, und sie hatten es sich eingestanden, daher der Haß zwischen ihnen, ein heuchlerischer Haß. Sie waren noch nicht auf dem Grund ihrer Angst angelangt, dort, wo man sie einfach hinnimmt, still und ohne Vorwurf.

Mich kannst du aus dem Spiel lassen, sagte Gregor zu Knudsen. Wenn ich wegkommen will, komme ich weg. Aber die Figur übernimmst du?

Statt einer Antwort zog Knudsen seine Taschenuhr heraus. Er mußte sie dicht an die Augen halten, so dunkel war es in der Kirche geworden. Viertel vor fünf, sagte er dann. Höchste Zeit! Um fünf Uhr legt die ‚Pauline' ab. Er sah Gregor und den Pfarrer noch einmal an und sagte: Worauf ihr euch verlassen könnt!

Er wandte sich ab und ging weg. Als er beinahe am Portal angelangt war, rief Gregor ihm nach: Genosse Knudsen!

Knudsen blieb stehen. Er sah zurück.

Sansibar oder der letzte Grund: Die Verfilmung einer Romanszene

130 Es ist Parteibefehl, Genosse Knudsen, sagte Gregor.
Knudsen gab keine Antwort. Er setzte seine Schiffermütze auf und öffnete die Türe. Draußen war es heller als in der Kirche. Er blieb einen Augenblick stehen und dachte: Das hab ich hinter mir. Dann ging er schnell davon.
Seine Frau ist ein wenig geisteskrank, sagte der Pfarrer. Er hängt sehr an ihr.
135 Er schwieg, und dann sagte er: Es wird mir nichts übrigbleiben, als die Figur zu verbrennen. Den Anderen lasse ich sie nicht in die Hände fallen.
Keine Sorge, antwortete Gregor, Knudsen wird sie nach Schweden bringen.
Knudsen? fragte der Pfarrer erstaunt. Sie täuschen sich.
Gregor gab keine Antwort darauf. Passen Sie auf, begann er zu erklären, wir ge-
140 hen jetzt zusammen hinaus. Sie werden abschließen und dann werden Sie mir unauffällig den Schlüssel für dieses Portal geben. Wir werden uns um Mitternacht in der Kirche treffen und zusammen die Figur abnehmen. Bringen Sie eine Decke und zwei Riemen mit, damit wir sie verpacken können!
Und dann?
145 Dann nehme ich sie mit.
Aber Knudsen wird dann längst weg sein.
Das wollen wir schon sehen, sagte Gregor, fast träge.
Helander schüttelte ungläubig den Kopf. Aber ich sollte es versuchen, sagte er sich gleichzeitig. Dieser Mensch hat eine seltsame Sicherheit an sich. Es wäre
150 merkwürdig, wenn dieser fremde Mensch meine Figur retten würde. Es wäre geradezu ein Wunder.
Taktik? fragte er plötzlich, ist das wirklich nur eine Taktik Ihrer Partei?
Klar, sagte Gregor, es ist Taktik. Eine neue Taktik ist etwas Wunderbares. Sie ändert alles.
155 Eine unverständliche und unbefriedigende Antwort, dachte der Pfarrer. Aber plötzlich sah er Gregors Hand. Sie lag auf der Schulter des ‚Lesenden Klosterschülers'; in einer leichten und brüderlichen Bewegung hatte sie sich auf das Holz gelegt. R

2 Notiere, wie du die Stimmung empfindest. Wie stellst du dir den Ort vor?

Der Film

Von der Textlektüre zur szenischen Interpretation

1. Lest erneut den Romanauszug. Macht euch Notizen, wie sich dieser Auszug in eine Spielszene in der Klasse umsetzen lässt. Achtet bei der Vorbereitung des szenischen Spiels auf folgende Punkte:
   - Wo steht der „lesende Klosterschüler"?
   - Wie groß ist der Aktionsradius der drei Personen?
   - Welche der im Text beschriebenen Gesten und welche Dialoge müssen unbedingt gespielt werden?
2. Stellt zunächst Teile, später die gesamte Szene im Klassenraum nach.

Von der szenischen Interpretation zum Exposé

3. Setzt euch in Arbeitsgruppen zusammen und erstellt in jeder Gruppe ein Exposé, das die Grundlagen der Handlung skizziert, die in den Film übernommen werden sollen. Lasst euch dabei von der Frage leiten, welche Interessen die drei Personen in der Kirche zusammenführen.

Vom Exposé zum Drehbuch

4. Ein Drehbuch ist ein schriftlicher Gesamtplan für die Herstellung eines Films. Seht euch die Dialoge des Romanauszugs an und entscheidet in euren Gruppen, ob man diese für ein Drehbuch übernehmen kann oder umschreiben muss.
   Ein Drehbuch enthält zudem zahlreiche Angaben für die filmische Realisierung (Personen, Beleuchtung, Kulissen, Requisiten, Geräusche und anderes mehr).
5. Welche Entscheidungen müssen im Hinblick auf eine spätere Verfilmung bereits an dieser Stelle getroffen werden?

Die Besetzung der Filmrollen

6. Wie stellt ihr euch die hier agierenden Personen vor? Verfasst zu jeder Person einen kleinen Steckbrief.
7. Welche der auf Seite 252 oben abgebildeten Personen ist eurer Meinung nach die geeignetste für die Rolle Gregors? Begründet eure Entscheidung.
   Wie würdet ihr die Rolle von Knudsen und Helander besetzen?

Sansibar oder der letzte Grund: Die Verfilmung einer Romanszene

Das Agieren der Kamera

Die szenische Interpretation hat euch mit dem Handeln der Schauspieler vertraut gemacht. In einem Film kommt zum Agieren der Personen das Agieren der Kamera: Ganz entscheidend ist, welche Kameraperspektive und welche Einstellungsgrößen gewählt werden.

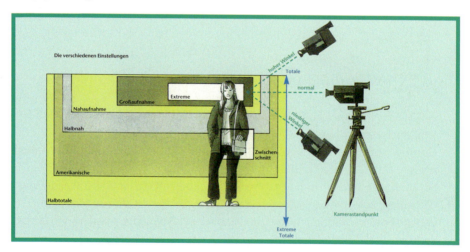

8 Achte besonders auf die Beantwortung folgender Fragen:
- Welche Kameraperspektive wird gewählt?
- In welcher Einstellungsgröße werden die Personen/Situationen gezeigt?
- Wo würdest du Schnitte setzen?
- Wie werden die Überleitungen zwischen den einzelnen Bildsequenzen gestaltet?
- Welche Wirkung haben diese filmtechnischen Entscheidungen auf die Zuschauer?

Der Film

Die Verfilmung der Szene durch Bernhard Wicki

Der Regisseur widmet der Szene fast neun Minuten Film. Er besetzt die drei Personen Knudsen, Gregor, Helander so:

| Was wird dargestellt? | Einstellung/ Kamerastandpunkt | Absicht/Wirkung |

| Knudsen und Gregor sitzen nebeneinander in der Kirchenbank. Knudsen rechtfertigt seinen „Ausstieg" aus der Partei. Sein Blick ist nach innen gelenkt. Seine Körpersprache zeigt, dass ihm Gregors Auftauchen unangenehm ist. | Nahaufnahme | Gefilmt wird aus der Perspektive eines unbeteiligten Zuschauers aus nächster Nähe. Die „Intimität" des Bildes soll die Konzentration der Zuschauer auf den Dialog lenken. |

Sansibar oder der letzte Grund: Die Verfilmung einer Romanszene

Was wird dargestellt?	Einstellung/ Kamerastandpunkt	Absicht/Wirkung

| Helander tritt hinzu. Die Aufmerksamkeit Knudsens und Gregors ist nun auf den neuen Gesprächspartner gerichtet … | … | Hauptaugenmerk sind nach wie vor Knudsen und Gregor, deren Mimik und Gestik im Gespräch mit Helander gezeigt werden … |

1 Ergänzt die Texte.

| … | … | … |

2 Verfasst selbst die entsprechenden Texte für dieses und die folgenden Bilder und bestimmt die Einstellung.

Der Film

| Was wird dargestellt? | Einstellung/
Kamerastandpunkt | Absicht/Wirkung |

...   .

...   .

Der Film in der Kritik

Die folgenden Auszüge aus Fernsehkritiken stammen aus dem Monat Dezember 1987, als Wickis Verfilmung erstmals im deutschen Fernsehen gezeigt wurde.

Sehnsucht nach Freiheit

SANSIBAR ODER DER LETZTE GRUND (ARD/WDR) – Schon von den ersten Bildern an wurde deutlich, dass Bernhard Wicki bei der Neuverfilmung des Romans von Alfred Andersch aus dem Jahre 1957 sich ganz auf die äußere Szenerie, auf Aktionen, Schauplätze, Handlungen, konzentrieren würde. Das war geschickt, denn die blutige Grausamkeit, mit denen die Nazi (bei Andersch: die anderen) die im Untergrund wirkenden Mitglieder der Kommunistischen Partei überfielen, macht er schlagartig klar, dass es zwischen Regime und den Verfolgten keine Brücken, auch keine Kompromisse geben konnte.

Weg fielen bei einer solchen kompromisslos filmischen Umsetzung des Stoffes – also unter Verzicht auf beim Fernsehspiel durchaus mögliche Zwischenstufen des Kommentars oder des inneren Monologs – dabei zu großen Teilen die Selbstzweifel, die Weltanschauung und auch (und vor allem) letztlich die utopische und pazifistische Poesie der Beteiligten. Der Schiffsjunge etwa kann kaum träumen, die Sehnsucht des Huckleberry Finn (übrigens weniger die naive Sehnsucht eines Unpolitischen als vielmehr die eines Unbeschädigten) heraufbeschwören. Und Gregor, der kommunistische Pazifist, der keine Anweisungen aus irgendwelchen Zentralen mehr will, aber auch keine Siege und keine Fahnen, ist hier ein eher ungebrochener Tatmensch, dessen Weltsicht notwendigerweise ein wenig im Dunkeln bleibt.

Umso deutlicher aber kommt das Modell zum Vorschein, das Sinnbild, mit dem Andersch einen Querschnitt durch die Gesellschaft des Dritten Reiches gezogen hat. Wie das – beinahe an den Originalschauplätzen an der Mecklenburgischen Bucht – nicht betulich historisierend, sondern durchaus ein wenig (und wohl mit Absicht) plakativ in Szene gesetzt wurde – das hatte die Spannung einer Fluchtgeschichte, die sich mit dem heimlichen Transport des Barlachschen „Klosterschülers" zur aktuellen Groteske zum Jahrestag der Ausstellung der „entarteten Kunst" steigerte.

Dort, wo wirklich Bilder reden konnten, hatte der Film seine stärksten Momente. So war der Flug der Tauben anstelle der Gottesschrift an der Kirchenmauer vor den Augen des Pastors (wohl der vorzüglichste unter den Darstellern: Peter Sodann) viel mehr als nur ein glücklicher Einfall: ein Friedens- und Freiheitssymbol, ohne Plattheit ins Bild gebracht.

Eine Jüdin und ein Kommunist, eine Geisteskranke und deren besorgter Ehemann, ein aufrechter, wenngleich verzweifelter Pastor – sie alle vor der utopischen Insel Sansibar sinnbildlich und doch auch persönlich in ihrer Sehnsucht nach Freiheit zusammenzuführen in einem kleinen Hafen an der Ostsee im Herbst 1938; das ist im realistischen Medium des Fernsehspiels schwer genug. Es wird bei einer so gewichtigen Vorlage wie dem Roman von Alfred Andersch keineswegs leichter. Wicki hat sich dieser Aufgabe gestellt. Er hat sie, wenn auch vielleicht nicht genial, so doch mit Geschick gelöst.

Wilfried Geldner

(aus: Süddeutsche Zeitung vom 15. 12. 1987)

Zwischen Gleichnis und Story
Fernsehvorschau: Wickis Film „Sansibar oder Der letzte Grund" nach Anderschs Roman

[...]
Kann man denn einen solchen Roman verfilmen? Im Grunde genommen lassen sich Romane überhaupt nicht verfilmen. Wohl aber kann man ihnen Figuren, Motive, auch den ganzen Handlungsverlauf entnehmen und daraus etwas Neues machen. Die Frage, ob der Film dann dicht an der Vorlage bleibt oder sich von ihr sogar weit entfernt, ist beinahe immer unerheblich. Bei überzeugenden Filmen erübrigt sie sich, bei den schlechten lohnt es nicht, sie zu stellen.

Sicher ist, dass ein Roman in der Regel ungleich mehr enthält, als der Filmkünstler verwenden kann. Er muss also streng auswählen, er muss unbarmherzig komprimieren[1]. Infolgedessen entsteht eine Reduktion, die sich aber – dank der Umsetzung der inhaltlichen Elemente ins Visuelle – letztlich als Expansion erweist, ja erweisen muss. Und es sind die schlechtesten Filme nicht, in denen die erforderliche Konzentration zur Einschränkung auf das Gleichnishafte führt. Wie aber, wenn – wie in diesem Fall – schon die Vorlage ein Gleichnis ist?

Mit dem karg-parabolischen Charakter des „Sansibar"-Romans wollte sich Wicki nicht abfinden – und er hat daraus mit großer Entschiedenheit alle Konsequenzen gezogen: Von Andersch übernahm er den pittoresken[2] Hintergrund sowie die Personen und die Motive (und zwar so gut wie alle) und auch zahlreiche Textpassagen. Wo es ihm möglich schien, blieb er seiner literarischen Vorlage treu. Also kein Film-Kunstwerk, sondern nur eine Verfilmung? Die Sache ist schon komplizierter – und hier, ausnahmsweise, ist die Frage nach dem Unterschied zwischen dem Roman und dem, was Wicki geboten hat, nicht unergiebig.

Zunächst einmal musste er mit den vielen inneren Monologen zu Rande kommen. Er wandelte sie – mal besser, mal glücklicher – in Dialoge um. Was einer denkt und vielleicht, zumal in einer so heiklen und riskanten Situation, nie aussprechen würde, das sagt er nun frank und frei seinem Gesprächspartner. Auf diese Weise verflüchtigt sich die Intimität und die Dialoge klingen oft künstlich, unwahrscheinlich.

Manche Reflexionen wiederum ließen sich weder in Dialogen noch in Aktionen unterbringen. Also hat sie Wicki ausgeschieden.

---

1 **komprimieren**: verdichten

Sansibar oder der letzte Grund: Die Verfilmung einer Romanszene

Die übliche, die verständliche und unvermeidbare Reduktion? Nein, Wicki hat das vorgegebene epische Material nicht reduziert, sondern erweitert – und nicht ohne Grund. Andersch deutet das historische Umfeld so sparsam wie möglich an, er will von der zeitbedingten Terminologie nichts wissen, er lässt keine Nationalsozialisten auftreten, er bezeichnet sie stets nur als „die anderen". Denn er braucht für seine Helden nur einen eher kahlen symbolischen Raum.

Wicki hingegen strebt gerade das Umgekehrte an. Er sagte in einem Interview: „Wir hatten das Gefühl, wenn wir das als Film machen, muss es einfach realistischer sein, als es im Roman sein darf. Ich finde, wenn diese Zeit in einem Fernsehfilm behandelt wird, dann muss man gewisse Tatsachen zeigen." [...]

Für die Hauptrollen (den Film hat im Auftrag des WDR die DEFA³ hergestellt) standen einige Schauspieler aus der DDR zur Verfügung ... und es sind, gar kein Zweifel, vorzügliche Schauspieler. Sogar der Pastor, die einzige bei Andersch gänzlich missratene Figur, wird glaubwürdig: Peter Sodann spielt einen leidenden, doch ganz unfeierlichen Menschen, der gerade dann überzeugt, wenn er verstummt. Glänzend auch Peter Kremer, der sich hütet, aus dem Kommunisten im Untergrund einen jungen Helden zu machen, vielmehr dessen Zweifel suggestiv veranschaulicht. Die stärkste darstellerische Leistung verdanken wir Michael Gwisdek, an dessen Fischer Knudsen man sich noch lange erinnern wird: Hier ist die Übereinstimmung von Schauspieler und Rolle schlechthin vollkommen. Sie alle (auch Frank Hessenland, der abenteuersüchtige und dennoch treue Halbwüchsige) wurden offenbar von Wicki bewundernswert geführt. [...]

Alles in allem: Ein Meisterwerk ist dieser Film gewiss nicht. Aber vor dem Hintergrund dessen, was uns das Fernsehen laufend beschert, allen Einwänden zum Trotz, hochbeachtlich. Und schließlich: Ich weiß wohl, dass Filme ihre eigene Aufgabe haben und nicht dazu da sind, der Literatur zu dienen. Gleichwohl hoffe ich, dass jetzt, nach der Sendung an diesem Sonntag (21.00 Uhr, ARD), manch ein Zuschauer zu dem Roman von Andersch greifen wird, zu dieser Absage an die ideologischen Systeme mit ihren Programmen und Maßstäben.

Marcel Reich-Ranicki

(aus: *Frankfurter Allgemeine Zeitung* vom 18. 12. 1987)

2 **pittoresk:** malerisch
3 **DEFA:** Abkürzung für Deutsche Film AG, hatte in der ehemaligen DDR das Monopol zur Herstellung von Filmen

---

1 Die beiden Kritiker vergleichen den Roman mit dem Film. An welchen Stellen wird deiner Meinung nach den Fernsehzuschauern „Appetit" auf den Film gemacht?

2 Von welchen Schwierigkeiten bei einer Verfilmung des Romans schreiben die Kritiker? Vergleicht mit euren Erfahrungen beim Umschreiben der Romanszene (vgl. S. 251)?

3 Der Kritiker Reich-Ranicki schreibt, dass sich Romane „überhaupt nicht verfilmen lassen". Welche Romanverfilmungen kennst du? Stelle eine deiner Ansicht nach gelungene (oder eine misslungene) Romanverfilmung vor.

WERKSTATT

Eine neuere Literaturverfilmung: Der Roman „Erklärt Pereira" von Antonio Tabucchi

LISSABON 1938: In Portugal herrscht Diktatur, in Spanien ist Bürgerkrieg, das Deutsche Reich rüstet zum weltweiten Krieg. Der 50jährige Pereira, verantwortlich für die Kulturseite einer Lissabonner Abendzeitung, hat keine Freunde und ist Witwer. Da trifft Pereira eines Abends auf den jungen Widerstandskämpfer Monteiro-Rossi und seine Freundin Marta …

Antonio Tabucchi, geb. 1943 in Pisa, lehrte portugiesische Sprache und Literatur in Genua.

„Roberto Faenza hat sich Tabucchis Bestseller leider mit allzu großem Respekt genähert […] und verfilmt die Geschichte vom alternden Literaturredakteur im faschistischen Portugal beinahe buchstabengetreu […] Marcello Mastroianni verkörpert in seinem vorletzten Leinwandauftritt jenen Pereira so sehr aufs Haar, wie ein Schauspieler mit seiner Rolle nur identisch sein kann."

(aus: Die Zeit Nr. 48 vom 19. 11. 1998)

Stellt den Roman, den Film und die Kritiken zu beiden vor. Am besten organisiert ihr die Arbeit projektartig.

Wie könntet ihr vorgehen?

Stellt selbst eine Literaturverfilmung eurer Wahl vor.

Welche Nachforschungen sind nötig?

Plakatankündigung des Films „Erklärt Pereira"

Bildnachweis, Autoren- und Quellennachweis

Bildnachweis

S. 8: Thomas Schelper/AKG, Berlin © VG Bild Kunst, Bonn 2000; **S. 14:** Alexander Bahrt, Cottbus; **S. 32, 35, 37, 39:** PPW Max Kohr, Berlin; **S. 34:** Travelling editions, Paris; **S. 36, 41:** dpa, Frankfurt/M.; **S. 46, 49:** Keystone Pressedienst, Hamburg; **S. 50:** AGIB/Interfoto, München; **S. 51, 53:** Dieter Wuschanski, Chemnitz; **S. 56:** dpa, Frankfurt/M.; **S. 57, 59:** AKG, Berlin; **S. 60:** Wöstmann/dpa, Frankfurt/M.; **S. 62:** Bernd Lammel/Ullstein Bilderdienst, Berlin; **S. 64:** Anders/Stern, Hamburg; **S. 68, 69:** Jürgens Ost- und Europa Photo, Berlin; **S. 70:** Achim Scheidemann/dpa, Frankfurt/M., © VG Bild Kunst, Bonn 2000; **S. 74:** Kindermann/Ullstein Bilderdienst, Berlin; **S. 75:** Cordula Giese, Leipzig; **S. 76:** von Stackelberg/dpa, Frankfurt/M.; **S. 77:** Andreas Altwein/dpa, Frankfurt/M.; **S. 78:** Weidlinger, Berlin/Schirn Kunsthalle, Frankfurt/M., © VG Bild Kunst, Bonn 2000; **S. 79:** Wolfgang Kluge/dpa, Frankfurt/M.; **S. 83:** Stephan Schraps/Ullstein Bilderdienst, Berlin; **S. 86:** Ludek Pesek, Stäfa/Schweiz; **S. 88:** bpk, Berlin; **S. 94:** Bildarchiv Foto Marburg, Marburg, © VG Bild Kunst, Bonn 2000; **S. 99:** Käthe-Kollwitz-Museum, Berlin, © VG Bild Kunst, Bonn 2000; **S. 102:** bpk, Berlin; **S. 103:** Elsner/dpa, Frankfurt/M.; **S. 108:** Kunstmuseum Düsseldorf; **S. 111:** AKG, Berlin, © VG Bild Kunst, Bonn 2000; **S. 112:** AKG, Berlin; **S. 120:** Günter Englert, Frankfurt/M.; **S. 126:** Artothek, Peissenberg, © VG Bild Kunst, Bonn 2000; **S. 133:** AKG, Berlin, © Cordon Art, Baarn/Holland; **S. 138:** AKG, Berlin; **S. 144:** bpk, Berlin, © The Munch Museum/The Munch Ellingson Group, VG Bild Kunst, Bonn 2000; **S. 145:** AKG, Berlin, © VG Bild Kunst, Bonn 1999; **S. 146:** Isolde Ohlbaum, München; **S. 149, 152:** Erbengemeinschaft Heinrich Böll, Bornheim/Merten; **S. 154:** dpa, Frankfurt/M.; **S. 163 ff.:** Szenenfotos aus der Verfilmung von „Die verlorene Ehre der Katharina Blum" von Volker Schlöndorff und Margarethe von Trotta, Bioskop Film, München 1975; **S. 169:** Haus der Geschichte, Bonn; **S. 170:** © Edition Klaus Staeck, Heidelberg, © VG Bild Kunst, Bonn 2000; **S. 172:** dpa, Frankfurt/M.; **S. 173:** dpa, Frankfurt/M.; **S. 174:** Scheidemann/dpa, Frankfurt/M.; **S. 176:** Artothek, Peissenberg; **S. 178, 179, 182, 184, 185:** Szenenfotos aus: „Vom Winde verweht", Regie Victor Fleming, © 1939 Metro Goldwyn-Mayer, Inc.; **S. 187, 191:** Szenenfotos aus: „Das Geisterhaus", © 1998 VCL Communications GmbH; **S. 193:** Verlag Kiepenheuer & Witsch, Köln, KiWi TB 500; **S. 196, 197:** Szenenfotos aus „Liebesbriefe eines Fremden", Planet Video, München; **S. 199, 204:** Suhrkamp Verlag, Frankfurt/M.; **S. 206:** Washington University Gallery of Art, St. Louis. University purchase, Kende Sale Fund, 1946, © VG Bild Kunst, Bonn 2000; **S. 207:** AKG, Berlin; **S. 208:** Ines Baier, Hamburg; **S. 211:** Kurt Halbritter, Adolf Hitlers Mein Kampf. © 1975 Carl Hanser Verlag, München/Wien; **S. 212, 213:** Reinhold Göhringer, Baden-Baden; **S. 216, 224:** Günter Englert, Frankfurt/M.; **S. 228:** Goldmann, WDR/ DEFA; **S. 230, 237 ff.:** Szenenfotos aus: Sansibar oder der letzte Grund, WDR/DEFA; **S. 236:** Corel Library; **S. 243:** Deutsches Institut für Filmkunde, Frankfurt/M.

Autoren- und Quellennachweis

Aichinger, Ilse (geb. 1921)
Wo ich wohne (S. 131). Aus: Wo ich wohne. Frankfurt/M. (S. Fischer) 1963

Aitmatow, Tschingis (geb. 1928)
Aus: Dshamilja (S. 199). Übersetzt von Gisela Drohla. Frankfurt/M. (Suhrkamp) 1988, S. 24 f., S. 27, S. 93–97, S. 109–111

Allende, Isabel (geb. 1942)
Aus: Das Geisterhaus (S. 186).Übersetzt v. Anneliese Botond. Frankfurt/M. (Suhrkamp) 1984, S. 168 ff.

Andersch, Alfred (1914–1980)
Aus: Sansibar oder der letzte Grund (S. 230). Olten (Walter) 1957; Fischer Taschenbuch Nr. 354, S. 48–54

Aston, Louise (1811–1871)
Lied einer schlesischen Weberin (S. 96). Aus: Freischärler-Reminiscenzen. Zwölf Gedichte. Leipzig 1850, S. 17 ff.

Ausländer, Rose (1901–1988)
Spiel im Spiegel (S. 17). Aus: Die Musik ist zerbrochen. Gedichte 1957-1963. Frankfurt/M. (S. Fischer) 1993; Ein Tag im Exil (S. 90). Aus: Gesammelte Werke in 7 Bdn. Hrsg. von Helmut Braun. Frankfurt/M. (S. Fischer)

Bachmann, Ingeborg (1926–1973)
Freies Geleit (S. 105). Gedichte. Erzählungen. Hörspiel. Essays. München (R. Piper) 1964

Berteaut, Simone
Der Spatz von Paris (S. 45). Aus: Ich habe gelebt Mylord. – Das unglaubliche Leben der Edith Piaf. Übersetzt von Margaret Carroux. Berlin (Ullstein) 1978, S. 40–47

Biermann, Wolf (geb. 1936)
Es senkt das deutsche Dunkel (S. 91). Aus: Mit Marx- und Engelszungen. Gedichte, Balladen, Lieder. Berlin (Klaus Wagenbach) 1968

Bleicher, Klaus
Auf der Flucht vor T.T. (S. 41). Aus: on–SWF 3 Das Magazin, 3/96, S. 41

Böll, Heinrich (1917–1985)
Geboren bin ich in Köln ... (S. 148); Meine erste Erinnerung: ... (S. 149). Aus: Über mich selbst. (1959); Geboren bin ich in Köln am 21. 12. 1917 ... (S. 152); Ich begann eine Lehre ... (S. 152) Aus: Selbstdarstellung eines jungen Autors (1953). Der Spruch: „Wenn Worte töten könnten" ... (S. 169). Aus: Die Sprache als Hort der Freiheit (1959). In: Werke. Essayistische Schriften und Reden 1, S. 284, S. 285, S. 113, S. 114. Hrsg. von Bernd Balzer. Köln (Kiepenheuer & Witsch) 1977. Acht Jahre lang wohnten wir ... (S. 148). Aus: Raderberg, Raderthal. In: Werke. Essayistische Schriften und Reden 2, S. 123 f. a.a.O. Es gehört zu den beängstigenden Merkwürdigkeiten ... (S. 151). Aus: Vorwort zu Nacht über Deutschland (1976). „Gewissen der Nation" (S. 171). Aus: Rede vor der sozialdemokratischen Bundestagsfraktion am 13. 3.1974. Ich halte solche Titulierungen (S. 171). Aus: Protest – laut oder leise? (1973). Schon nicht mehr nur monatlich ... (S. 173). Aus: Einmischung erwünscht (1973). In: Werke. Essayistische Schriften und Reden 3, S. 304, S. 111, S. 17, S. 23 f. a.a.O.
Wie Gewalt entstehen kann (S. 155). Aus: Die verlorene Ehre der Katharina Blum. Köln (Kiepenheuer & Witsch) 1974, S. 48 f., 54–57. Wer ist Katharina? (S. 157). Aus: Die Verlorene Ehre der Katharina Blum. a.a.O., S. 29 f., 86 ff., 51 f., 73 f., 79 f. Wohin Gewalt führen kann (S. 160). Aus: Die verlorene Ehre der Katharina Blum. a.a.O., S. 106 f., 84 f., 185 f., 172 f.,
Ich habe eine Zeit lang ... (S. 168). Aus: Drei Tage im März (1975). In: Werke. Interviews 1, S. 390. a.a.O.

Brecht, Bertolt (1898–1956)
Schlechte Zeit für Lyrik (S. 87); Über die Bezeichnung Emigranten (S. 207). Aus: Gesammelte Werke. Bd. 9, Gedichte 2, S. 743, 718. Frankfurt/M: (Suhrkamp) 1964
Freundschaftsdienste (S. 121); Zwei Fahrer (S. 121); Herr K. fährt Auto (S. 122); Wenn Herr K. einen Menschen liebte (S. 122); Liebe zu wem? (S. 122); Wer kennt wen? (S. 123). Aus: Gesammelte Werke. Bd. 12, Prosa 2, S. 389, 398, S. 397, S. 386, S. 407 f. a.a.O. Maßnahme gegen die Gewalt (S. 124). Aus: Gesammelte Werke. Bd. 11, Prosa 1, S. 375 ff. a.a.O.
Die Stunde des Arbeiters (S. 209); Das

Autoren- und Quellennachweis

Mahnwort (S. 212); Die Bergpredigt (S. 215); Die jüdische Frau (S. 221); Der Verrat (S. 226). Aus: Furcht und Elend des Dritten Reiches. In: Gesammelte Werke. Bd. 3, Stücke 3, S. 1073 ff. a. a. O.

Domin, Hilde (geb. 1909)
Abel steh auf (S. 112). Aus: Ich will dich. München (R. Piper) 1970

Ebner-Eschenbach, Marie von (1830–1916)
Die Nachbarn (S. 115). Aus: Das Gemeindekind. Novellen, Aphorismen. München (Winkler) o. J.

Eichhorn, Manfred (geb. 1951)
Zukunft (S. 9). Aus: Leseladen, Orte innen und außen. Hrsg. von Irmela Brender u. Hans-Joachim Gelberg. Weinheim/Basel (Beltz & Gelberg) 1977, S. 57

Enzensberger, Hans Magnus (geb. 1929)
Restlicht (S. 104). Aus: Punktzeit. Deutschsprachige Lyrik der 80er Jahre. Hrsg. von Michael Braun/Hans Thill. Heidelberg (Verlag Das Wunderhorn) 1987

Fried, Erich (1921–1988)
Freiheit, die ich meine (S. 103). Herrschaftsfreiheit (S. 103). Aus: Beunruhigung. Berlin (Wagenbach) 1984, S. 53 Präventivschlag (S. 109). Aus: Das Unmaß aller Dinge. Erzählungen. Berlin (Klaus Wagenbach) 1982

Führer, Caritas
Aus: Die Montagsangst (S. 67). Köln (Kiepenheuer & Witsch) 1998 S. 7 ff.

Frisch, Max (1911–1991)
Der andorranische Jude (S. 118). Aus: Tagebuch 1946–1949. Frankfurt/M. (Suhrkamp) 1958

Fritz, Walter Helmut (geb. 1929)
Auch das (S. 30). Aus: Kristallisationen. Deutsche Gedichte der achtziger Jahre. Stuttgart (Reclam) 1992

Fuchs, Günter Bruno (1928–1977)
Ein schönes Leben (S. 30). Aus: Wanderbühne. Geschichten und Bilder. Weinheim/Basel (Beltz) 1976

García Márquez, Gabriel (geb. 1928)
Aus: Die Liebe in den Zeiten der Cholera (S. 193). Übersetzt von Dagmar Ploetz. Köln (Kiepenheuer & Witsch) 1987, S. 73 ff.

Grönemeyer, Herbert (geb. 1956)
Musik nur, wenn sie laut ist (S. 33). Text und Musik: Herbert Grönemeyer © Grönland Musik Verlag

Gryphius, Andreas (1616–1664)
Tränen des Vaterlandes, anno 1636 (S. 92). Aus: Deutsche Dichtung des Barock. Hrsg. von Karl Pörnbacher. München (Hanser) [6]1979

Hartung, Klaus
Der Fall der Mauer (S. 77). Aus: taz v. 6. 11. 89

Hauptmann, Gerhart (1862–1946)
Die Weber (S. 97). Aus: Sämtl. Werke. Centenar-Ausgabe. Hrsg. von Hans E. Hass u. a. Berlin (Propyläen) 1965

Hein, Christoph (geb. 1944)
Unsere letzte Gemeinsamkeit (S. 70). Aus: Drachenblut. Sammlung Luchterhand. Darmstadt/Neuwied (Luchterhand) 1985

Heine, Heinrich (1797–1856)
Nachtgedanken (S. 88). Aus: Heines Werke. Hrsg. v. Ernst Elster. Leipzig [2]1924; Die schlesischen Weber (S. 95). Aus: Sämtliche Schriften. Hrsg. v. Klaus Briegleb. München (Hanser) 1968/71.

Heißenbüttel, Helmut (1921–1996)
Der Wassermaler (S. 129). Aus: Textbuch. Olten/Freiburg (Walter) 1961

Herbrand, Barbara
Götterdämmerung in der Pop-Walhalla (S. 36). Aus: on–SWF 3 Das Magazin 2/94, S. 12–15

Heym, Stefan (geb. 1913)
Mein Richard (S. 60). Aus: Die richtige Einstellung und andere Erzählungen. Frankfurt/M. (Fischer Taschenbuch) 1979

Hildesheimer, Wolfgang (1916–1991)
Eine größere Anschaffung (S. 127). Aus: Lieblose Legenden. Frankfurt/M. (Suhrkamp) 1962

Hornby, Nick
Mein neues Ordnungssystem (S. 40). Aus: High Fidelity. Köln (Kiepenheuer & Witsch) 1996, S. 66 f.

Kafka, Franz (1883–1924)
Der Nachbar (S. 117); Gibs auf! (S. 139); Der Aufbruch (S. 141); Heimkehr (S. 142). Aus: Sämtliche Erzählungen. Hrsg. von Paul Raabe. Frankfurt/M. (S. Fischer) 1970

Kaléko, Mascha (1907–1974)
Im Exil (S. 90). Aus: Das himmelgraue Poesie-Album der Mascha Kaléko. Berlin (Lothar Blanvalet, Arani Verlag)

Köhler, Barbara (geb. 1959)
Rondeau Allemagne (S. 91). Aus: Deutsches Roulette. Gedichte. Frankfurt/M. (Suhrkamp) 1991

Krechel, Ursula (geb. 1947)
Umsturz (S. 22). Aus: Ungezürnt. Frankfurt/M. (Suhrkamp) 1997

Kreuzer, Marianne
Die Menschen und die Einheit (S. 81). Aus: Berliner Illustrierte (Sonderausgabe) v. 3. 10. 1990, S. 78

Kunert, Günter (geb.1926)
Zu einem Holzschnitt von Edvard Munch (S. 144). Aus: Tagträume in Berlin und andernorts. München (Hanser) 1972

Kunze, Reiner (geb. 1933)
Der Vogel Schmerz (S. 91). Aus: gespräch mit der amsel. Frühe Gedichte. Frankfurt/M. (S. Fischer) 1984

Legler, Freymuth (geb. 1951)
Reise in den Zwischenraum (S. 57). Aus: Deutsche Orte. Hrsg. von Klaus Wagenbach. Berlin (Wagenbach) 1991, S. 13–15

Lindenberg, Udo (geb. 1946)
Nachruf auf Elvis (S. 34). Aus: „but I like it" – Jugendkultur und Popmusik. Hrsg. Peter Kemper. Stuttgart (Reclam) 1998, S. 343 ff.

Maiwald, Peter (geb. 1946)
Der Verdächtige (S. 130). Aus: Stuttgarter Zeitung v. 25. 8. 1988

Malkowski, Reiner (geb. 1939)
Zukunft, in der Vergangenheitsform (S. 31). Aus: Was auch immer geschieht. Gedichte. Frankfurt/M. (Suhrkamp) 1986, S. 151

Marti, Kurt (geb. 1921)
Als sie mit zwanzig (S. 23). Aus: Leichenreden. Neuwied (Luchterhand) 1969; Riss im Leib (S. 24). Aus: Kursbuch für Mädchen. Hrsg. von G. Wilker, Karl Haußer. Stuttgart (Frauenfeld) 1978, S. 75

Mitchell, Margaret (1900–1949)
Aus: Vom Winde verweht (S. 177). Übersetzt von Martin Beheim-Schwarzbach. Düsseldorf (Claassen)

Nick, Dagmar (geb. 1926)
Idylle (S. 106). Aus: Nachkrieg und Frieden. Gedichte als Index. Hrsg. v. Hilde Domin und Clemens Grewe. Frankfurt/M. (S. Fischer) 1995

Reinig, Christa (geb. 1926)
Zwillinge (S. 16). Aus: Feuergefährlich. Gedichte und Erzählungen über Frauen und Männer. Berlin (Wagenbach) 1985, S. 96

Ossowski, Leonie (geb. 1925)
Die Metzgerlehre (S. 28). Aus: Deutsche Erzählungen aus drei Jahrzehnten. Deutschsprachige Prosa seit 1945. Hrsg. von Martin Gregor-Dellin. München(Piper) 1974

Sander, Ekkehard
Musik vereint und trennt (S. 43). Aus: Schüler 1998 – Zukunft. Seelze (Erhard Friedrich), S. 106 ff.

Schädlich, Hans Joachim (geb. 1935)
Luft (S. 136). Aus: Ostwestberlin. Prosa. Reinbek (Rowohlt) 1984

Schiller, Friedrich (1759–1805)
Die Worte des Glaubens (S. 101). Aus: Sämtliche Werke. Hrsg. von G. Fricke u. H. G. Göpfert. München (Hanser) [3]1962

Schnurre, Wolfdietrich (1920–1989)
Ein Bürger (S. 125). Aus: Das Los unserer Stadt. Olten (Walter-Verlag) 1959

Steenfatt, Margret (geb. 1935)
Im Spiegel (S. 15). Aus: Augenaufmachen. Hrsg. von Hans-Joachim Gelberg. Weinheim/Basel (Beltz & Gelberg) 1984

Stodal, Sabine
Handarbeit – Die Guano Apes (S. 51). Aus: musikexpress – sounds, Nr. 5, Mai 1998, S. 44 f.

Theobaldy, Jürgen (geb. 1944)
Das Glück der Werbung (S. 106). Aus: Die Sommertour. Gedichte. Hrsg. v. Jürgen Manthey. Reinbek (Rowohlt) 1983

Tsakirides, Vagelis
Protokoll 41 (S. 135). Aus: Halleluja. Neuwied/Berlin (Luchterhand) 1968

Wahl, Mats (geb. 1945)
Eigentlich keine Probleme (S. 9). Aus: Der lange Lauf auf ebener Erde. Weinheim (Anrich) 1993

Wellershoff, Dieter (geb. 1925)
War das Glück nicht ein Fliegen? (S. 25). Aus: Der Sieger nimmt alles. München (Goldmann) 1986

Wolf, Christa (geb. 1929)
Befreite Sprache (S. 79). Aus: taz v. 9. 11. 89 Auszug aus einem Brief von Christa Wolf an Heinrich Böll (S. 147). Aus: Ein Autor schafft Wirklichkeit. Heinrich Böll zum 65. Geburtstag. Köln (Kiepenheuer & Witsch u. Lamuv) 1982, S. 267 f.

Wolf, Klaus-Peter (geb. 1954)
Kompliment (S. 31). Aus: Rotstrumpf. Zürich/Köln (Benziger) 1985

Unbekannte u. ungenannte Verfasser

Aus einer Rezension v. Claudia Opgen-Rhein, Cordula Selke, Ruth Biener (S. 11). Aus: Lesebar. Bücher und Medien für Kinder und Jugendliche. Seelze (Erhard Friedrich) S. 16 f.

Kerstin, 15 Jahre. (S. 14). Aus: Kerstin Nothmann, Lahm, Traurig, Lustlos. In: Menschenkinder 12, Bonn 1987

Wir werden erwachsen (S. 18). Aus: Rotstrumpf. Das Buch für Mädchen. Hrsg. von Heidi Wyss, Isolde Schaar. Zürich/Köln (Benziger) 1977

Vier Zeilen und ein Zufall ... (S. 75). Aus: Jetzt. Jugendmagazin der Süddeutschen Zeitung v. 8. 11. 1996

Bagger reißen die Mauer ein (S. 76). Aus: Schwäbische Zeitung vom 11.11.89

Die Gedanken sind frei (S. 100). Aus: Unser Liederbuch 2. Ausgabe Nord. Hrsg. von Hans Peter Bonholzer. Stuttgart (Klett) 1987

Die Geschichte von Kain und Abel (S. 111). Aus: 1. Moses 4, 3–16; Die Bibel oder die ganze Heilige Schrift des Alten und Neuen Testaments in der Übersetzung Martin Luthers

Aus einem Interview mit Hilde Domin (S. 114). Aus: Börsenblatt des Deutschen Buchhandels Nr. 59 vom 24. 7. 1987

Das Gleichnis vom verlorenen Sohn (S. 143). Aus: Neues Testament, Lukas 15, 11–32. Nach der Übersetzung Dr. Martin Luthers, neu durchgesehen nach dem vom Deutschen Evangelischen Bibelausschuss genehmigten Text. Stuttgart (Privileg. Württembergische Bibelanstalt) o. J.

Beurteilung des Oberprimaners Heinrich Böll (S. 150). Aus: Böll ... gebunden an Zeit und Zeitgenossenschaft. Zum 70. Geburtstag am 21. Dezember 1987. Hrsg. von der Stadt Köln, S. 10 f.

Die Mordszene in der Schnittfassung des Drehbuchs (S. 166); Nachspiel: Schlussfassung in der Schnittfassung des Drehbuchs (S. 167). Aus: Manuskript der Schnittfassung, S. 113–114, S. 116. Literaturarchiv der Stadt Köln

Verzeichnis der Texte nach Formen

- **Autobiografische Texte**
  Kerstin, 15 Jahre 14
  Udo Lindenberg: Nachruf auf Elvis 34
  Caritas Führer: Die Montagsangst 67
  Heinrich Böll: Kindheit und Jugend in Köln 148
  Heinrich Böll: Überleben in schwierigen Zeiten 150

- **Bericht**
  Ekkehard Sander: Musik vereint und trennt 43

- **Bibeltexte**
  Die Geschichte von Kain und Abel 111
  Das Gleichnis vom verlorenen Sohn 143

- **Biografie**
  Simone Berteaut: Der Spatz von Paris 45

- **Brief**
  Christa Wolf an Heinrich Böll 147

- **Cartoon**
  Hicks: Ansichten eines Clowns 169

- **Diskussion**
  Wir werden erwachsen 18

- **Drama/dramatische Szenen**
  Gerhart Hauptmann aus: Die Weber 97

Verzeichnis der Texte nach Formen

Bertolt Brecht aus: Furcht und Elend des Dritten Reiches:
Die Stunde des Arbeiters 209
Das Mahnwort 212
Die Bergpredigt 215
Die jüdische Frau 221
Der Verrat 226

- **Drehbuch**
Katharina Blum: Die Mordszene 166
Katharina Blum: Schlussszene 167

- **Erzählungen und Kurzgeschichten**
Margret Steenfatt: Im Spiegel 15
Christa Reinig: Zwillinge 16
Kurt Marti: Riss im Leib 24
Leonie Ossowski: Die Metzgerlehre 28
Stefan Heym: Mein Richard 60
Wolfgang Hildesheimer: Eine größere Anschaffung 127
Helmut Heißenbüttel: Der Wassermaler 129
Ilse Aichinger: Wo ich wohne 131
Vagelis Tsakirides: Protokoll 41 135
Hans Joachim Schädlich: Luft 136

- **Essayistische Schriften**
Heinrich Böll: Die Wirklichkeit als Material 168
Heinrich Böll aus: Protest, laut oder leise 171
Heinrich Böll aus: Einmischung erwünscht 173

- **Fernschreiben**
Fernschreiben an Volkspolizei und Kommunalbehörden der damaligen DDR
vom 9.11.1989 75

- **Filmrezensionen** zu
Das Geisterhaus 192
Sansibar oder der letzte Grund aus:
Süddeutsche Zeitung vom 15.12.1987 240
Frankfurter Allgemeine Zeitung vom 18.12.1987 241

- **Gedichte**
Manfred Eichhorn: Zukunft 9
Rose Ausländer: Spiel im Spiegel 17
Ursula Krechel: Umsturz 22
Kurt Marti: Als sie mit zwanzig 23
Walter Helmut Fritz: Auch das 30
Klaus-Peter Wolf: Kompliment 31
Reiner Malkowski: Zukunft in der Vergangenheitsform 31
Bertolt Brecht: Schlechte Zeit für Lyrik 87
Heinrich Heine: Nachtgedanken 88
Rose Ausländer: Ein Tag im Exil 90
Mascha Kaléko: Im Exil 90
Reiner Kunze: Der Vogel Schmerz 91
Wolf Biermann: Es senkt das deutsche Dunkel 91
Barbara Köhler: Rondeau Allemagne 91
Andreas Gryphius: Tränen des Vaterlandes, anno 1636 92
Heinrich Heine: Die schlesischen Weber 95
Heinrich Heine: Die armen Weber 95
Louise Aston: Lied einer schlesischen Weberin 96
Friedrich Schiller: Die Worte des Glaubens 101
Erich Fried: Freiheit, die ich meine 103

Verzeichnis der Texte nach Formen

Erich Fried: Herrschaftsfreiheit 103
Hans Magnus Enzensberger: Restlicht 104
Ingeborg Bachmann: Freies Geleit 105
Dagmar Nick: Idylle 106
Jürgen Theobaldy: Das Glück der Werbung 105
Hilde Domin: Abel steh auf 112
Bertolt Brecht Auszug aus: Über die Bezeichnung Emigranten 207

- **Interview**
  Aus einem Interview mit Hilde Domin 114

- **Jugendbuch- und Romanauszüge**
  Mats Wahl aus: Der lange Lauf auf ebener Erde 9
  Dieter Wellershoff aus: Der Sieger nimmt alles 25
  Heinrich Böll aus: Die verlorene Ehre der Katharina Blum 155
  Margaret Mitchell aus: Vom Winde verweht 177
  Isabel Allende aus: Das Geisterhaus 186
  Gabriel García Márquez aus: Die Liebe in den Zeiten der Cholera ... 193
  Tschingis Aitmatow aus: Dshamilja 199
  Alfred Andersch aus: Sansibar oder der letzte Grund 230

- **Klappentext zu**
  Mats Wahl: Der lange Lauf auf ebener Erde 11

- **Kurzprosa**
  Günter Bruno Fuchs: Ein schönes Leben 30
  Nick Hornby: Mein neues Ordnungssystem 40
  Klaus Bleicher: Auf der Flucht vor T. T. 41
  Peter Maiwald: Der Verdächtige 130
  Günter Kunert: Zu einem Holzschnitt von Edvard Munch 144

- **Lied**
  Die Gedanken sind frei 100

- **Novelle**
  Christoph Hein aus: Drachenblut 70

- **Parabeln**
  Erich Fried: Präventivschlag 109
  Marie von Ebner-Eschenbach: Die Nachbarn 115
  Franz Kafka: Der Nachbar 117
  Max Frisch: Der andorranische Jude 118
  Bertolt Brecht: Geschichten vom Herrn Keuner 121
  Franz Kafka: Gibs auf! 139
  Franz Kafka: Der Aufbruch 141
  Franz Kafka: Heimkehr 142

- **Plakat**
  Klaus Staeck: Lesen macht dumm und gewalttätig 170

- **Reden**
  Christa Wolf: Befreite Sprache 79
  Heinrich Böll: „Worte können töten" 169
  Heinrich Böll: „Gewissen der Nation" 171

- **Sachtexte**
  Klappentext 11
  Diskussion: Wir werden erwachsen 18
  Barbara Herbrand: Götterdämmerung in der Pop-Walhalla 36
  Ekkehard Sander: Musik vereint und trennt 43
  Handarbeit – von der Kreisklasse in die Bundesliga 51

Verzeichnis der Texte nach Formen

Autorenporträt Stefan Heym 60
Autorenporträt Christoph Hein 70
Fernschreiben 75
Bagger reißen die Mauer ein 76
Klaus Hartung: Der Fall der Mauer 77
Autorenporträt Christa Wolf 79
Christa Wolf: Befreite Sprache 79
Marianne Kreuzer: Die Menschen und die Einheit 81
Autorenporträt Heinrich Heine 88
Autorenporträt Andreas Gryphius 92
Vom Fuße der Sudeten 93
Die erste Meldung 93
Autorenporträt Louise Aston 96
Autorenporträt Erich Fried 103
Autorenporträt Hilde Domin 112
Aus einem Interview mit Hilde Domin 114
Godot kam – und kassierte 138
Heinrich Böll: Die Wirklichkeit als Material 168
Heinrich Böll: „Worte können töten" 169
Heinrich Böll aus: Protest, laut oder leise 171
Heinrich Böll: „Gewissen der Nation" 171
Heinrich Böll aus: Einmischung erwünscht 173
Filmrezensionen zu: Das Geisterhaus 192
Sansibar oder der letzte Grund 240

- **Satirische Texte**
  Kurt Marti: Riss im Leib 24
  Günter Bruno Fuchs: Ein schönes Leben 30
  Klaus Bleicher: Auf der Flucht vor T. T. 41
  Jürgen Theobaldy: Das Glück der Werbung 106
  Wolfgang Hildesheimer: Eine größere Anschaffung 127
  Peter Maiwald: Der Verdächtige 130

- **Schilderung**
  Freymuth Legler: Reise in den Zwischenraum 57

- **Song**
  Herbert Grönemeyer: Musik nur, wenn sie laut ist 33

- **Zeitungsberichte**
  Handarbeit – von der Kreisklasse in die Bundesliga 51
  Bagger reißen die Mauer ein 76
  Godot kam – und kassierte 138

- **Zeitungskommentare**
  Klaus Hartung: Der Fall der Mauer 77
  Vom Fuße der Sudeten 93

- **Zeitungsmeldungen**
  Die erste Meldung 93
  Godot kam – und kassierte 138

- **Zeitungsreportagen**
  Barbara Herbrand: Götterdämmerung in der Pop-Walhalla 36
  Marianne Kreuzer: Die Menschen und die Einheit 81

- **Zeugnistext**
  Schulzeugnis von Heinrich Böll 150

 Fachbegriffe

Fachbegriffe

- **Akt**
  Der Akt (Aufzug) bildet den größten und wichtigsten in sich geschlossenen Abschnitt eines Schauspiels (→ Drama); er besteht aus mehreren → Szenen.

- **Aufmacher**
  In der Zeitungssprache übliche Bezeichnung für das Thema, das auf der oberen Hälfte der ersten Seite einer Zeitung mit fetter Schlagzeile dargestellt wird.

- **Autobiografie**
  In einer Autobiografie erzählt der Verfasser sein eigenes Leben.

- **Beiseitesprechen**
  Äußerung einer Bühnenfigur, die nicht für den Dialogpartner gedacht ist. Sie kann für den Partner vernehmbar sein oder nicht und kann auch direkt ans Publikum gerichtet werden.

- **Bericht**
  Wahrheitsgetreue Wiedergabe eines Geschehens. Vorgänge werden zusammenhängend in ihrer zeitlichen Abfolge, genau und sachlich dargestellt, so z. B. Unfälle, Sportveranstaltungen und politische Ereignisse.

- **Botenbericht**
  Bericht eines Boten auf der Bühne. Er informiert das Publikum über Ereignisse, die zwischen den Akten oder Szenen andernorts vorgefallen sind.

- **Cartoon**
  Englische Bezeichnung für Karikatur. Der Cartoon kann aus einer Zeichnung oder auch einer Bildfolge bestehen und kommentiert auf verzerrend-bissige Weise aktuelle politische oder kulturelle Themen.

- **Charakterisierung**
  Darstellung der Charaktere in der Erzählung. Wenn der Charakter einer Erzählfigur mit charakterisierenden Ausdrücken („schlampig") bezeichnet wird, spricht man von *direkter* Charakterisierung. Eine *indirekte* Charakterisierung liegt vor, wenn der Erzähler den Charakter der Erzählfigur zwar gestaltet (z. B. durch die Darstellung eines unaufgeräumten Zimmers), aber nicht kommentiert.

- **Dialog**
  Wechselgespräch zwischen zwei oder mehreren Personen; kann sowohl gesellige Unterhaltung als auch Streitgespräch sein. Als das wesentliche Element des → Dramas belegt der Dialog (Gegensatz → Monolog) die Handlung, indem er etwa Konflikte entwickelt, Personen charakterisiert und Beziehungen offenbart. Auch im → Roman und in der Ballade ist der Dialog ein wichtiges Gestaltungselement.

- **Drama**
  Anders als Gedichte und Erzählungen erfordert das Drama in erster Linie nicht Leser, sondern Zuschauer und Zuhörer. Das Geschehen wird zwar in der Regel schriftlich festgehalten, doch wird der Text von Schauspielern und Schauspielerinnen auf der Bühne in Rede und Gegenrede, Bewegung und Handlung umgesetzt. Ein Drama ist meistens in → Akte eingeteilt, die sich aus → Szenen zusammensetzen.

- **Drehbuch**
  Textbuch als Grundlage für die Gestaltung eines Films oder einer Fernsehproduktion. Es enthält neben dem Text Angaben zu Bewegungen, Ton, Beleuchtung, Kulissen, Requisiten. Der Gesamtablauf des Films ist in durchgehend nummerierte Einstellungen und Szenen gegliedert.

- **Epik**
  Die Epik umfaßt (gegenüber → Lyrik und → Drama) alle Formen der erzählenden Dichtung: Roman, Novelle, Erzählung, Kurzgeschichte, Fabel, Anekdote usw.

Fachbegriffe

- **Epilog**
  Schlusswort eines Dramas, das nach dem Ende der Handlung vorgetragen wird.

- **Epoche**
  Zeitabschnitt, der durch bestimmte Ideen und Entwicklungen (z. B. in der Politik, Literatur, Architektur, Technik) geprägt ist. Viele Menschen haben in einer solchen Zeitperiode ähnliche Vorstellungen, Sicht- und Lebensweisen. Eine genaue Abgrenzung von Epochen ist nicht möglich, weil immer Neues beginnt, wenn Altes noch andauert. Deshalb gibt es immer wieder Übergangsphasen, die Merkmale verschiedener Epochen aufweisen.

- **Erlebte Rede**
  Wiedergabe von Wahrnehmungen, Gedanken einer Erzählfigur in der Er-Form, oft im Präteritum. Der Erzähler spricht zwar selbst, aber er wählt die Sichtweise einer Erzählfigur. Für den Leser ist die erlebte Rede erkennbar an Stilmitteln wie Ausrufen, Fragen, Angleichungen an die charakteristische Sprechweise der betreffenden Erzählfigur.

- **Erzählerische Mittel**
  Durch anschauliches Erzählen, den Aufbau von Spannung und das Hinführen zu einem Höhepunkt wird eine Erzählung lebendig und interessant für den Leser oder Zuhörer. Der Erzähler erzählt – z. B. durch die Wahl treffender Wörter –, sodass sich die Leser und Hörer das Erzählte gut vorstellen können.

- **Erzählperspektive**
  Unter Perspektive versteht man den Standpunkt, von dem aus der Erzählende ein Geschehen darstellt. Man unterscheidet:
  Die *auktoriale Erzählung:* Der allwissende Erzähler schaltet sich immer wieder kommentierend, wertend von außen in den Handlungsverlauf ein; er steht über den Personen und Ereignissen, weiß über Vergangenes und Zukünftiges Bescheid.
  Die *Ich-Erzählung:* Hier ist der Erzähler selbst handelnde Person, meist die Hauptfigur.
  Die *personale Erzählung:* Es gibt keinen eindeutig erkennbaren Erzähler. In der 3. Person Singular wird aus der wechselnden Sicht der verschiedenen Figuren erzählt. Der entstehende Leseeindruck ist sehr direkt und intensiv.

- **Erzählung**
  Die Erzählung lässt sich als literarische Form nicht genau abgrenzen. Letztlich versteht man darunter alle kürzeren Texte, die nicht den eindeutig bestimmten Kurzformen zuzuordnen sind. Weniger streng und kunstvoll aufgebaut als → Novelle oder → Kurzgeschichte, will die Erzählung keine Lehre erteilen wie etwa die Fabel. Vom Märchen und seiner Fantasiewelt unterscheidet sie sich durch die Orientierung an der Erfahrung. Ein Ereignis wird der Reihe nach dargestellt – und nicht mehrere wie im → Roman. Wichtige erzählerische Mittel sind: Anschaulichkeit, Aufbau von Spannung, Höhepunkt, Rückblende, Vorausweisung.

- **Erzählzeit – erzählte Zeit**
  Als Erzählzeit bezeichnet man die Dauer des Erzählvorgangs. Sie lässt sich bei gedruckten Texten nach der Zahl der Seiten oder Zeilen veranschlagen. Die erzählte Zeit ist dagegen der Zeitraum, über den sich das erzählte Geschehen erstreckt. *Zeitraffung* liegt vor, wenn die erzählte Zeit die Erzählzeit erheblich übersteigt. Bei ungefährer Entsprechung zwischen beiden liegt *Zeitdeckung* vor; möglich ist aber auch die *Zeitdehnung* als Form der Zeitgestaltung, sie ist der Zeitlupentechnik des Films verwandt.

- **Exposition**
  Information des Zuschauers über die Voraussetzungen der Handlung eines Dramas.

251

Fachbegriffe

- **Fabel**
  Der Begriff bezeichnet in der Dramentheorie den Ereigniszusammenhang, der den Inhalt des Dramas ausmacht.

- **Figuren**
  Bezeichnung für die Menschen, die in einem dramatischen Werk vorkommen.

- **Figurenkonstellation**
  Längerfristige, für das ganze Stück geltende Beziehung der Figuren zueinander.

- **Gattung**
  Man unterscheidet die Grundgattungen → Lyrik, → Epik, Dramatik (→ Drama) und Untergattungen wie Ballade, Novelle, Kurzgeschichte, Lustspiel usw. Einzelne Texte weisen oft verschiedene Gattungsmerkmale auf, so der Roman neben erzählerischen auch dramatische und lyrische Teile.

- **Gedicht**
  Oberbegriff für kürzere literarische Texte, die durch ihre Gliederung in abgesetzte Zeilen gekennzeichnet sind. Um Stimmungen, Gefühle und Gedanken zum Ausdruck zu bringen, verwendet der Verfasser gebundene und bildhafte Sprache. Wesentliche Merkmale der gebundenen Sprache sind: → Vers, → Metrum, → Reim, → Strophe, → Rhythmus. Bildhafte Sprache entsteht u. a. durch die Verwendung von schmückenden Beiwörtern (*blauer Himmel, warmes Gold*), Vergleichen (*Augen hell wie Sterne*), Metaphern (*Augensterne, Nebelschleier*), Bildern (*der Schleier fällt*).

- **Handlungsstrang**
  Selbstständige Teilhandlung innerhalb der Gesamthandlung.

- **Innerer Monolog**
  Ein Monolog, der im Innern einer Person stattfindet, eine Art Selbstgespräch, das dem Leser einer Geschichte erlaubt, an den Gedanken dieser Person unmittelbar teilzunehmen. (Siehe auch „Monolog").

- **Interview**
  Interviews eines Reporters mit Augenzeugen oder selbst handelnden Personen sind in der Regel mehr oder weniger spontan geführte Gespräche. Interviews mit wichtigen Persönlichkeiten werden meist gründlich vorbereitet. Die Journalisten wollen durch geschickte und überraschende Fragen den Interviewten mehr Informationen entlocken, als diese eigentlich preisgeben möchten. Die befragten Persönlichkeiten sehen im Interview oft nur ein Mittel, ihren Bekanntheits- oder Beliebtheitsgrad zu steigern.

- **Kameraeinstellungen**
  und ihre Wirkung:
  Weitwinkel/Extreme Totale:
  weite Landschaften. Einzelne Personen wirken klein, verlieren sich in der Landschaft.
  Totale: Überblick über ein Geschehen; dient der räumlichen Orientierung der Zuschauer und Zuschauerinnen.
  Halbtotale: Die Figur ist ganz zu sehen. Körpersprache wird deutlich sichtbar. Die Umgebung gewinnt an Eigengewicht.
  Amerikanisch: Figur bis zu den Knien bzw. zu den Oberschenkeln. Die Mimik der Figur wird gut erkennbar.
  Halbnah: Brustbild. Normale Distanz des Nachrichtensprechers; neben der Mimik ist auch die Gestik der Hände wirkungsvoll.
  Nah- und Großaufnahme: Kopf bis zum Hals bzw. zur Schulter. Die Mimik des Gezeigten kann genau verfolgt werden; jede Regung bekommt Bedeutung.
  Extreme/Detail: kleiner Ausschnitt: Finger am Revolver etc.; Spannungssteigerung, bei gefühlsmäßigen Höhepunkten.

- **Karikatur**
  Übertriebene, komische, satirische Zeichnung oder literarische Darstellung einer Person oder Situation. Das hervorgerufene Lachen bewirkt eine distanzierte Haltung, Schwächen und

Fehler werden klarer erkennbar. Ziel der Karikatur ist das Aufdecken von Missständen.

- **Katastrophe**
In der Tragödie der Absturz des Helden zum Schluss des Dramas.

- **Klappentext**
Die meisten Bücher sind mit einem Schutzumschlag versehen, der vorne und hinten mit einem schmalen Streifen eingeklappt ist.
Auf dem Schutzumschlag finden sich neben Illustrationen auch kurze Hinweise und Empfehlungen zum Buch. Diese Kurztexte, die oft auch Sätze von Kritikerurteilen (Rezensionen) enthalten, nennt man Klappentexte.

- **Kommentar**
Im weiteren Sinne Auslegung eines Textes (z. B. eines Gesetzestextes). Im engeren Sinne ist der Kommentar eine argumentierend-wertende Erläuterung, Anmerkung oder Besprechung eines Ereignisses, von dem in der Zeitung berichtet wird.

- **Komödie** *(Lustspiel)*
Literarisches Bühnenwerk mit meist komischen Wirkungen und in der Regel glücklichem Ausgang. Komische Wirkungen können z. B. dadurch entstehen, dass der Zuschauer mehr weiß als die Figuren auf der Bühne und deren Irrtümer durchschaut. Konflikte sind im Lustspiel oft nur Scheinkonflikte, sie beruhen auf Missverständnissen und sind folglich lösbar.

- **Konflikt**
Zwiespalt, Auseinandersetzung, Streit zwischen Personen, Parteien, Meinungen, als innerer Konflikt der Widerstreit von Motiven, Bestrebungen und Werten in einer Person.

- **Kurzgeschichte**
In knapper Form und in einfacher, alltäglicher Sprache wird in einer Kurzgeschichte ein Ausschnitt „eine Momentaufnahme" aus dem Leben eines oder einiger Menschen geschildert. Die Handlung beginnt plötzlich, ohne Einleitung, und bricht auch plötzlich wieder ab. Der Schluss bleibt offen. Dadurch wird der Leser zum Nachdenken über die Probleme, die in der Kurzgeschichte angesprochen werden, angeregt.

- **Kurzprosa**
Form der epischen Dichtung, aber knapper als Erzählung und Kurzgeschichte. Erzählkern stark reduziert, oft eher Beschreibung einer Situation. Aussparende und andeutende Darstellungsweise, daher auch die Bezeichnung Prosaskizze üblich. Der Leser solcher Texte wird in besonderer Weise zum Mitdenken angeregt; was nur angedeutet ist, muss er mit Hilfe seiner Fantasie ergänzen.

- **Lautmalerei**
Versuch, mit Hilfe von Wörtern Geräusche und Klänge wiederzugeben: *summen, schrill, Kuckuck.*

- **Lied**
Einfachste Form der → Lyrik, meist gereimt, in → Strophen gegliedert und zum Singen geeignet. Als direkter, unmittelbarer Ausdruck menschlicher Gefühle behandelt es Themen wie Liebe, Leid, Naturempfinden. Während früher besonders geistliche Lieder, Volks- und Kunstlieder große Bedeutung besaßen, herrschen heute Formen wie Schlager, Chanson oder → Song vor.

- **Lyrik**
Neben → Drama und → Epik steht die Lyrik als dritte Grundgattung und Sammelbegriff für alle Arten von Liedern, Gedichten und Sprüchen in gebundener Sprache. Sie gilt als Kern der Dichtungsart (Poesie), berücksichtigt Seelisches, Erlebnishaftes (Erlebnislyrik), aber auch Verstandesmäßiges (Gedankenlyrik).

- **Metapher**
Die Metapher gehört zum bildhaften Sprechen und Schreiben: Ein Begriff wird aus seinem üblichen Bedeutungszusammenhang genommen

Fachbegriffe

(z. B. *Schlange = Reptil*) und gewinnt in Verbindung mit anderen Wörtern einen veränderten Sinn (z. B. *Menschenschlange – Menschenansammlung in Schlangenform*). Vereinfacht lässt sich die Metapher als ein um „wie" verkürzter Vergleich auffassen: *turmhoch = hoch wie ein Turm*.

- **Metrum**
Das Metrum ist das Versmaß, d. h. das den Rhythmus eines Verses prägende Gesetz. Es wird durch die regelmäßig wiederholte Aufeinanderfolge betonter (Hebungen) und unbetonter Silben (Senkungen) bestimmt. Man kann aber die Begriffe „Rhythmus" und „Metrum" nicht gleichsetzen: Zwar wird der Rhythmus vom metrischen Schema geprägt, er ist aber eine übergeordnete Größe, da er auch von dem natürlichen Sprechfluss sowie der Interpretation eines Verses abhängig ist. – Ein nur am metrischen Schema orientierter Gedichtvortrag würde zu unerträglichem „Leiern" führen.

- **Monolog**
Selbstgespräch. Im → Drama bestimmt zwar der → Dialog des Geschehen, zusätzlich wird aber auch der Monolog zu bestimmten Zwecken eingesetzt, z. B. zur Wiedergabe nicht darstellbarer Ereignisse oder wenn der Zuschauer einen Einblick in die Gefühle und Gedanken einer Person erhalten soll.

- **Motiv**
Wichtige Themen, die in verschiedenen literarischen Werken, auch zu ganz verschiedenen Zeiten, immer wieder auftauchen: *Jugend, Liebe, Abschied, Natur, Stadt, Krieg*. Ein Leitmotiv taucht innerhalb eines Textes immer wieder auf, um die Aufmerksamkeit in eine bestimmte Richtung zu lenken.

- **Novelle**
Kurze Form der → Epik. Gegenstand der Novelle ist ein einziger, außergewöhnlicher Vorfall, etwa eine Krise im Leben der Hauptfigur. Oft weist ein → Symbol oder Leitmotiv (→ Motiv) auf diesen Vorfall hin. Im Gegensatz zu → Erzählung und → Roman zeichnet sich die Novelle durch eine knappe Darstellung ohne Abschweifung vom zentralen Geschehen aus. Mit dem Aufkommen der → Kurzgeschichte geriet die Novelle eher in den Hintergrund des literarischen Schaffens.

- **Parabel**
Lehrhafte Erzählung, in der eine allgemeine Erkenntnis oder Lebensweisheit veranschaulicht wird. Die erzählte Handlung oder das Geschehen weist über sich hinaus; das, was in Wirklichkeit gemeint ist, muss durch Vergleich mit dem, was erzählt wird, erschlossen werden.

- **Peripetie**
Ein plötzlich eintretendes Umschlagen der dramatischen Handlung.

- **Prolog**
Eine dem Drama vorangestellte Einführung, die nicht zur eigentlichen Handlung gehört.

- **Prosa**
Sprache oder Schreibweise, die nicht durch → Vers, → Reim, → Metrum oder → Rhythmus gebunden ist. Zu unterscheiden ist jedoch zwischen der Prosa der Alltagssprache (*prosaisch = kunstlos, schmucklos*) und der Kunstprosa der Literatur, die durch Wortwahl, Stilmittel wie Bild und Vergleich und besonderen Satz- und Textaufbau bewusst gestaltet wird.

- **Reim**
Gleichklang von Wörtern vom letzten betonten Vokal an (*Wunden – empfunden*). Meistens befindet er sich am Schluss einer → Verszeile (Endreim). Reime lassen sich unterscheiden nach: der Silbenzahl: *stumpf* (Tod – Hungersnot) oder *klingend* (fortgedrungen – abgezwungen), dem Klang: *rein* (verzehrt – umgekehrt) oder *unrein* (umgekehrt – durchgefähret), ihrer Ab-

folge in der → Strophe: *Paarreim* (aa bb cc). *Kreuzreim* (a b a b), *umschließender Reim* (a b b a), *Schweifreim* (aa b cc b).

- **Regieanweisung**
Angaben, die der Autor eines Dramas über den Dialog hinaus macht: zu Ort und Zeit der Handlung, zur Aufmachung und zum Verhalten der Figuren usw.

- **Reportage**
Eine Reportage zeigt Ereignisse aus der persönlichen Sicht eines Beobachters, der unmittelbar dabei ist und auch die Stimmung vor Ort einfängt. Oft ist im Verlauf der Reportage das Ergebnis oder der Ausgang noch nicht bekannt. Diese Offenheit sorgt neben der Stimmführung bzw. dem Schreibstil des Reporters für Spannung. Eine Reportage steht vorwiegend im Präsens. Sie nimmt einen breiten Raum in den Printmedien, im Hörfunk und Fernsehen und auch im Film ein.

- **Rhythmus**
Der Rhythmus ist die gleichmäßige, geregelte Bewegung der Sprache, besonders in der Lyrik. In einem Vers (Gedichtzeile) liegt dem Rhythmus ein festes Muster zu Grunde, das → Metrum und seine Betonungsregeln. Darüber hinaus wird der Rhythmus jedoch zusätzlich durch Klang, Inhalt und Sinn der Gedichtzeilen, des ganzen Gedichtes bestimmt.

- **Roman**
Der Roman ist die umfangreichste Form der erzählenden Literatur. Sein Inhalt umfasst einen längeren Lebensabschnitt einer oder mehrerer Personen in Auseinandersetzung mit der Umwelt. Äußere Formen und Themen des Romans sind außerordentlich vielfältig, was zu zahlreichen Unterarten führt: Brief-R., Tagebuch-R., Abenteuer-R., Kriminal-R., Reise-R., Heimat-R. usw.

- **Satire**
Kritische Darstellung von Ereignissen, Personen oder Zuständen sowohl in Sachtexten als auch in literarischen Texten wie Gedichten, Kurzgeschichten, Komödien oder Romanen. Mit dem Mittel der Übertreibung werden fragwürdige Personen verspottet und bedenkliche Vorkommnisse und Missstände angeprangert. Ziel der Satire ist die Verbesserung der kritisierten Verhaltensweisen und Zustände.

- **Schilderung**
Anschauliche Darstellung von Ereignissen, Erlebnissen, Situationen und Personen, meist im Präsens. Mit möglichst treffenden Verben und Adjektiven vergegenwärtigt die Schilderung eine Stimmung und drückt die persönliche Anteilnahme des Schreibers oder der Schreiberin aus.

- **Spannung**
Eine Erzählung ist in Erzählschritte gegliedert. Diese enthalten häufig Andeutungen, die vorausweisen, und führen stufenweise zum *Höhepunkt*. Die Leser oder Hörer sind also immer gespannt auf den Höhepunkt, um dessentwillen die Geschichte erzählt wird.

- **Strophe**
Einheit aus → Versen, die sich in gleicher oder ähnlicher Weise wiederholt.

- **Symbol**
Beim Symbol wird ein Gegenstand oder Lebewesen zum anschaulichen Stellvertreter, Sinnbild für Vorstellungen allgemeiner Art: die Rose zum Symbol der Liebe, Wasser zum Symbol des Lebens, ein Ring zum Symbol der Treue.

- **Szene**
Eine Szene ist die kleinste Einheit eines Theaterstückes. Da sie in der Regel vom Auftritt einer Person bis zum Abgang einer Person dauert, nennt man die Szene oft auch „Auftritt". In vielen Stücken werden mehrere Szenen zu einem Akt zusammengefasst.

- **Tragödie**
  Kennzeichnend für die Tragödie ist der ausweglose Konflikt und der Untergang des Helden oder der Heldin.
- **Vers**
  Zeile eines Gedichtes oder Liedes, die sich von der → Prosa durch eine regelmäßige Betonungsfolge von Silben und Wörtern unterscheidet (→ Metrum, → Rhythmus); oft in einem Reim endend.
- **Zeitungsartikel**
  nennt man alle Texte, die von einer Redaktion für jede Ausgabe einer Zeitung neu geschrieben werden und im so genannten redaktionellen Teil erscheinen. Im Unterschied dazu werden Annoncen im Anzeigenteil von den Auftraggebern oder Inserenten formuliert.
- **Zeitungsbericht**
  In einem Zeitungsbericht werden meist unmittelbar zurückliegende Geschehnisse möglichst sachlich dargestellt. Über das Ergebnis oder Ende wird oft schon in der Überschrift, im Untertitel (zweite Überschrift unter der Überschrift) oder im (fett gedruckten) Vorspann (erster Absatz) informiert. Ein Zeitungsbericht steht weitgehend im Präteritum.
- **Zeitungskommentar**
  s. Kommentar
- **Zeitungsmeldung**
  Kurze Nachricht über das Wesentliche eines aktuellen Ereignisses.
- **Zeitungsreportage**
  s. Reportage

Redaktion: Ingeborg Busack

Lay-out: Katharina Wolff
Technische Umsetzung: werkstatt für gebrauchsgrafik, Berlin
Illustrationen: Egbert Herfurth, Leipzig; Jutta Mirtschin, Berlin; Frauke Trojahn, Berlin
Umschlaggestaltung: Saskia Klemm
Umschlagillustration: Egbert Herfurth, Leipzig

 http://www.cornelsen.de

Die Internet-Adressen und -Dateien, die in diesem Lehrwerk angegeben sind,
wurden vor Drucklegung geprüft (Stand: Dezember 2003).
Der Verlag übernimmt keine Gewähr für die Aktualität und den Inhalt
dieser Adressen und Dateien oder solcher, die mit ihnen verlinkt sind.

Dieses Werk berücksichtigt die Regeln der reformierten Rechtschreibung und Zeichensetzung.
Bei den Fremdtexten auf S. 22, 87, 91, 104, 118, 121, 209, 212, 215, 221, 226, 230 haben die Rechteinhaber
der Anpassung an die Rechtschreibreform widersprochen. Diese Texte sind durch R gekennzeichnet.

1. Auflage   €   Druck 6 5 4 3   Jahr 07 06 05 04

Alle Drucke dieser Auflage sind inhaltlich unverändert und können im Unterricht
nebeneinander verwendet werden.

© 2000 Cornelsen Verlag, Berlin

Das Werk und seine Teile sind urheberrechtlich geschützt.
Jede Nutzung in anderen als den gesetzlich zugelassenen Fällen
bedarf der vorherigen schriftlichen Einwilligung des Verlages.
Hinweis zu § 52a UrhG: Weder das Werk noch seine Teile dürfen ohne eine
solche Einwilligung eingescannt und in ein Netzwerk eingestellt werden.
Dies gilt auch für Intranets von Schulen und sonstigen Bildungseinrichtungen.

Druck: CS-Druck CornelsenStürtz, Berlin

ISBN 3-464-62135-9

Bestellnummer 621359

 Gedruckt auf säurefreiem Papier, umweltschonend
hergestellt aus chlorfrei gebleichten Faserstoffen.